觀堂集林

王國維著

附別集

下册

中華書局

觀堂集林卷第十四

史林六

海甯 王 國維

黑車子室韋考

丁卯暮春。從友人借得日本文科大學所印滿洲朝鮮歷史地理研究報告。中有津田博士室韋考。謂室韋本部。自後魏訖唐并在今嫩江流域。而唐人并興安嶺西及呼倫泊西南諸部族皆呼之曰室韋。蓋本之室韋本族部人之言。而非諸部族之所自稱者。其說甚精闢。獨不及黑車子室韋及其南徙事。因補著之。考兩唐書室韋傳。并無黑車子部落。唐人及五代人著書有黑車子。而不承以室韋字。故津田博士於遼代烏古敵烈考中。釋遼史太祖紀之黑車子室韋為二部之名。然遼史百官志屬國職名中。有室韋國大王府。有黑車子室韋國大王府。則黑車子室韋五字自當連讀博士釋為二部者非也其住地則會昌一品集卷六賜黠戛斯書云黑車子猶去漢界一千餘里在沙漠之中五代史四裔附錄引胡嶠陷虜記云契丹北有黑車子語皆廣泛無以指定其地考通鑑言回鶻烏介可汗走保黑車子考異云從會昌伐叛記實錄新傳舊書回紇傳獨云依和解室韋則黑車子殆即和解室韋之異名舊書室韋傳云今室韋最西與回紇接界者烏素固部落當俱輪泊之西南次東有移塞沒部落次東有塞曷支部落次有和解部落次東又有烏羅護部落又有那禮部落窣俱輪泊即今呼倫泊則和解室韋之地當在今呼倫泊東南又其東之烏羅護部落即舊書北狄傳別出之烏羅渾傳云此部南與契丹接則那禮部落當即謂耶律氏始祖泥禮所統之部落也泥禮見舊書契丹傳耶律遼實錄作涅里陳大任遼史作雅里則和解部落當在今興安嶺左右與嶺西之達怛相近會昌一品集卷五賜回鶻嗢沒斯特勒等詔書云秋

熱卿及部下諸官并左相阿波兀等部落黑車子達怛等平安好案左相即左廂回鶻有內宰相外宰相而無左右相故相當讀為廂通典西突厥分十箭為左右廂其國昆河兩岸之回鶻毗伽可汗殘碑亦有口廂特勤力之句是突厥回鶻皆分屬部為左右廂左右兩廂唐人亦作兩相見賈公彥儀禮疏卷十七及卷三十四黑車子與達怛并為回鶻左廂部落則二部相近明矣然至回鶻國破種人分散之時此部或他種室韋之一部亦隨回鶻而南至中國塞下舊書回紇傳那頡啜戰勝全占赤心部下七千帳因據室韋黑沙榆林東南入幽州雄武軍西北界新書易之曰那頡啜收赤心部下七千帳東走振武大同因室韋黑沙南窺幽州節度使張仲武破之悉得其眾據舊書之文則黑沙榆林并是地名其地當在振武大同之東北幽州之西北而與室韋連言殊不可解據新書則黑沙似是部名蓋即黑車之異譯蓋此時黑車子室韋當有一部遊牧幽州塞外者蓋那頡啜因之否則自振武大同東趨幽州與黑車子室韋之原住地固風馬牛不相及也會昌一品集卷二幽州紀聖功

碑銘云。回鶻下有二部。曰赤心宰相。曰那頡啜特勒。赤心者。天性忿鷙。戎馬尤盛。初與名王嗢沒斯首謀內附。俄而負氣恃力。潛圖屬階。為嗢沒斯所紿。誘以俱謁可汗。戮於帳下。其衆大潰東逼漁陽。公（謂盧龍節度使張仲武）以室韋悍極之兵。近我邊鄙。俾其偵邏。且禦內侵。尋以徵役不供。為虜所敗。由是介馬數萬。連亘幽陵云云。蓋其時室韋雖為回鶻役屬。然亦朝貢於唐。故仲武俾其偵邏。而室韋不從。故曰徵役不供。又（卷十五）請發鎮州兵馬狀云。又幽州奏進官孫方造云。仲武破回鶻之時。收得室韋部落主妻兒昨室韋部落主欲將羊馬金帛贖妻兒。仲武并不要。只使殺回鶻監使。即還妻兒。是回鶻侵幽州之衆中有室韋可知。時此種室韋根據地。去幽州亦不甚遠。舊書云。會昌三年。烏介去幽州界八十里下營。是夜河東劉沔率兵奄至烏介營。烏介驚走東北約四百里外。依和解室韋下營。案兩唐書劉沔石雄諸傳。新書回鶻傳劉沔遣石雄夜襲烏介營在振武不在幽州則烏介東走幽州塞外又東北走和解室韋并在被襲之後舊書記被襲事於東走幽州後甚誤然烏介於被襲後曾去幽州界八十里下營又自此走東北四百里外依和解室韋下營似事實也和解室韋原住地在興安嶺左右所謂黑車子去漢界一千餘里是也而烏介依室韋下營乃僅東北走四五百里則是時和解室韋之全部若一部必已西南徙無疑逮至契丹之興則黑車子室韋更南徙中國近塞遼史太祖紀云唐天復三年九月討黑車子室韋唐盧龍節度使劉仁恭發兵數萬遣養子趙霸來拒至武州太祖諜知之伏勁兵桃山下遣室韋人牟里詐稱其酋長所遣約霸兵會平原既至四面伏發擒霸殲其衆乘勝大破室韋明年七月復討黑車子室韋唐河東節度使李克用遣通事康令德乞盟冬十月太祖以騎兵七萬會克用於雲中

又太祖二年冬十月。遣輕兵取吐渾叛入室韋者。夫黑車子室韋原住地本在契丹之北。乃因伐黑車子故。而南與劉仁恭交兵。復與李克用會盟。又吐渾與黑車子道里遠隔。何以叛入室韋。此必因黑車子室韋已南徙幽并近塞。故有此事實也。余作韃靼考及萌古考。見此二部當唐之季世均有南徙之迹。此黑車子室韋亦然。蓋當回鶻既衰契丹將興之際。北方民族間發一種之感應。故有移徙之事。其原因雖不可知。而遷徙則為事實。故備論之。

西遼都城虎思斡耳朵考

西遼事跡見於中土紀載者至為簡畧。其建都之地。遼史作虎思斡耳朵。（天祚紀延慶二年耶律大石班師東歸馬行二十日得善地遂建都城號虎思斡耳朵）金史作骨斯訛魯朵。（忠義粘割韓奴傳大定中回紇移習覽三人至西南招討司貿易自言本國鄒括番部所居城號骨斯訛魯朵俗無兵器以田為業所獲十分之一輸官耆老相傳先是契丹至不能拒因臣之契丹所居屯營乘馬行自旦至日中始周匝）元史作谷則斡兒朵。（曷斯麥里傳曷斯麥里西域谷則斡兒朵人初為西遼闊兒罕近侍後為谷則斡兒朵所屬可散八思哈長官）或作古徐鬼國訛夷朵

（郭寶玉傳甲戌從帝討契丹遺族歷古徐鬼國訛夷朶等城破其兵三十餘萬當作兒錢竹汀說）元遺山文集作古續兒國訛夷朶（文集二十八大丞相劉氏先塋神道碑車駕征契丹遺族是爲西邊陲古續兒國訛夷朶等城戰合只破之）劉郁撰常德西使記作亦堵（西使記二月二十四日過亦堵兩山間土平民夥溝洫映帶多故壘壞垣問之蓋契丹故居也計其地去和林萬五千里而近有河曰亦運流洶湧東注土人曰此黃河也）亦堵者蓋訛夷朶之畧李眞常長春眞人西遊記謂之大石林牙（西遊記上十月十有六日西南過板橋渡河晚至南山下即大石林牙（自注大石學士林牙小名）其國王遼後也自金師破遼大石林牙領衆數千走西北移徙十餘年方至此地其風土氣候與金山以北不同平地頗多以農桑爲務釀蒲萄爲酒果食與中國同惟經夏秋無雨皆疏河灌溉百穀用成東北西南左山右川延袤萬里傳國幾百年）亦但謂之大石（西遊記上遊河中西園詩大石東過二十程又卷下讀書絶句西過大石半年居）則又以人名名其國都而拉施特蒙古史則謂之八喇沙袞案元史地理志西北地附錄篤來帖木兒屬地中有八里茫一地經世大典圖亦有八里茫圖在阿力麻里之西南柯耳魯（即曷邏祿）亦剌八里之南倭亦（今烏什）之北故武進屠氏（寄）蒙兀兒史記以八里茫爲八里沙之譌即以拉氏書中之八喇沙袞當之其說是也余謂虎思斡耳朶者契丹之新名其名行於東方八喇沙袞者突厥之舊名早行於東西二土八喇沙袞即唐書地理志之裴羅將軍城也資治通鑑

見十四

四

考異二引唐元宗實錄。突厥葛邏祿下首領有裴羅達干。唐書突厥傳。突騎施黑姓可汗有阿多裴羅。回鶻傳。骨咄祿毗伽闕可汗之名為骨力裴羅。又有將軍鼻施吐撥裴羅。大唐會要九十八有回紇演者裴羅。冊府元龜九五五紀突厥首領有采施裴羅。又九七一又九七二紀回紇使臣有近支伽裴羅。阿德俱裴羅。裴羅達干等。是裴羅者。突厥種族中之人名也。回鶻人中有稱將軍者。當是應用漢語。遼金時之相溫詳穩詳袞。元時之桑昆想昆弁自此語出。是裴羅將軍一城。當是西突厥故名。訖遼金閒。西域人猶以此名呼之。謂之八喇沙袞。元史又畧稱八里沙。此地名源流之可考者也。又自地理上言之。則有三證。一唐書地理志載賈耽皇華四達記云。至熱海後百八十里出谷至碎葉川口。八十里至裴羅將軍城。又西四十里至碎葉城。北有碎葉水。北四十里有羯丹山。十姓可汗每立君長於此。案熱海者。今之特穆爾圖泊碎葉水者今之吹河是裴羅將軍城在吹河之南又距吹河東入特穆爾圖泊處八十里而元朝祕史（五）云王罕又走去回回地面垂河行入合剌乞塔種古兒皇帝處（同卷六大祖遺王罕書蒙文內亦有此語但譯文畧去垂河字樣）又卷六云乃蠻古出魯（克）過委兀合兒魯種處至回回地面垂河行與合剌乞塔種的人古兒罕相合了案垂河即吹河合剌乞塔即黑契丹蒙古人以之呼西遼古兒皇帝古兒罕即耶律大石自號之葛兒罕（遼史天祚紀）若闊兒罕（元史曷思麥里傳）也是西遼都城地濱吹河西游記言西南過板橋渡河晚至南山下即大石林牙此河亦謂吹河西使記契丹故居有河曰亦（句）運流洶洶東注正與東入特穆爾圖泊之吹河合此一證也今吹河之南即天山山脈其山西人謂之阿歷山德嶺西游記云晚至南山下即謂此山西使記云兩山閒土平民夥溝洫映帶則兼水南之天山水北之羯丹山而言此二證也唐志自裴羅將軍城至怛羅斯之

距離。凡三百五十里。據大唐西域記及慈恩法師傳。則五百八九十里。（兩書無裴羅將軍城今以自素葉水城至怛邏私之里數加裴羅至素葉之里數計之）大抵賈耽所書里數率較玄奘所書為短。當由計里之單位或方法不同。今徵之元人所記。則邱長春自大石林牙西行七八日始見一石城。（此城即怛羅斯以長春前此沿山向西行而至此後山忽南去乃并西南山行與西域記自素葉至怛邏私皆西行至怛邏私後方西南行者恰合）常德以二月二十四日過亦堵二十八日過塔賴寺。塔賴寺即長春所見之石城。但長春以車行。常德以馬行。又常德奉使當憲宗己未。在太宗大置站赤之後。故遲速不同。即如自怛羅斯至賽藍。長春行五日。常德僅三日。又自賽藍至尋思干。長春行十四日。常德僅八日。以比例求之。則常德五日之行程。正當長春七八日。是二書所記自西遼都城至怛羅斯之行程。正與玄奘及賈耽所記自裴羅將軍城至怛羅斯之里數相應。此三證也。然則八剌沙袞即裴羅將軍城。殆無疑問。考隋唐以來。熱海以西諸城。碎葉為大。西突厥盛時。已為一大都會。慈恩傳言至素葉水城。逢突厥可汗方事畋游。軍馬甚盛。及唐高宗既滅賀魯。移安西都護府於龜茲。以碎葉備四鎮之一。（唐書西域傳）調露中。都護王方翼築碎葉城。四面十二門。為屈曲隱伏之狀。（唐書地理志及王方翼傳）後突騎施烏質勒屯碎葉西北。稍攻得碎葉城。因徙居之。（同突厥傳）開元十年。十姓可汗請居碎葉城。安西節度使湯嘉惠表以焉耆備四鎮。（同上西域傳焉耆傳）嗣後突騎施別種蘇祿子吐火仙復居之。（同上突厥傳）天寶七年。始為北庭節度使王正見所毀。（通典一九三引杜環經行記）後葛祿復據其地。唐中葉以後。與西域隔絕。其地遂無所聞。及大石林牙既平西域。思復契丹故地。乃東徙於此。然不居碎葉而居其東四十里之裴羅將軍城者。蓋唐時碎葉故城已毀壞無餘故也。而金史忠義傳言契丹所居屯營。乘馬行。自旦至日中始周匝。則視唐之碎葉城廣大可知。更無論故裴羅將軍城矣。據遼史天祚紀。自大石都此。訖直魯古亡。凡七十有八年。

其未東徙時則都於尋斯干。此事遼史雖不紀。然謂班師東歸。馬行二十日得善地。正與邱長春尋斯干詩所謂東石東過二十程者相合。故西遼名尋斯干為河中府。西游記自注邪迷思干大城大石有國時名為河中府湛然居士集卷四再用韻紀西游事詩注西域尋斯干城西遼目為河中府東徙之後。仍建為陪都。西游記云。西南至尋斯干。萬里外回紇國最佳處。契丹都焉。即以其西都言之。耶律文正湛然居士集二和裴子法見寄云。亀從出天山。從容游大石。此大石謂尋斯干。蓋尋斯干與虎思斡耳朵為契丹東西二都。故并得大石之名耳。西遼都城自來未有真切言之者。故聊發其概焉。

韃靼考

韃靼之名。始見於唐之中葉。闕特勤碑之突厥文中。有三十姓韃靼。Otuz Tatar九姓韃靼。Tokuz Tatar是為韃靼初見紀錄之始。案闕特勤碑立於開元二十年。則韃靼之名古矣。李德裕會昌一品集卷五有賜回鶻嗢没斯特勒等詔書末云卿及部下諸官幷左相阿波兀等部落黑車子達怛等平安好又卷八代劉沔與回鶻宰相頡于伽思書云紇扢斯專使將軍踏布合祖云發日紇扢斯即移就合羅川居回鶻舊國兼已得安西北庭達怛等五部落是爲韃靼見於漢籍之始時唐武宗會昌二年也嗣於懿宗咸通九年從朱邪赤心討龐勛僖宗中和二年從李克用討黄巢幷有功至後唐漢周仍世入貢故薛歐五代史及歐宋唐書幷記其事而歐氏於五代史幷爲達怛立傳宋初太祖太宗朝尚三次入貢後爲西夏隔絶不與中國通而兩宋人紀錄中尚屢見其名乃遼史營衞志所記諸部族百官志所記屬國職名中皆無韃靼本紀中雖三見達旦字亦去其偏旁金史乃幷絶其迹正史中至明史始復有韃靼傳而明史之韃靼傳實蒙古傳也然則遼金三百年中唐宋間所謂韃靼者果何往

乎。觀宋元人之著書。知當時固有韃靼。其對遼金之關係。決非淺鮮。正史中必不容沒其事。而竟不概見。此讀史者當發之疑問也。以余之所見。則唐宋間之韃靼。在遼為阻卜。在金為阻䪁在蒙古之初為塔塔兒。其漠南之汪古部。當時號為白達達者。亦其遺種也。

曷言乎韃靼在遼為阻卜。在金為阻䪁也。遼史聖宗紀。開泰元年正月。達旦國兵圍鎮州。州軍堅守。尋引去。而蕭圖玉傳云。開泰中。阻卜復叛。圍圖玉於可敦城。勢甚張。圖玉使諸軍齊射。却之。屯於窩魯朵城。案聖宗紀統和二十二年。以可敦城為鎮州。地理志。鎮州建安軍節度。本古可敦城。則紀傳所載地名既合。年歲又同。自是一事。而一稱達旦。一稱阻卜。是阻卜即韃靼之證一也。續資治通鑑長編卷五十五。真宗咸平六年七月。契丹供奉官李信來歸。言戎主母后蕭氏有姊二人。長適齊王。王死自稱齊妃。領兵三萬屯西鄙驢駒兒河。使西捍塔靼。盡降之。案遼史聖宗紀統和十二年八月。詔皇太妃領西北路烏古等部兵及永興宮分軍撫定西邊。以蕭撻凜督其軍事。十五年三月。皇太妃獻西邊捷。九月。蕭撻凜奏討阻卜捷。而蕭撻凜傳則云十二年。夏人梗邊。皇太妃受命總烏古及永興宮分軍討之。撻凜為阻卜都詳穩。凡軍中號令。太妃并委撻凜。十五年。敵烈部人殺詳穩而叛。遁於西北荒。撻凜將輕騎逐之。因討阻卜之未服者。諸蕃歲貢方物充於國。自後往來若一家焉。撻凜以諸部叛服不常。上表乞建三城以絕後患。從之。考三城者。謂鎮州及防維二州。皆在驢駒河西南。與西夏相去絕遠。是統和間太妃西征。非討西夏而實經營阻卜諸部。乃李信謂之西捍塔靼。是阻卜即韃靼之證二也。而此事完全之證據。乃在金史。金史夾谷清臣傳。北阻轐叛。上譴責清臣。命右丞相襄代之。又內族襄傳。襄代清臣。遂屯臨潢（中略）乃命支軍出東道。襄由西道。而東軍至龍駒河。為阻䪁所圍。三日不得出。求援甚急（中略）襄即鳴鼓進發（中略）鑾晨壓敵。突擊之。圍中將士亦鼓譟出。大戰。獲輿帳牛馬。衆皆奔斡里札河。遣完顏安國追躡之。衆散走。會大雨。凍死者十七八。降其部長。遂勒勳九峯山石壁云云。今案元朝祕史（四）大金因塔塔兒篾古真薛兀勒圖不從他命。教王京丞相領軍來勦捕。逆着浯泐札河。將篾古真薛兀勒圖襲將來。案王京者。完顏之對音。聖武親征錄元史太祖紀並記此事。皆作丞相完顏襄。浯泐札河亦即金史之斡里札河。（今烏爾載河）是二書紀事並相符合。而金史之阻䪁。元祕史謂之塔塔兒。正與遼史蕭圖玉傳之阻卜聖宗紀作達旦者。前後一揆。而塔塔兒一語為韃靼之對音。更不待言。故曰唐宋間之韃靼。在遼為阻卜。在金為阻䪁也。

更從地理上證之。唐時韃靼住地。據闕特勤碑側之突厥文兩記三十姓韃靼。皆在黠戛斯骨利幹之後。契丹白霫之前。日本箭內博士謂黠戛斯在突厥西北。骨利幹又在其北。契丹白霫皆在突厥之東。則在其間之三十姓韃靼當居突厥東北。與金元間之塔塔兒方位全同。其說良是。今假名此部曰東韃靼。然此碑突厥文中。尚有九姓韃靼。此部住地無可考。然唐書地理志引賈耽入四夷道里記云。中受降城正北如東八十里。有呼延谷。谷南口有呼延柵。北口有歸唐柵。車道也。入回鶻使所經。又五百里至鸊鵜泉。又十里入磧。經麚鹿山鹿耳山錯甲山。八百里至山鷰子井。又西北經密粟山達旦泊野馬泊可汗泉橫嶺綿泉鏡泊。七百里至回鶻牙帳。此達旦泊在回鶻牙帳東南數百里。疑以韃靼人所居得名。九姓韃靼所居。蓋當在此。今假名此部曰西韃靼。會昌一品集所見達怛。其一與黑車子連稱者。似與東方之三十姓韃靼相當。其一與安西北庭連稱者似即西方之九姓韃靼也。而唐末五代以來見於史籍者。只有近塞韃靼。此族東起陰山。西踰黄河額濟納河流域。至北宋中葉。并散居於青海附近。今假名之曰南韃靼。歐陽公五代史之所傳。王延德使高昌時之所經。李仁甫續通鑑長編之所記。皆是族也。而遼史所記阻卜。其分布區域。乃各與此三部韃靼相當。李信謂遼齊妃領兵屯西鄙驢駒兒河。西捍塔靼。而遼史文學傳。蕭韓家奴之言曰。阻卜諸部自來有之。曩時北至臚朐河。南至邊境。人多散居。無所統壹。惟往來抄掠。及太祖西征。至於流沙。阻卜諸部望風悉降。是遼時邊境以北至臚朐河。皆有阻卜部落。此可擬唐時之東韃靼。又太祖紀云。天贊二年九月丙申朔。次古回鶻城。丙午。遣騎攻阻卜。蕭圖玉傳云。阻卜復叛。圍圖玉於可敦城。蕭惠傳云。西阻卜叛。都監涅魯古等將兵來援。遇敵於可敦城西南。又蕭撻不也傳。阻卜酋長磨古斯紿降。撻不也遂於鎮州西南沙磧間業古回鶻城即今外蒙古額爾德尼昭西北之合剌八剌合孫（唐時回鶻牙帳）在鄂爾崑河西岸可敦城即鎮州其地今雖未能考定要當在鄂爾崑河之東喀魯哈河左右而阻卜自其西南來則其住地當在可敦城西南唐時達旦泊正在此方面故此部可擬唐時之西韃靼又遼史屬國表聖宗開泰五年書阻卜酋長魁可來降聖宗紀作黨項魁可來兵衛志言西夏元昊諒祚智勇過人能使黨項阻卜掣肘大國此以阻卜與黨項並舉連言則阻卜又南與黨項相近此種阻卜又可擬唐末五代之南韃靼故遼時阻卜分布之廣正與唐宋人所謂韃靼相同至見於金史之阻轐若北阻轐則略當唐時之東韃靼亦即蒙古人所謂塔塔兒此亦可由地理上證明之金史宗浩傳云內族襄以為攻破廣吉剌則阻轐無東顧憂是阻轐在廣吉剌之西而元朝祕史記翁吉剌住地云合勒合河流

入捕魚兒海子處有帖兒格等翁吉剌。其記塔塔兒住地則云阿亦里兀惕備魯兀惕兩種塔塔兒在捕魚兒海子與闊連海子中間兀兒失溫地面（今鄂爾順河）。又云察阿安阿勒赤都塔兀惕阿魯孩四種塔塔兒在兀勒灰失魯格勒只惕地面（今烏爾渾河與色野爾集河合流處）。皆東與在喀爾喀河流域之翁吉剌為鄰。又載扯克扯兒地面（今蘇克斜魯山）有塔塔兒人。距翁吉剌之德薛禪家不遠。與金史所載阻䪁地望無一不合。故遼金二史中阻卜阻䪁之為韃靼，自地上證之而有餘矣。

若然。遼金之阻卜阻䪁。於唐宋為韃靼。於蒙古為塔塔兒。則阻卜阻䪁之名。烏從起乎。又於唐宋以前蒙古以後。得求此名之源流否乎。然求之前後諸史。絕不見有與阻卜或阻䪁相類之名稱。余乃不得不設一極武斷極穿鑿之假說曰。阻卜阻䪁者。韃靼二字之倒誤。且非無意之誤。而有意之誤也。何以言之曰。

遼金人文字中多言韃靼，如史愿亡遼錄（北盟會編卷二十一引）云：「遼於沙漠之北，則置西北路招討府，以鎮攝韃靼、蒙骨、迪烈諸國。」又金主亮遣翰林學士韓汝嘉與宋國信使副徐嘉等宣諭公文（北盟會編卷二百二十九引）云：「向來北邊有蒙古、韃靼等，從東昏王時數犯邊境。」是遼金時固有韃靼，其國史實錄亦當不諱言韃靼，而遼金二史中無之者，曰：蒙古人諱言韃靼故。蒙古人何以諱言韃靼？曰：蒙人本非韃靼，而漢人與南人輒以此名呼之，固為蒙古人所不喜，且元末脩史之漢臣已不復知韃靼與蒙古之別，而遼金史料中所記韃靼事，非朝貢即寇叛，彼蓋誤以蒙古之先朝貢於遼金也，慮其有損國體，故諱之尤深。當蒙古盛時，祕史、親征錄並記太祖受金官職事，初未嘗以此為諱，然宋遼金三史之作，在順帝之世，其時蒙古之勢力既已墜地，故於文字之間尤多忌諱。試舉實證以明之。續資治通鑑長編於太祖乾德四年、開寶二年太宗太平興國八年幷書韃靼入貢。蓋本與國史及會要。建炎以來朝野雜記乙集十九亦云。韃靼於太祖太宗朝各再入貢。乃宋史本記於外國朝貢無一不書。獨無太祖太宗韃靼入貢事。王延德使高昌記。載於王明清揮麈前錄者。中有韃靼字凡六處。宋史高昌傳全錄其文。惟刪去有韃靼字之處。亡遼錄。北盟會編卷二十一引天祚於保大四年得大石林牙兵。又得陰山韃靼毛割石兵。自謂天助。欲出兵收復燕雲。大石林牙力諫云云。東都事畧附錄二亦云。耶律延僖得大石林牙七千騎。又陰結韃靼毛褐室韋三萬騎助之。而遼史天祚紀則云。天祚既得林牙耶律大石兵。又得陰山室韋謨葛失兵。自謂得天助。再謀出兵收復燕雲。遼史此節分明出於二書。而二書皆有韃靼字。遼史獨無。又松漠記聞。余都父子以游獵為名。遁入夏國。夏人問其兵幾何。云親兵二三百。遂不納。投韃靼。韃靼先受悟室之命。具首領詐出迎具食帳中。潛以兵圍之。余都出敵。不勝。父子皆死。遼史耶律余覩傳則云。余覩假游獵為名。遁西夏。夏人問汝來有兵幾何。余覩以二三百對。夏人不納。卒。此事與紀聞同。當出紀聞。而獨無投韃靼被殺事。金史叛臣傳亦但言遼部殺余睹及其二子。函其首以獻。太宗紀亦言部族節度使土古廝捕斬余睹及其諸子。而不明言其為何部。是數證者。謂非元人脩史時有意删去韃靼字不可也。然遼金史料中之韃靼。固自倍蓰於宋史料。又不必與他事并見。史臣以其不可删。且不勝删也。乃或省其偏旁作達旦字。又擬為改字之法。考韃靼之始見載籍也。其字本作達怛。(會昌一品集及册府元龜)後作達靼。(薛歐五代史及夢溪筆談)至宋南渡。後所撰所刊之書乃作韃靼。韃字不見於集韻類篇。是北宋中葉尚無此字。其加革旁實涉靼字而誤。然遼金史料中。其字當已有作韃靼者。其倒也。或作怛達。或作靼韃。極與阻卜二字相似。當時史料中或有一二處誤作阻韃。或又省作阻卜者。史臣乃利用其誤。遂并史料中之不誤者而盡改之。以避一時之忌諱。其於遼史太祖聖宗紀三處尚存達旦字者。蓋史臣所未及改。抑故留此間隙以待後人之考定者也。且遼史所見之達旦三處不獨省其偏旁。亦異其書法。凡史家於敵國使來則書聘。屬國則書貢。此諸史之通例。遼史本紀惟於梁唐周宋四國書聘。後晉北漢西夏之稱臣或受冊而書貢。南唐雖未稱臣。亦仍書貢。至塞北諸部更無不書貢者。惟道宗紀。太康十年二月庚午朔萌古國遣使來聘。三月戊午。遠萌古國遣使來聘。獨書聘者。以示蒙古之先與遼世為敵國也。而太祖紀書神冊三年二月達旦國來聘。聖宗紀書統和二十三年六月達旦國九部遣使來聘。亦書聘者。蓋元代脩史諸臣。已不知韃靼與蒙古之分。誤以遼史料中之韃靼為蒙古之先。故以敵國書法書之。與道宗紀之書萌古來聘。同一用意。由此二條。可見元人脩史時諱言韃靼之隱。金史之中亦有類是之特筆。如西北西南招討司下之乣軍詳隱。本有十處。今地理志兵志所載。均為九處。地理志有移典乣而無萌骨乣。兵志反是。其實二者均當有之。蓋萌古萌骨之為蒙古此人人所易知。元人必以蒙古列於金之乣軍為諱。故於地理志刪之。而於兵志亦刪去移典乣。以與地理志之九處相應。然於其首大書曰。西北西南之乣軍十。明移典萌骨二乣皆所當有。故於二志互見。以使人推考得之。兵志部族節度使有萌骨部族。而地理志中無之。亦由此故。其所以刪彼而存此者。緣地理志記各部族節度使各詳隱。皆自為一行。易觸人目。若兵志之文。則蟬聯而下。非通讀全文。難以覺察故也。此皆史臣之微辭。遼金二史中之阻卜阻𨂝。亦猶是矣。要之吾儕既發見元人諱言韃靼之隱。則其刪剟事實。改易名目。并不足深怪。而上所

陳述武斷穿鑿之假說固自有可能性在也

漠南韃靼（陰山韃靼）之見於載籍也較漠北東西二韃靼（三十姓韃靼及九姓韃靼）為後唐會昌初年回鶻為黠戛斯所破其一部南走中國近塞時李德裕為相籌所以防禦招撫之者甚備具見會昌一品集中而其中所記近塞蕃族僅有沙陀契苾退渾黨項四部而無韃靼至咸通九年韃靼始從朱邪赤心討龐勛赤心時為蔚州刺史則爾時韃靼必已居蔚州近塞知韃靼之徙陰山左右當在會昌與咸通之間然則未徙之時果居何地抑稱何名自歐史以來頗有異說余謂陰山韃靼當即三十姓韃靼或九姓韃靼一部之南下者蓋當時東西二韃靼均有南徙之可能性即會昌一品集中之達怛與黑車子連稱者余前既定為三十姓韃靼當唐之季黑車子一族實已南徙幽州近塞（見拙著津田博士室韋考後）則其鄰部之達怛同時亦南徙并州近塞固非不可解之事又九姓韃靼

住地余前以賈耽道里記中之達旦泊擬之此泊在回鶻牙帳東南當回鶻入唐之道回鶻既破此部相率南徙亦自然之勢也日本箭內博士乃據閻復駙馬高唐忠獻王碑所引汪古氏家傳及蒙韃備錄謂陰山韃靼出於沙陀乃突厥人種與漠北韃靼之屬蒙古人種者全非同族余意此二族在唐并為韃靼在遼史并為阻卜自不既視為異種但南徙之後與沙陀黨項諸部雜居故此部中頗含有他種人而其與黨項之關係尤較沙陀為密故昔人多互稱之如折氏本黨項大姓而册府元龜卷九百七十二之黨項折文通同卷又稱之為達怛都督折文通又遼史屬國表有阻卜酋長魁可而聖宗紀作黨項魁可宋史黨項傳景德二年熟户旺家族擊夏兵擒軍主一人以獻又大中祥符二年夏州界去熟户旺家族首領都子等來歸業旺家即白韃靼名族汪古之異譯而宋史以為黨項部族元史阿剌兀思剔

吉忽里傳云。阿剌兀思剔吉忽里。汪古部人。金源氏塹山爲界以限南北。阿剌兀思剔吉忽里以一軍守其衝要。而蒙韃備錄則云。金章宗築新長城。在靜州之北。以唐古糺人戍之。唐古亦即黨項之異譯。蓋韃靼與黨項自陰山賀蘭山以西。往往雜居。故互受通稱。然若據此而遽謂陰山韃靼出於黨項。則與謂其出於沙陀者。同爲無根之說也。故余對箭内博士之二元論。寧主張一元論。以唐之韃靼迄之阻卜名稱之統一。非是無以解釋之故也。

附韃靼年表

唐咸通九年　達靼從朱邪赤心討龐勛。五代史四夷附錄

廣明元年　李琢引大兵攻蔚州。李國昌原作獻祖戰不利。乃率其族奔達靼部。居數月。吐渾赫連鐸密遣人賂達靼以離間國昌。國昌子

克用(原作武皇)知之(中略)諭之曰予父子為賊臣讒間報國無由今聞黄巢北犯江淮必為中原之患一旦天子赦宥有詔徵兵僕與公等南向而定天下是予心也達靼知無留意皆釋然無間(舊五代史唐書武皇紀)

中和二年

八月李國昌自達靼部率其屬歸代州(同上)克用募達靼萬人以從(唐書沙陀傳)九月克用率忻代蔚朔達靼之軍三萬五千騎赴難於京師(舊五代史武皇紀)

遼神册三年(梁貞明四年)

二月達旦國來聘(遼史太祖紀)

天贊二年(後唐同光元年)

九月丙午遣騎攻阻卜(遼史太祖紀)

後唐同光二年(遼天贊三年)

二月河西郡族折文通貢駝馬(册府元龜九七二)

契丹從磧北歸帳達靼因相掩擊其首

領裕悅族帳自磧北以部族羊馬三萬來降。舊史唐書莊宗紀

同光四年 遼天顯元年 正月。達怛都督折文通貢駝馬。元龜九七二

天成三年 遼天顯三年 四月。達怛遣使入貢。同上

天成四年 遼天顯四年 五月。黨項折文通進馬。同上 十月。達怛首領張十三朝。同上 舊史唐書明宗紀云七月丙寅達靼來朝

去年四月。義武軍節度使王都反。五代史唐本紀 誘契丹入寇。明宗詔達靼入契丹界以張軍勢。遣宿州刺史薛敬忠以所獲契丹團牌二百五十及弓箭數百賜雲州界生達靼。五代史四夷附錄

長興二年 遼天顯六年 正月。達怛列六薩娘居等進馬。十一月。黨項達怛阿屬朱弁來朝貢。元龜九七二

長興三年（遼天顯七年） 三月。達怛嘗葛蘇進馬十疋及方物。（同上）

六月。達靼首領頡哥以其族來附。（五代史唐本紀）

十一月丁未。阻卜貢海東青鶻三十連于遼。（遼史太宗紀）

遼天顯八年（後唐長興四年） 二月。七月。十月。阻卜入貢。（遼史太宗紀　屬國表）

後唐清泰元年（遼天顯九年） 二月。雲州上言達怛胡祿末族帳到州界貿易。（元龜九九九）

八月。達怛首領沒于越入朝貢羊馬。（元龜九七二）

遼會同二年（晉天福三年） 九月甲戌。阻卜來貢。（遼史太宗紀　屬國表作十月）

會同三年（晉天福四年） 八月。阻卜三入貢。（遼史太宗紀　屬國表）

會同四年（晉天福五年） 十一月。阻卜入貢。（同上）

會同五年（晉天福六年） 七月。八月。阻卜入貢。（太宗紀　屬國表在六七二月）

漢乾祐三年（遼天祿四年）八月，達怛來附。（五代史漢本紀）

周顯德五年（遼應曆八年）四月，回鶻達靼遣使者來。（五代史周本紀）

宋乾德四年（遼應曆十六年）夏六月甲、寅，塔坦國天王娘子及宰相允越皆來修貢。（長編七原注國史及會要俱稱四年夏因附此新舊錄無之）

開寶二年（遼保寧元年）塔坦國天王娘子之子策卜迪來貢。（長編十原注會要不記其時）

遼乾亨元年（宋太平興國四年）阻卜惕隱曷魯、夷离菫阿里覩來朝。（遼史景宗紀）

宋太平興國六年（遼乾亨三年）使王延德使高昌，假道於韃靼九族。

王延德使高昌記（揮麈前錄卷四引）初自夏州歷玉亭鎮，次歷黃羊平，其地平而產黃羊，渡沙磧，無水，行人皆載水。凡二日至都羅囉族，漢使過者遺以貨財，謂之打當。次歷茅家喝子族。族臨黄河。以羊皮為囊。吹氣實之。浮於水面。或以槖駝牽木栰而渡。次歷茅女王子開道族。行入六窠沙。沙深三尺。馬不能行。行者皆乘槖駝。不育五穀。沙中生草名登相。收子以食。次歷樓子山。無居人。行沙磧中。以日為占。旦則背日。暮則向日。日中則止。夕行望月亦如之。次歷卧羊梁劾特族。地有都督山。唐回鶻之地。次歷大蟲太子族。族接契丹界。人尚衣錦繡。器用金銀。馬乳釀酒。飲之亦醉。次歷屋地目族。蓋達于于越王子之子也。次至達于于越王子族。此九族。達靼中尤尊者。次歷拽利王子族，有合羅川，唐回鶻公主所居之地，城基尚在，有湯泉池。傳曰：契丹舊為回紇牧羊，達靼舊為回紇牧牛，回紇徙甘州，契丹、達靼遂各爭長攻戰，次歷阿墩族云云。

同上。聞有契丹使者來，謂其王曰：聞漢遣使入達靼，而道出王境，誘王窺邊，宜早送至達靼，無使久留。

同上。延德初至達靼之境，頗見晉末陷虜者之子孫，咸相率迎獻飲食，問其鄉里親戚，咸甚悽感，留旬日不得去。

遼乾亨四年（宋太平興國七年）　十二月戊午，耶律速撒討阻卜。（遼史聖宗紀、屬國表）

統和元年（宋太平興國八年）　正月辛巳，速撒獻阻卜俘。（同上）

宋太平興國八年（遼統和元年） 塔坦國遣使唐特墨與高昌國使安骨盧俱入貢。骨盧復道夏州以還。特墨請道靈州。且言其國王欲觀山川迂直。擇便路入貢。詔許之。（長編二十四）

遼統和二年（宋雍熙元年） 十一月。速撒等討阻卜。殺其酋長撻剌干。（同上）

統和四年（宋雍熙三年） 十月。阻卜遣使來貢。（同上）

統和八年（宋淳化元年） 十月。阻卜遣使來貢。（同上）

統和十二年（宋淳化五年） 九月。阻卜來貢。（同上）

統和十五年（宋至道三年） 九月。蕭撻凜奏討阻卜捷。（同上）

統和十八年（宋咸平三年） 六月。阻卜叛酋鶻碾之弟鐵剌不率衆來附。鶻碾無所歸。遂降。詔誅之。（同上）

統和廿一年（宋咸平六年） 六月。阻卜酋長鐵剌里率諸部來降。七

月。來貢。八月。阻卜鐵剌里來朝。聖宗紀表來朝作六月

統和廿二年宋景德元年　八月。阻卜酋鐵剌里來朝。幷求婚。許之。屬國表聖宗紀作不許

統和廿三年宋景德二年　六月甲午。阻卜酋鐵剌里遣使賀與宋和。聖宗紀屬國表己亥。達旦國九部遣使來聘。聖宗紀

統和廿五年宋景德四年　九月。西北路招討使蕭圖玉討阻卜。破之。同上

統和廿九年宋大中祥符四年　六月。詔西北路招討使蕭圖玉安撫西鄙。置阻卜諸部節度使。同上圖玉傳自後節度使往往非材部民怨而思叛

開泰元年宋大中祥符五年　十月。蕭圖玉奏七部太師阿里底因其部民之怨。殺本部節度使霸暗。幷屠其家以叛。阻卜執阿里底以獻。而沿邊諸郡皆叛。聖宗紀耶律化哥傳開泰元年伐阻卜阻卜棄輜重遁走俘獲甚多

開泰二年（宋大中祥符六年）正月，達旦國兵圍鎮州，州軍堅守，尋引去。（聖宗紀）七月，化哥破阻卜酋長烏八之衆。（聖宗紀　屬國表）

蕭圖玉傳：開泰元年七月，石烈太師阿里底殺其節度使，西奔窩魯朵城，蓋古所謂龍庭單于城也。已而阻卜復叛，圍圖玉於可敦城，勢甚張。圖玉使諸軍齊射，却之，屯于窩魯朵城。明年，北院樞密使耶律化哥引兵來救，圖玉使人誘諸部，皆降。

開泰三年（宋大中祥符七年）正月，阻卜酋長烏八來朝，封爲王。（聖宗紀　屬國表）

開泰四年（宋大中祥符八年）四月，耶律世良等破阻卜，上俘獲數。（聖宗紀　屬國表作三月）

開泰五年 宋大中祥符九年 二月，阻卜酋長來朝。三月，叛命阻卜酋長魁可來降。屬國表 聖宗紀作烏狗魁可來降

開泰七年 宋天禧二年 烏古敵烈部都監蕭普達，遣敵烈騎卒取北阻卜名馬以獻。蕭普達傳

開泰八年 宋天禧三年 七月，詔阻卜依舊歲貢馬千七百，駝四百四十，貂鼠皮萬，青鼠皮二萬五千。聖宗紀

太平元年 宋天禧五年 六月，阻卜札剌部來貢。屬國表

太平六年 宋天聖四年 三月，阻卜來侵，西北招討使蕭惠破之。八月，蕭惠攻甘州不克，師還，阻卜諸部皆叛，遼軍與戰，皆為所敗，詔遣惕隱耶律洪古、林牙化哥等將兵討之。聖宗紀 屬國表

蕭惠傳：太平六年，討回鶻阿薩蘭部，徵兵諸路，獨阻卜酋長直剌後期，立斬以

徇進至甘州，攻圍三日，不克而還。時直剌之子聚兵來襲，阻卜酋長烏八密以告，惠未之信。會西阻卜叛，襲三克軍，都監涅魯古、突舉部節度使諧里、阿不呂等將兵三千來救，遇敵于可敦城西南。諧里、阿不呂戰沒，士卒潰散。惠倉卒列陣，敵出不意攻我營。衆請乘時奮擊，惠以我軍疲，敵未可用，弗聽。烏八請以夜斫營，惠又不許。阻卜歸，惠乃設伏兵擊之，前鋒始交，敵敗走。惠爲招討，累年屢遭侵掠，士馬疲困。

太平七年（宋天聖五年）六月，詔蕭惠再討阻卜。（聖宗紀）

太平八年（宋天聖六年）九月癸丑，阻卜別部長胡懶來降。乙卯，

阻卜長春古來降。聖宗紀

重熙六年宋景祐四年 十一月，阻卜酋長屯禿古斯來貢。興宗紀 屬國表

重熙七年宋景祐五年 七月，阻卜酋長屯禿古斯來朝。同上

重熙十二年宋慶曆三年 六月，阻卜大王屯禿古斯弟太尉撒葛里來朝。八月，阻卜來貢。同上

重熙十三年宋慶曆四年 六月，阻卜酋長烏八遣其子執元昊求援使者窊邑改來，且乞以兵助戰，從之。同上

重熙十四年宋慶曆五年 六月，阻卜大王屯禿古斯率諸酋長來朝。同上

重熙十六年宋慶曆七年 六月，阻卜大王屯禿古斯來朝，進方物。同上

重熙十七年宋慶曆八年 六月，阻卜進馬駝二萬。同上

重熙十八年（宋皇祐元年）六月，阻卜來貢馬駝珍玩。（同上）冬十月，北道行軍都統耶律迪魯古率阻卜諸軍至賀蘭山，獲李元昊妻及其官僚家，遇夏人三千來戰，殪之。（興宗紀）

重熙十九年（宋皇祐二年）七月，阻卜酋長豁得剌弟斡得來朝，加太尉遣之。八月，阻卜酋長喘只葛拔里斯來朝。十一月，阻卜酋長豁得剌遣使來貢。（同上）

重熙廿二年（宋皇祐五年）七月，阻卜酋長屯禿古斯率諸部長獻馬駝。（同上）

重熙廿三年（宋至和元年）十一月，阻卜酋長來貢。（同上）

清寧二年（宋嘉祐元年）六月，阻卜酋長來朝及貢方物。（道宗紀、屬國表）

咸雍二年（宋治平三年）六月，阻卜酋長來貢。（同上）

二十一

咸雍五年（宋熙寧二年）

三月阻卜酋長叛以南京留守晉王仁先為西北路招討使領禁軍討之九月晉王仁先遣使奏阻卜之捷（同上）

耶律仁先傳阻卜塔里干叛命仁先為西北路招討使仁先嚴斥堠扼敵衝塔里干復來寇仁先逆擊追殺八十餘里大軍繼至又敗之別部把里斯禿没等來救見其屢挫不敢戰而降北邊遂安

咸雍六年（宋熙寧三年）

二月阻卜酋長來朝且貢方物四月西北招討使以所降阻卜酋來（同上）六月阻卜來朝（道宗紀）七月阻卜酋長來貢（屬國表）十月西北路招討使擒阻卜酋長來獻以所降阻卜酋長圖木同刮來（道宗紀 屬國表）十一月

禁鬻生鐵于回鶻阻卜等界。（道宗紀）

咸雍十年（宋熙寧七年）　二月，阻卜來貢。（道宗紀 屬國表）

太康四年（宋元豐元年）　六月，阻卜諸酋長進良馬。（同上 是月又有來貢一事）

蕭迂魯傳：太康初，阻卜叛，遷西北路招討都監，從都督耶律趙三征討有功。（此事紀表未見，不知在何年）

太康五年（宋元豐二年）　六月，阻卜酋長來貢。（道宗紀 屬國表）

太康七年（宋元豐四年）　六月，阻卜余古赧來貢。（同上）

太康八年（宋元豐五年）　六月，阻卜酋長來貢。（同上）

太康九年（宋元豐六年）　六月，阻卜酋長來貢。（同上）

太康十年（宋元豐七年）　五月，阻卜諸酋長來貢。（同上）

宋元豐七年　遣皇甫旦使達靼，不達。（續資治通鑑長編卷三百四十六）

遼大安二年（宋元祐元年）　六月，阻卜酋長余古赧及愛的來朝，詔

燕王延禧相結為友。（道宗紀）

大安五年（宋元祐四年） 五月，以阻卜磨古斯為諸部長。（道宗紀）

大安七年（宋元祐六年） 八月，塔坦入夏國西界婁博監軍司界，掠人户一千餘户，牛羊孳畜不知數目。（續資治通鑑長編卷四百七十一）

大安八年（宋元祐七年） 正月，阻卜諸酋長來降。四月，來貢。（同上）耶律何魯掃古知西北路招討使事。時邊部耶都刮等來侵，何魯掃古誘北阻卜酋豪磨古斯攻之，俘獲甚衆，以功加左僕射。復討耶覩刮等，誤擊磨古斯，北阻卜由是叛。（耶律何魯掃古傳）十月，酋長磨古斯殺金吾禿古斯以叛，遣奚六部禿里耶律郭三發諸蕃兵討之。（道宗紀 屬國表）

大安九年 宋元祐八年

二月。磨古斯來侵。三月。西北路招討使耶律阿魯掃古追磨古斯還。都監蕭張九遇賊。與戰不利。二室韋拽剌北王府特滿羣牧宮分等軍多陷於賊。十月庚戌。有司奏。磨古斯詣西北路招討使耶律撻不也僞降。既而乘虛來襲。撻不也死之。阻卜烏古札叛。丙長。有司奏阻卜酋長轄底掠西路羣牧。癸亥。烏古敵烈統軍使蕭朽哥奏討阻卜等部捷。十一月辛巳。特末等奏討阻卜捷。同上

蕭撻不也傳。磨古斯之為酋長。由撻不也所薦。至是遣人誘致之。磨古斯紿降。撻不也逆於鎮州西南沙磧間。禁士卒

毋得妄動。敵至。裨將耶律綰徐烈見其勢鋭不及戰而走。遂遇害。

大安十年宋紹聖元年　正月。烏古札等來降。七月。阻卜等寇倒塌嶺。盡掠西路羣牧馬。去東北路統軍使耶律石柳以兵追及。盡獲所掠而還。九月。斡特剌破磨古斯。十月。西北路統軍司獲阻卜酋長拍撒葛蒲魯來獻。十一月。阻卜酋的烈等來降。十二月。西北路統軍司奏討磨古斯之捷。遼宋紀屬國表

壽隆元年宋紹聖二年　六月。阻卜酋長禿里底及圖木葛來貢。七月庚子。阻卜酋長猛達斯來貢。同上甲寅。斡特剌奏討磨古斯捷。遼宋紀

壽隆二年宋紹聖三年　八月。阻卜來貢。遼宋紀屬國表

壽隆三年宋紹聖四年　二月．阻卜酋長猛撒葛等請復舊地以
貢方物．五月．斡特剌討阻卜．破之．同上

壽隆四年宋元符元年　正月己巳．徙阻卜等貧民於山前．道宗紀

壽隆五年宋元符二年　六月．阻卜酋長來貢．同上

壽隆六年宋元符三年　六月．阻卜酋長來貢．同上

乾統二年宋崇寧元年　正月．斡特剌執磨古斯來獻．二月．磔磨
古斯于市．道宗紀　六月．阻卜入寇．斡特剌等
戰敗之．天祚帝紀 屬國表
蕭奪剌傳．乾統元年．復為西北路招討
使．北阻卜耶刮覩率鄰部來侵．奪剌逆
擊追奔數十里．二年．乘耶刮覩無備．以
輕騎襲之．獲馬萬五千匹．牛羊稱是．

乾統六年宋崇寧五年　七月．阻卜來貢．天祚帝紀 屬國表

乾統十年（宋大觀四年）六月，阻卜來貢。（同上）

天慶二年（宋政和二年）六月，阻卜酋長來貢。（同上）

天慶九年（宋宣和九年）五月，阻卜補疎只等反。（同上）

保大二年（宋宣和四年）耶律大石自立為王，率精騎二百宵遁，北行三日，過黑水，見白達達詳穩牀古兒，牀古兒獻馬四百、駝二十、羊若干。西至可敦城，會阻卜等十八部，遂得精兵萬餘，立排甲，具器仗。（天祚帝紀）

保大四年（宋宣和六年）天祚帝以韃靼兵南伐，兵潰被執。

亡遼錄（三朝北盟會編卷二十一引）保大四年，天祚得大石林牙，又得陰山韃靼毛割石兵，自謂天助，謀出兵收復燕雲。大石林牙力諫（中略）不從，遂率諸軍出夾山，下漁陽嶺，取天

德軍東勝寧邊雲内等州南下武州遇
金人戰於奄遏水奔山金司小胡虜蜜
遣人報粘罕遣伍百騎刼遷入雲中
馬擴茅齋自序（同上卷二十一引）天祚驅韃靼衆三
萬餘騎來粘罕歸國山後空虛直抵雲
中府襲擊兀室率蔚應奉聖州雲中漢
兒鄉兵為前驅女直以軍馬千餘伏於
山谷間出韃靼軍之後韃靼潰亂大敗
天祚南走
東都事畧附錄（二）耶律延禧得大石林
牙七千騎又陰結韃靼毛褐室韋三萬
騎助之（中畧）南侵遇金人兀室軍兀室率
山西漢兒鄉兵為前驅以女真千餘騎

二十五

伏山間乃出。韃靼等願之大駭而潰。

金天會五年（宋建炎元年）　韃靼獻羊於金。

傅雱建炎通問錄。（北盟會編卷一百十引時在建炎元年）當日韃靼國獻羊。黑水國獻馬。兩國人使同時在帥府前伺候。

天會十年（宋建炎六年）　故遼將余都叛入韃靼。韃靼殺之。

松漠紀聞。余都父子以射獵為名。遁入夏國。夏人問有兵幾何。云親兵二三百。遂不納。投達靼。達靼先受晤室之命。具首領詐出迎。具食帳中。潛以兵圍之。達靼善射。無衣甲。余都出敵不勝。父子皆死。

□□□年　塔塔兒執蒙古俺巴該汗送於金。金人殺之。

元朝秘史。一捕魚兒海子闊連海子兩個海子中間的河。名兀兒失温。那河邊住的塔塔兒一種人。（據蒙文爲阿亦兀里惕備魯兀惕兩種）俺巴孩將女兒嫁與他。親自送去。被塔塔兒人拿了。送與大金家。俺巴孩去時。別速氏巴剌合赤名字的人。說將回去說道。你對合不皇帝的七個兒子中間的忽圖剌根前。并我十個兒子內的合荅安太子根前說。我是衆百姓的主人。爲親送女兒上頭。被人拿了。今後以我爲戒。你每將五個指甲磨盡。便壞了十個指頭。也與我報讐。

大定元年（宋紹興三十一年） 宋劉錡等傳檄韃靼諸國討金主亮（三朝北盟會編卷二百三十二）

大定二年（宋紹興三十二年） 蒙古伐塔塔兒

祕史一 忽圖剌做了皇帝同合荅安太子往塔塔兒處報讐與闊端巴剌合札里不花兩人廝殺了十三次不曾報得讐與塔塔兒廝殺時也速該把阿秃兒將他帖木真木格豁里不花等擄來那時也速該把阿秃兒的妻訶額侖正懷孕於斡難河邊迭里溫字勤荅黑山下生了太祖（中略） 因擄將帖木真兀格來時生故就名帖木真

大定七年（宋乾道三年） 十二月遣武定軍節度使移剌按招諭

阻䪁。金史世宗紀

大定十年（宋乾道六年）塔塔兒毒死蒙古也速該。

祕史一也速該（自篇首刪節）還去到扯克扯兒地面。遇著塔塔兒每做筵席。因行得飢渴。就下馬住了。不想塔塔兒每認得。說也速該乞顏來了。因記起舊日被擄的冤讐。暗地裏和了毒藥與喫了。也速該上馬。行到路間。覺身子不好了。行了三日。到家越重了。（中略）說罷死了。

大定十二年（宋乾道八年）四月。阻䪁來貢。金史世宗紀

明昌五年（宋紹熙五年）九月甲申。命上京等九路幷諸抹及乣等處。選軍三萬。俟來春調發。仍命諸路幷北阻䪁以六年夏會兵臨潢。金史章宗紀

明昌六年 宋慶元元年

北阻韈叛。遣右丞相完顏襄討之。十二月。出師大鹽濼。分兵攻取諸營。同上

金史夾谷清臣傳。明昌六年。清臣受命出師。行尚書省事於臨潢府。遣人偵知虛實。以輕騎八千。令宣徽使移剌敏為都統。左衛將軍充招討使。完顏安國為左右翼。分領前隊。自選精兵一萬以當後進。至合勒河。前隊敏等於栲栳濼攻營十四。下之。回迎大軍。屬部斜出。掩其所獲羊馬資物以歸。清臣遣人責其賕罰。北阻韈由是叛去。大侵掠。上遣責清臣。命右丞相襄代之。

完顏襄傳。襄屯臨潢。頃之。出師大鹽濼。

復遣右衛將軍完顏充進軍斡魯速城。欲屯守。俟隙進兵。繪圖以聞。

承安元年宋慶元二年

右丞相襄大敗阻韈于斡里札河。十月。阻韈復叛。

完顏襄傳。襄遣西北路招討使完顏安國等趨多泉子。密詔進討。乃令支軍出東道。襄由西道。而東軍至龍駒河。為阻韈所圍。三日不得出。求援甚急。或請俟諸軍集乃發。襄曰。我軍被圍數日。馳救之猶恐不及。豈可後時。即鳴鼓夜發。或請先遣人報圍中。使知援至。襄曰。所遣者儻為敵得。使知我兵寡而糧在後。則吾事敗矣。乃益疾馳。遲明距敵近。衆請少憩。襄曰。吾所以乘夜疾馳者。欲掩其不備爾。緩則不及。嚮晨壓敵。突擊之。圍中將士亦鼓譟出大戰。獲輿帳牛羊衆。皆奔斡里札河。遣安國追躡之。衆散走。會大雨。凍死者十八九。降其部長。遂勒勳九峯石壁。十月。阻䪁復叛。

祕史。四 大金因塔塔兒篾古真薛兀勒圖不從他命。教王京丞相領軍來勦捕。逆着浯勒札河。將篾古真薛兀勒圖襲着來。太祖知了。中略 遂與脫斡鄰引軍順着浯勒札河。與王京夾攻塔塔兒時。塔塔兒在忽速禿失禿延地面。蒙文尚有納速禿失禿延一地 立了寨子。被太祖脫斡鄰攻破。將塔塔兒

篾古真薛兀勒圖殺了。金國的王京。知
太祖與脫斡鄰將塔塔兒幕子攻破殺
了篾古真等。大歡喜了。與太祖札兀忽
里的名分。脫斡鄰王的名分。王京又對
太祖說。殺了篾古真。好生得你濟。我回
去金國皇帝行奏知。再大的名分招討
官教你做者。說罷。自那裏回去了。太祖
與脫斡鄰將塔塔兒共擄着。也各自回
家去了。

承安二年（宋慶元三年）　北部復叛。拜完顏襄樞密使兼平章政
事。屯北京。（完顏襄傳）

承安三年（宋慶元四年）　二月。斜出內附。（章宗紀）
完顏襄傳。襄屯北京。議北討。奏遣同判

大睦親府事宗浩出軍泰州又請左丞
衡於撫州行樞密院出軍西北路以邀
阻䪁而自帥兵出臨潢上從其策其後
斜出部族詣撫州降上專使問裹裹以
爲受之便詔度宜窮討乃令士自齎糧
以省挽運進屯於沔移烈烏滿掃等山
以逼之因請就用步卒穿壕築障起臨
潢左界北京路以爲阻塞中略無何泰州
軍與敵接戰宗浩督其後殺獲過於諸
部相率送欵裹納之自是北陲遂定
内族宗浩傳北部廣吉剌者尤桀驁屢
脅諸部入塞宗浩請乘其春暮馬弱擊
之時阻䪁亦叛内族裹行省事於北京

詔議其事。襄以為若攻破廣吉剌。則阻轐無東顧憂。不若留之以牽其勢。宗浩奏。國家以堂堂之勢。不能撲滅小部。顧欲藉彼為捍乎。臣請先破廣吉剌。然後提兵北滅阻轐。章再上。從之。（中略）宗浩覘知合底忻與婆速火相結。廣吉剌之勢必分。彼既畏我見討。而復掣肘仇敵。則理必求降。可呼致也。因遣主簿撒領軍二百為先鋒。戒之曰。若廣吉剌降可徵其兵以圖合底忻。仍偵餘部所在。速使來報。大軍當進與汝合擊。破之必矣。合底忻者。與山只昆皆北方別部。恃强中立。無所羈屬。往來阻轐廣吉剌間。連歲擾邊皆二部為之也撒入敵境廣吉剌果降遂徵其兵萬四千騎馳報以待宗浩北進命人齎三十日糧報撒會於移米河共擊敵而所遣人誤入婆速火部由是東軍失期時宗浩前軍至忒里葛山遇山只昆所統石魯渾灘兩部擊走之斬首千二百級俘生口車畜甚衆進至呼歇水敵勢大蹙於是合底忻部長白古帶山只昆部長胡必剌及婆速火所遣和火者皆乞降宗浩承詔諭而釋之胡必剌因言所部必列土近在移米河不肯偕降乞討之乃移軍趨移米與必列土遇擊之斬首三百級赴水死者

十四五。獲牛羊萬二千。車帳稱是。合底忻等恐大軍至。西渡移米。棄輜重遁去。撒與廣吉剌部長忒里虎追躡及之於宏里不水。縱擊。大破之。婆速火九部斬首溺水死者四千五百餘人。獲駝馬牛羊不可勝計。軍還。婆速火乞內屬。幷請置吏。上優詔褒諭。

泰和元年 宋嘉泰元年

塔塔兒等十一部。共立札木合為局兒可汗。進兵攻蒙古。蒙古汗帖木真與克烈汗汪罕逆戰於闊亦田。大敗之。

秘史。四 具後雞兒年。案泰和元年歲在辛酉 合塔斤等十一部落。蒙文中有合塔斤撒只兀惕朶兒邊塔塔兒亦乞列思翁吉剌豁羅剌思乃蠻篾兒乞斡亦剌惕泰亦赤兀惕共十一部 於阿勒灰不剌阿地面聚會商議。欲立札木合做君。於是衆部落共殺馬設誓訖。順額洏古涅河至於刊沐漣河洲的地。行將札木合立做皇帝。欲攻成吉思與王罕。中略 王罕與成吉思相合着。順着客魯漣河迎着札木合去。中略 次日。成吉思軍與札木合軍。相接於闊亦田地面對陣。布陣間。札木合軍內。不亦魯黑忽都合兩人。有術能致風雨。欲順風雨擊成吉思軍。不意風雨逆回。天地晦暗。札木合軍不能進。皆墜澗中。札木合等共說天不護祐。所以如此。軍遂大潰

泰和二年 宋嘉泰二年

秋。蒙古滅四種塔塔兒。

祕史。五 其後狗兒年秋。成吉思於荅闌

捏木兒格思與四種塔塔兒（蒙文為察阿安阿勒赤都塔兀惕阿魯孩四種）對陣。（中略）戰勝塔塔兒。遂至兀勒灰河失魯格勒只惕地面。并四種奧魯擄盡密與親族共議。在先塔塔兒有殺咱父親的讐怨。如今可將他男子似車轄大的盡誅了。餘者各分做奴婢使用。共議已定。別勒古台出來。塔塔兒種人也客扯連問今日商議何事。別勒古台說。欲將你每男子但似車轄大的盡誅了。也客扯連傳說與塔塔兒種人。塔塔兒遂據了山寨。成吉思教打他山寨。軍多辛苦。及至打開。將塔塔兒男子似車轄大的都殺了。初。也客扯連既知其謀。說與

三十二

衆人道。他若殺咱每時。每人袖著一把刀。要先殺他一人。籍背卻死。至此每人果袖一刀。將軍每多殺傷了。

泰和四年 宋嘉泰四年

蒙古軍伐乃蠻。至斡兒寒河。太陽可汗同蔑里乞部長脫脫克烈部長札阿紺字阿憐大石斡亦剌部長忽都花別吉及札木合禿魯班塔塔兒哈荅斤散只兀諸部相合。中略 乃蠻衆潰。於是朶魯班塔塔兒哈荅斤散只兀諸部亦來降。元聖武親征錄

觀堂集林卷第十五

史林七

海甯　王　國維

萌古考

余曩作韃靼考。始證明元之季世諱言韃靼。故韃靼之名。雖已見於唐代。而宋遼金三史中乃不概見。又或記其實而沒其名。其於蒙古亦然。蒙兀之名亦見於唐世。遼史雖兩記萌古來聘事。而部族屬國中幷無其名。金史兵志雖有萌骨部族節度使及萌骨糺詳穩。而地理志部族節度使八處詳穩九處皆無之。知元人諱言其祖。與諱言韃靼同。乃就書傳所記蒙古上世事實彙而考之。署曰萌古考。一年以來頗有增益。既別成南宋人所傳蒙古史料考。又就前考稍有補正。因幷寫為此篇。以俟異日論定焉。

舊唐書北狄傳。室韋。契丹之別類也。中畧 其北大山之北。有大室韋。其部落傍望建河居。其河源出突厥東北界俱輪泊。屈曲東流。經西室韋界。又東經大室韋界。又東經蒙兀室韋之北。落俎室韋之南。又東與那河忽汗河合。又東經南黑水靺鞨之北。北黑水靺鞨之南。東流注於海。

唐書北狄傳。室韋直北曰納北支部。北有大山。山外曰大室韋。瀕於室建河。河出俱倫泊。迤而東。河南有蒙瓦部。其北落坦部。水東合那河忽汗河。又東貫黑水靺鞨。故靺鞨跨水有南北部。而東注於海。

案新舊二書。記室韋事大畧相同。知新書實本舊書。惟望建河作室建河。蒙兀作蒙瓦。落俎作落坦。為異耳。望建河所出之俱輪泊。即今呼倫泊。元朝祕史之闊連海子也。今由呼倫泊東出者。惟額爾古訥河。東北流與黑龍江合。又東流與混同江合。混同江之北源為嫩江。即魏書失韋傳之難水。此傳之那河。元朝祕史之納浯河也。而此那河在忽汗河前。忽汗河者。今之呼爾喀河。然則此傳之那河。非謂其下流之混同江。而謂其上流之嫩江也。然額爾古訥河與嫩江實不相通。故日本津田博士左右吉勿吉渤海諸考。以此傳所記為出傳聞之誤。其說是也。然則望建河祇是額爾古訥河之古名。不兼黑龍江混同江言之。蒙兀室韋亦祇在額爾古訥河之下游。然後後來蒙古住地在額爾古訥河敖嫩河流域者。始可得而說矣。

五代史記四裔附錄引胡嶠陷虜記。契丹東北至韈劫子。其人髦首。披布為衣。不鞍而騎。大弓長箭。尤善射。遇人輒殺而生食其肉。契丹諸國皆畏之。契丹五騎遇一韈劫子。則皆散走。其國三面皆室韋。

案此鐵劫子。日本箭内博士亘韃靼考。以遼史之梅里急元朝秘史之篾兒乞惕當之。然元初篾兒乞惕住今色楞格河流域。遠在契丹西北。與此記東北之說不合。其左右亦絕無室韋部落。惟唐書之蒙兀室韋。則西有大室韋。北有落俎室韋。東亦與興安嶺東之室韋本部相望。與三面皆室韋之說合。又唐書地理志載賈耽入四夷道里記云。俱輪泊四面皆室韋。蒙兀室韋在出俱輪泊之望建河南。又南與契丹接。故云其國三面皆室韋矣。然則鐵劫子殆即蒙兀室韋之譌轉。後世所以稱蒙古者。曰梅古悉。曰謨葛失。曰毛割石。曰毛揭室。曰毛揭室韋。曰萌古子。曰肓骨子。曰蒙國斯。曰蒙古斯。曰萌子。曰蒙子。皆與此鐵劫子之音相關係。似不能以梅里急篾兒乞惕當之也。

契丹國志二十二 四至鄰國地理遠近。正北至蒙古里國。國無君長所營亦無耕種以弋獵為業不常其居每四季出行惟逐水草所食惟肉酪而已不與契丹爭戰惟以牛羊駝馬皮毳之物與契丹為交易南至上京四千餘里

案契丹國志係採輯諸書而成此條今未見所本當出趙志忠陰山雜錄諸書

遼史道宗紀太康十年二月庚午朔萌古國遣使來聘三月戊申遠萌古國遣使來聘

凡史家於敵國使來則書聘屬國則書貢此諸史之通例也遼史本紀惟於梁唐周宋四國書聘後晉北漢西夏以稱臣或受册而書貢南唐雖未稱臣亦仍書貢至漠北諸部更無不書貢者此於萌古及遠萌古獨書聘以示蒙古之先與遼世為敵國也又太祖紀神册三年二月達旦國來聘聖宗紀統和二十二年六月達旦國九部遣使來聘亦書聘者緣元

時修史諸臣不知蒙古與韃靼之別，誤以韃靼為蒙古之先，故亦以敵國書法書之也。元人修三史時，諱言韃靼及蒙古，余已於韃靼考中詳論之。此二條乃史臣删剟未盡者，然亦異其書法。蒙古人貢於遼，當不止此二次也。此區別萌古與遠萌古為二，知當時實分數部。遼史營衛志有鶻剌唐古部，欽定遼史國語解三云：蒙古語鶻剌，遠也。則遠萌古國其本語當云鶻剌萌古國，然此為契丹人分別之辭，而非蒙古人所自稱，不待言也。

遼史天祚紀：保大二年四月，金已取西京，沙漠以南部族皆降，上遂遁於訛沙烈。時北部謨葛失贐馬駝食羊。六月，謨葛失以兵來援，為金人敗於洪灰水，擒其子陀古及其屬阿敵音。

同上：保大四年春正月，上趨都督馬哥軍。金人來攻，棄營北遁，馬哥被執。謨葛失來迎，贐馬駝羊，又率部人防衛。封謨葛失為神于越王。

同上。天祚既得大石林牙兵，又得陰山室韋謨葛失兵，自謂得天助，再謀出兵，收復燕雲。

史愿亡遼錄（三朝北盟會編卷二十一引）天祚於保大四年得大石林牙兵，又得陰山韃靼毛割石兵，自謂天助，謀出兵收復燕雲。

東都事畧附錄二 耶律延禧得大石林牙七千騎，又陰結韃靼毛褐室韋三萬騎助之。

金史太祖紀天輔六年（遼保大二年）五月，謨葛失遣其子菹泥格失貢方物。

同上太宗紀天會三年三月，斡魯以謨葛失來附，請授印綬。

案謨葛失、毛割石、毛褐室韋（當作毛揭室韋，見下）上與蒙兀室韋、韈劫子，下與萌古子、萌骨子、蒙國斯（見三朝北盟會編卷二百三十）、蒙古斯諸名相應，亦當指蒙古。惟遼金二史所記謨葛失事，一若人名，非部族名者，具

四

實不然。續資治通鑑長編記事本末卷一百四十三宣和五年二月。凡

室楊璞到館。謂趙良嗣等曰。西京路疆土。又非原約。當割若

我家不取。待分與河西毛揭室家。必得厚餉。河西。謂夏國。毛

揭室謂韃靼也云云。毛揭室即毛褐室韋。亦即謨葛失。是謨

葛失是部名非人名之證。其云毛揭室為韃靼者。緣中國人

不甚分別蒙古韃靼故也。又遼金二史記謨葛失若人名然

者。緣蒙古之祖先受封入貢於遼金。為元末所深諱。故變其

辭如此。亦猶亡遼錄東都事畧記保大四年天祚南下事。并

有韃靼。而遼史特刪之也。且謨葛失毛割石之為蒙古。尚有

他證。趙良嗣燕雲奉使錄北盟會編卷九引載良嗣問金史烏歇等曰。聞

契丹舊酋走入夏國。借得人馬過黃河。奪了西京以西州縣。

占了地土不少。不知來時知子細否。使副對曰。來時聽得契

丹舊酋在沙漠。已曾遣人馬追趕。終須捉得。兼沙漠之間是

韃靼萌古子地分。兩國君長弁已降拜了本國。却走那裏去。國書中已載矣。云云是天祚北走時。所依乃韃靼蒙古二部。其所率以南下者。亦即此二部之衆。其謂兩國已降拜了本國者。即指天輔六年謨葛失貢方物之事也。然則視謨葛失毛割石毛揭室韋為蒙古之對音。與史事亦合。顧保大二年三月天祚走入夾山。則謨葛失所居。當距夾山不遠。與前之蒙兀室韋。後之蒙古。住地不合。然當遼之世。蒙古人已有一部南徙陰山左右。遼西南面招討司所屬。有梅古悉部。營衛志梅古悉部壓宋以唐古戶置唐古疑本作萌古遼史以忌諱改之也金西北西南二路之糺軍有萌骨糺。詳穩。見金史兵志而地理志詳穩凡處中刪之皆謂此蒙古一部之南徙者。馬哥保羅記行記天德軍金豐州在今歸化城附近事云。此地我輩呼之為 Gog 及 Magog 國。而彼等自稱為汪古 Ung 及萌古 Mungul 國。當韃靼移動謂蒙古南征之前。此二族早住此地。故以名之。汪古乃此地土著。萌古亦有時為韃靼之別稱云云。據此記事，則蒙古未興之前，陰山左右早有蒙古人移居，此東西記事之互相符合者也。

松漠記聞盲骨子，契丹事迹謂之朦古國，即唐書所記之蒙兀部。

同上：盲骨子，其人長七尺，捕生麋鹿食之。金人嘗獲數輩至燕，其目能視數十里，秋毫皆見，蓋不食烟火，故眼明。與金人隔一江，嘗渡江之南為寇，禦之則返，無如之何。

案此所記者，蒙古本部事也。蒙古人不火食事或有之。胡嶠所記䥴劫子殺人生食其肉之說，即由此傳訛。江蓋謂克魯倫河。

建炎以來繫年要錄（卷九十六）紹興五年（金天會十三年）是冬，金主亶以蒙古叛，遣領三省事宋國王宗盤提兵破之。蒙古者，在女真之東北，在唐為蒙兀部。其人勁悍善戰，夜中能視，以鮫魚皮為甲，可捍流

矢。（下畧 原注以張匯金虜節要洪皓記聞王大觀行程錄蒙國編年謂之蒴骨子記聞謂之盲骨子今從行程錄）

同上。（卷一百三十三）紹興九年。（金天眷二年）女真萬户呼沙呼（此四庫館臣校改大金國志作胡沙虎當是要錄原文）北攻蒙古部。（國志作盲骨子）糧盡而還。蒙古追襲之至上京之西北大敗其衆於海嶺。

同上。（卷一百四十八）紹興十三年（金皇統三年）三月。蒙古復叛金。金主亶命將討之。初。魯國王昌既誅。其子星哈都（大金國志作勝花都）郎君者率其父故部曲以叛。與蒙古通。蒙古由是强取二十餘團寨。金人不能制。（原注據王大觀行程錄案松漠紀聞達賚長子大伊埒被囚遇赦得出次子勒今為平章皓以今年六月歸乃不見此事未知孰的今姑附見史俟詳考）

同上。（卷一百五十五）紹興十六年（金皇統六年）八月。金元帥兀朮之未卒也。自將中原所教神臂弓弩手八萬人討蒙古。因連年不能克。是月。領汴京行臺尚書省事蕭博碩諾（大金國志作蕭保壽奴）與蒙古議和。割西平河以北二十七團寨與之。歲遺牛羊米豆。且命册其酋鄂倫貝勒（國志作熬羅孛極烈）為蒙古國王。蒙人不肯。（原注據王大觀行程錄）

同上。卷一百五十六 紹興十七年金皇統七年 三月。蒙古與金人始和。歲遺牛羊米豆縣絹之屬甚厚。於是蒙古鄂倫貝勒乃自稱祖元皇帝。改元天興。金人用兵連年。卒不能討。但遣精兵分割要害而還。原注此據王大觀行程録。案録稱歲遺牛羊五十萬口米豆共五十萬斛絹三十萬匹綿三十萬兩恐未必如此之多今削去其數第云甚厚更俟詳考

舊聞證誤 卷四 皇統四年秋。元帥遣使報監軍原注時監軍者討蒙古曰。南宋以重兵逼脅。和約大定。除措置備禦。早晚兵到矣。至次年冬十月。元帥親統大軍十萬衆。水陸并集。原注出王大觀行程録 案皇統四年甲子。本朝紹興十四年也。前二年已分畫地界矣。不知兀朮何以歷二年之久而後加兵於蒙古。恐必有誤。

同上。卷四 皇統七年春三月。國使還。蒙古許依所割地界。牛羊倍增。金國許賜牛羊各二十五萬口。今又倍之。每歲仍賂絹三十萬匹。縣三十萬兩。許從和約。原闕書名四庫本注云當出王大觀行程録 案本朝歲遺北人銀絹各二十五萬匹兩。而北人遺蒙古乃又過之。恐未必然。

劉時舉續宋中興編年資治通鑑卷四紹興五年冬、蒙國叛金。

同上八年、金伐蒙、為所敗。

同上十七年、金與蒙國議和。蒙國自稱祖元皇帝。

大金國志熙宗紀天會十三年冬、皇伯宋王宗盤提兵攻盲骨子、敗之。

同上天眷元年。女真萬户胡沙虎北攻盲骨子。糧盡而還。為盲骨子襲之。至上京之西北。大敗其衆於海嶺。（下皇統六年又出此條）

同上皇統七年。朦骨國平。初。撻懶既誅。其子勝花都郎君者率其父故部曲以叛。與朦骨通。兀朮之未死也。自將中原所教神臂弓手八萬人討之。連年不能克。皇統之六年。復遣蕭保壽奴與之和。議割西平河以北二十七團寨與之。歲遺牛羊米豆。且册其酋長熬羅孛極烈為朦輔國王。至是始和。歲遺甚厚。於是熬羅孛極烈自稱祖元皇帝。改元天興。大金用兵連年。卒不能討。但遣精兵分據要害而還。

建炎以來朝野雜記。（乙集卷十九）有蒙國者。在女真之東北。唐謂之蒙兀部。金人謂之蒙兀。亦謂之萌骨。人不火食。夜中能視。以鮫魚皮為甲。可捍流矢。自紹興時叛。都元帥宗弼用兵連年。卒不能討。但分據要害。反厚賂之。其主僭稱祖元皇帝。至金亮之際。幷為邊患。其來久矣。

蒙韃備錄。舊有蒙古斯國。在金人偽天會間。亦嘗擾金虜為患。金人嘗與之戰。後乃多與金帛和之。案李諒征蒙記曰。蒙人嘗改元天興。自稱太祖元明皇帝。今韃人甚朴野。無制度。珙嘗討究於彼。聞蒙已殘滅久矣。

直齋書錄解題。征蒙記一卷。金人明威將軍登州刺史李大諒撰。建炎鉅寇之子。隨其父成降金者也。所記蒙人（原作家人因字形相近而誤）跳梁自其全盛時。已不能制矣。

以上十五條。李氏所記出於王大觀行程錄。趙珙所錄出於李大諒征蒙記。而劉時舉宇文懋昭又本於李氏。李氏趙氏對行程錄征蒙記二書本執存疑之態度。余於南宋人所傳蒙古史料考。始證明二書皆南宋人僞作。其所記事無一不與史實相矛盾。語已具彼考中。茲不復贅。

宋史洪皓傳。紹興十二年八月。金人來取趙彬等三十人家屬詔歸之。皓謂秦檜曰。彼方困於蒙兀。姑示强以嘗中國。若遽從之。謂秦無人。益輕我耳。

案此出盤洲文集（卷七十四）忠宣行狀。可知金皇統間蒙古實有寇金之事。但不至如行程錄征蒙記之所載耳。

煬王江上錄（三朝北盟會編二百四十三引）正隆三年。下詔小龍虎大王鎮守蒙古。

三朝北盟會編（卷二百二十九）紹興三十一年（金正隆六年）七月廿一日。金遣翰林學士韓汝嘉與國信使副徐嘉張掄宣諭公文云。向來北邊

有蒙古韃靼等從東昏王時數犯邊境自朕即位久已寧息頃
淮邊將屢申此輩又復作過比之以前保聚尤甚衆至數十萬（下略）

案此事緣金主亮已決南伐之計故藉北征蒙韃爲辭以拒
宋使入境非眞有此事也

樓鑰北行日錄（卷下）乾道六年正月十五日宿相州城外安陽驛
把車人言去年十二月方差使一番爲年時被蒙子國炒舊時
南畔用兵盡般兵器在南京今却般向北邊去三月中用牛三
千頭般未盡閒被黃河水漲後且休又云蒙古國作梗太子自
去邊頭議和半年不決又且歸今又遣莫都統提兵去

案蒙子即蒙古子之畧繫年要錄（卷一百九十一）張掄問韓汝嘉曰萌
子小邦何煩皇帝親行是當時亦謂蒙古謂萌子蒙子也宋
乾道六年即金大定十年金史世宗紀是年八月壬申遣參

知政事宗敘北征巡又宗敘傳十一年奉詔巡邊六月至軍中將戰有疾詔以右丞相紇石烈志寧代宗敘還志寧傳亦云十一年代宗敘北征雖二傳紀事幷後於本紀一年然此數年中金有事於北方可知也金史但言北巡北征而不言所征者何部賴樓氏所記知之若太子自去邊頭議和云云則固齊東野語也要之金史於金人用兵蒙古事往往多所忌諱不明白書之如此及章宗朝兵事皆是然則蒙古故事宋人既增其僞而元人復汨其眞誠可謂史學之不幸也

蒙韃備錄云金虜大定間燕京及契丹地有謠言云韃靼來韃靼去趕得官家沒去處葛酋雍宛轉聞之驚曰是必韃人為我國患乃下令極於窮荒出兵剿之每三歲遣兵向北剿殺謂之減丁中畧至僞章宗立明昌年間不令殺戮是以韃人稍稍還本國添丁長育衆此事正史絕無紀載惟世宗紀書

大定七年閏七月甲戌。詔秘書監移剌子敬經畧北邊。又十年八月壬申。遣參知政事宗敘北巡。十年之役。既緣蒙古則七年之役。當亦相同。二役相去適三年。每三歲減丁之說。殆由此傳譌。然大定十年以後。紀不復書巡邊事。惟唐括安禮傳。載大定十七年。詔遣監察御史完顏覿古速行邊。而築壕之議。即起於是年。可知大定之世。北邊未嘗無事也。

金史夾谷清臣傳。明昌六年。清臣受命出師。行尚書省事於臨潢府。遣人偵知虛實。以輕騎八千。令宣徽使移剌敏為都統左衛將軍充招討使完顏安國為左右翼。分領前隊。自選精兵一萬以當後隊。進至合勒河。前隊敏等於栲栳濼攻營十四。下之。回迎大軍。屬部斜出掩其所獲羊馬資物以歸。清臣遣人責其賧罰。北阻轐由是叛去。

案金史章宗紀。於明昌承安間兵事。不書叛者主名。此傳亦然今以地理考之合勒河者元朝祕史之合勒合河今之喀爾喀河也栲栳濼者唐書之俱輪泊祕史之闊連海子今之呼倫泊也移剌敏等自合勒河北進則所至者為栲栳濼東畔此地當金元間為蒙古合荅斤撒勒只兀惕二部所居聖武親征錄太祖責汪罕書曰我時又如青雞海鶻自赤兒黑山飛越于盃而之澤搦斑脚鶴以歸君此誰哈荅斤散只兀弘吉剌諸部是也案此處有闕文貝勒津譯拉施特集史中太祖書曰我如鷙鳥自赤兒古山飛越捕魚兒淖爾擒灰色藍色足之鶴以致於汝此鶴謂誰朶兒奔塔塔兒諸人是也我又如藍色之鷹越古闊淖爾擒藍色足之鶴以致於汝此鶴謂誰哈荅斤撒兒助特翁吉剌特是也（據洪侍郎鈞漢譯本）案捕魚兒淖爾即貝爾泊古闊淖爾即呼倫泊則合荅斤撒勒只兀惕二部正在呼倫泊之東清臣所攻即此二部內族宗浩傳所謂

連歲擾邊。皆合底忻山只崑二部為之者。亦於此傳得其證矣。

同上內族宗浩傳。北方有警。命宗浩佩金虎符駐泰州便宜從事。北部廣吉剌者尤桀驁。屢脅諸部入塞。宗浩請乘其春莫馬弱攻之。時阻䪁亦叛。內族襄行省事於北京。詔議其事。襄以為若攻破廣吉剌。則阻䪁無東顧憂。不若留之。以牽其勢。宗浩奏。國家以堂堂之勢。不能掃滅小部。顧欲藉彼為捍乎。臣請先破廣吉剌。然後提兵北滅阻䪁。章再上。從之。詔諭宗浩曰。將征北部。固卿之誠。更宜加意。毋致後悔。宗浩覘合底忻與婆速火相結。廣吉剌之勢必分。彼既畏我見討。而復掣肘仇敵。則理必求降。可呼致也。因遣主簿撒領軍為先鋒。戒之曰。若廣吉剌降。可就徵其兵。以圖合底忻。仍偵餘部所在。速使來報。大軍當進。與汝夾擊破之必矣。合底忻者。與山只崑皆北方別部。恃强中立。

無所羈屬。往來阻韃廣吉剌間。連歲擾邊。皆二部為之也。撤入敵境。廣吉剌果降。遂徵其兵萬四千騎。馳報以待。宗浩北進。命人齎三十日糧。報撤會於移米河共擊敵。而所遣人誤入婆速火部。由是東軍失期。宗浩前軍至忒里葛山。遇山只昆所統石魯渾灘兩部。擊走之。斬首千二百級。俘生口車畜甚衆。進至呼歇水。敵勢大蹙。於是合底忻部長白古帶山只昆部長胡必拉及婆速火所遣和火者皆乞降。宗浩承詔諭而釋之。胡必拉言所部必烈土。近在移米河。不肯偕降。乞討之。乃移軍趨移米與迪烈土遇。擊之。斬首三百級。赴水死者十四五。獲牛羊萬二千。車帳稱是。合底忻等恐大軍至。西渡移米。棄輜重遁去。撤與廣吉剌部長忒里虎追躡及至窊里不水。大破之。婆速火九部斬首溺水死者四千五百餘人。獲駝馬牛羊不可勝計。軍還。婆速火請內屬。并請置吏。上優詔褒諭。遷光祿大夫。以所獲馬八千置牧以處之。

案此亦記金人用兵蒙古事也。廣吉剌即遼史天祚紀之王紀剌。元朝祕史之翁吉剌。元史之弘吉剌也。元世瓮吉剌歹瓮吉歹二氏。入蒙古七十二種中。(輟耕錄一)而金史百官志光吉剌為白號姓。蒙古為黑號姓。則廣吉剌疑本非蒙古同族也。此傳有廣吉剌部長忒里虎。即祕史蒙文卷四所謂翁吉剌敦迭兒格克。卷六所謂合勒合河入捕魚兒海子處有帖兒格等翁吉剌。聖武親征錄所謂弘吉剌部長帖木哥者也。婆速火則廣吉剌之別部。元史特薛禪傳。特薛禪字思忽兒弘吉剌氏。婆速火。即孛思忽兒之異譯。又婆速火所遣和火者即特薛禪之子案陳那顏之弟火忽也。廣吉剌與婆速火本是一族。故宗浩言合底忻與婆速火相結。廣吉剌之勢必分也。合底忻山只昆二部。皆蒙古奇渥溫氏。祕史。一朵奔篾兒干之子。不忽合塔吉傚了合荅斤姓氏。不忽秃撒勒只傚了撒勒只兀惕姓氏。孛端察兒傚了孛兒只斤姓氏。此合底忻即合荅斤。山只崑即撒勒只兀惕。皆孛端察兒二兄之後。祕史蒙文四有合荅斤撒勒只兀惕相和的種一語。知二族本自相合。若必列土。迪列土。傳文前後互異。不知必迪二字孰是。如必字不誤。則必烈土當即祕史之別勒古訥惕。此亦與合荅斤撒勒只兀惕同出於朵奔篾兒干。或此族中微。乃為撒勒只兀惕所役屬耳。傳中地名。如忒里蔦山當即今之特爾根山。呼歇水當即輝河。移米河當即伊敏河。一名依奔河。弁在呼倫泊東南。與弘吉剌合荅斤撒勒只兀惕地望皆合。惟窊里不水無考耳。

此傳所記宗浩北伐事。以章宗紀及內族襄傳參校之。在承安三年。考金自明昌以後。北垂多事。紀傳於防邊事歲不絕書。而不明言所防者何部。錢竹汀金史考異。乃疑大金國志所記愛王事為實有其人。殊不知愛王事出金人南遷錄。其書乃南人偽撰。宋人已有定論。絕不足據。惟此傳明言連歲擾邊。皆合底忻山只崑二部為之。然後章宗一朝之邊患。始得其主名。又案董師中傳。明昌四年。師中上疏曰。今邊鄙不馴。反側無定。必里哥孛瓦貪暴強悍。深為可慮。又云。南北兩屬部數十年捍邊者。今為必里哥孛瓦誘脅。傾族隨去。考必里哥亦云畢勒哥。必勒格。遼史天祚紀有回鶻王畢勒哥。祕史俺巴孩罕之父名想昆必勒格。乃蠻太陽罕之父。稱亦難察必勒格罕。是畢勒哥必勒格。乃美名或爵名。其名當為孛瓦。孛瓦即此傳之合底忻部長白古帶。亦即祕史蒙文四之合荅斤部長巴忽撒羅吉也。孛瓦白古帶巴忽相為對音。是為明白。然則為明昌承安間之邊患者。合底忻其首也。其餘諸部惟廣吉剌一敗移剌觀之兵阻韃則本從金師北伐後因爭俘獲而叛故明昌承安間之兵事非對韃靼而對蒙古也金史李愈傳愈於泰和二年上書謂北部侵我舊疆千有餘里不能雪恥則當時部族之猖獗與金師之失利可想而知故自明昌之末先後遣丞相夾谷清臣內族襄行省於臨潢北京又遣尚書右丞夾谷衡行院於撫州出重臣以臨之築壕塹以備之而明昌六年夾谷清臣栲栳濼之役承安元年內族襄斡里札河之役三年內族宗浩移米河之役最為大舉以今考之惟斡里札河一役係伐韃靼其前後二役皆為蒙古也此傳所云連歲擾邊皆二部為之者確為史家特筆蓋元之季年諱言韃靼即蒙古寇金之事當時亦不樂聞故紀傳雖偶見廣吉剌合底忻山只崑分部之名而此諸部之總名訖不一見但渾言北部而已當此諸部寇金之時成

吉思汗已崛起三河之源。斡里札河一役。實與金人犄角以覆阻韃。而此役與移米河一役。諸部受創頗鉅。故泰和元年漠北十一部共立札木合為局兒可汗。翁吉剌合荅斤撒勒只兀惕塔塔兒皆與焉。此固對成吉思汗之同盟。亦對女真之同盟也。闊亦田之役。諸部盡為成吉思所敗。金之邊患亦以稍息。成吉思亦有事於克烈。乃蠻諸部。未遑南伐。逮諸部既滅。遂一舉而下中都。上距移米河之役不過十六年。亦可謂興之暴矣。元人以章宗朝邊患雖非孛兒只斤氏。而實其同族。故隱約書之。余頃考韃靼事。知遼金二史中有待發之覆。因彙舉蒙古上世事實。疏通證明之。庶足為讀史者之一助乎。丁卯四月八日重改正。

金界壕考

金史内族襄傳贊。論北邊築壕事。以元魏北齊之築長城擬之。

後世記金界壕者。如趙珙蒙韃備錄。元史速不台傳。幷謂之長城。然金世初無長城之稱也。其見於史者。曰邊堡。曰界壕。界壕者。掘地為溝塹以限戎馬之足。邊堡者。於要害處築城堡以居戍人。二者於防邊各有短長。邊堡之設。得擇水草便利處置之。而參差不齊。無以禦敵人之侵軼。壕塹足以禦侵軼矣。而工役絕大。又塞外多風沙。以堙塞為患。故世宗朝屢遣使經畫。卒不能決。章宗時邊患益亟。乃決開壕之策。卒於承安三年成之。其壕塹起東北。訖西南。幾三千里。此實近古史上之大工役。今其遺跡雖湮沒。而見於載籍者。尚可參稽而得其概畧。然欲考其遺迹之所在。不可不先知金邊堡及界壕之沿革也。

金之邊堡界壕。蓋創於其初葉。金史地理志稱金之封疆。北自蒲與路之北三千餘里。火魯火曈謀克地為邊。右旋入泰州婆盧火所浚界壕而西。歷臨潢金山。跨慶桓撫昌淨州之北。出天山外包東勝接西夏云云案婆盧火本傳不記浚界壕事而但記其屯田泰州天眷元年駐烏古迪烈地覺考烏古迪烈地在泰州之北大定明昌間之邊堡界壕在東北路者實起於烏古迪烈地而達泰州邊界則婆盧火之駐烏古迪烈地或即因經營壕塹之故是金熙宗初年已有壕塹之計畫矣有壕塹則不能不置戍守置戍守則不可無堡壘則邊堡之築亦當在同時移剌按答傳云參知政事完顏守道經畧北方按答攝咸平路屯軍都統入爲兵部侍郎徙西北西南兩路舊設堡戍迫近內城者於極邊安置仍與泰州臨潢邊堡相接案世宗紀完顏守道經畧北方在大定三年則大定之初金邊固已有堡戍矣至五年正月詔泰州臨潢接境設邊堡七十駐兵萬三千（此據世宗紀阿勒根彥忠傳作置堡戍七）未幾而有開壕之議紇石烈良弼傳參知政事宗敍請置沿邊壕塹良弼曰敵國果來伐此豈可禦哉又李石傳北鄙歲警

朝廷欲發民穿深塹以禦之。石與丞相紇石烈良弼皆曰不可。北俗無定居。出没不常。惟當以德柔之。若徒深塹。必當置戍。而塞北多風沙。曾未朞年。塹已平矣。不可疲中國有用之力為此無益。議遂寢。案開壕之議。發於宗敍。宗敍以大定十年參政次年巡邊。未幾而卒。是開壕之議。起大定十年後也。至十七年。世宗思宗敍言。詔兩路招討司及烏古石壘部族臨潢泰州等路分定堡戍。具數以聞。（兵志及宗敍傳）二十一年。增築泰州臨潢府等路邊堡及屋宇。（世宗紀）地理志記其事云。大定二十一年。世宗以東北路招討司在泰州境及臨潢路舊設二十四堡障參差不齊。遣大理司直蒲察張家奴往視其處置。於是東北自達里帶石堡子至鶴五河地分。臨潢路自鶴五河堡子至撒里乃。皆取直列置堡戍。評事移剌敏言東北及臨潢所置。土瘠樵絕。當令所徙之民姑逐水草以居。分遣丁壯營畢開壕塹以開邊。（案世宗欲取直列置堡戍者蓋為防敵人侵軼計而土瘠樵絶於戍兵不便故移剌敵建議令戍兵姑逐水草別開壕塹以備邊蓋以壕塹取直線堡戍仍舊參差以互相衛四月遣吏部郎中奚胡失海經畫壕塹旋為沙雪堙塞不足為禦乃言可築二百五十堡堡日用工三百一月可畢糧亦足備可為邊防久計泰州九堡疑十九堡之脱臨潢五堡之地斥鹵官可為屋外自撒里乃以西十九堡舊戍軍舍少可令大鹽濼官木三萬餘與直東堡近嶺求木每家構室一椽以處之案此節但記諸人建議未及當時實行之狀據地理志則於泰州下記堡十九臨潢府下記堡三十七注云大定間二十四後增則大定五年詔泰州臨潢接境所設邊堡七十及是年胡失海所議築之堡二百五十皆未嘗實行也至章宗明昌初北部入寇乃復有開壕之議紀稱明昌五年三月詔集百官議北邊開壕事五月罷北邊開壕之役然未幾此役復興張萬公傳云初明昌間有司建議自西南西北路沿臨潢達泰州開築壕塹以備大兵役者三萬人連年未就御史臺言所

開旋為風沙所平。無益於禦侮而徒勞民。上因旱災問萬公所由致。萬公對以勞民之久。恐傷和氣。宜從御史臺所言罷之為便。後丞相襄師還。卒為開築。民甚苦之。案章宗時旱災在承安元年。是明昌承安間開壕之役固未罷也。及承安三年。丞相襄出兵臨潢。因請就用步卒穿壕築障。起臨潢左界北京路以為阻塞。言者多異同。詔問方畧。襄曰。今茲之費雖百萬貫。然功一成。則邊防固而戍兵可減半。歲省三百萬貫。且寬民轉輸之力。實為永利。詔可。襄親督視之。軍民并役。又募饑民以傭即事。五旬而畢。於是西北西南路亦治塞如所請。內族襄傳案丞相襄所治者乃臨潢路之界壕也。其在西北路者。則完顏安國傳云。以功遷西北路招討使。承安二年。以營邊堡功召簽樞密院事。獨吉思忠傳云。承安三年。改西北路招討使。初。大定間修築西北屯戍。西自坦舌。東至胡烈么。幾六百里。中間堡障。工役促迫。雖有牆隍。無女牆副隄。思忠增繕。用功七十五萬。止用屯戍軍卒役不及民。上嘉其勞。賜詔獎諭。章宗紀繫此事于承安五年失之在西南路者。則僕散揆傳云。揆升西南路招討使。沿徼築壘穿塹。連亘九百里。營柵相望。烽候相應。人得恣田牧。北邊遂寧。召拜參知政事。案章宗紀。承安四年二月。以西南招討使僕散揆為參知政事。則此亦承安三年事也。臨潢西北西南三路界壕開築之本末。見於紀傳者如此。惟東北路界壕。則築自何人。成於何年。殊無可考。案宗浩傳云。宗浩進拜尚書右丞相。時懲北邊不寧。議築壕塹以備守戍。羣臣多異同。平章政事張萬公力言其不可。宗浩獨謂便。乃命宗浩行省事。以督其役。考宗浩拜右丞相在泰和三年正月。而張萬公即以三月朔致仕。又據萬公傳。萬公諫開壕。乃因旱災言之。而旱災在承安元年。則傳所謂命宗浩行省事以督開壕之役者。與傳首所云北邊有警。命宗浩佩金虎符駐泰州便宜從事者實為一事事當在承安元二年傳繫之於拜右丞相之後殊為失實緣當時北部入寇泰州臨潢首當其衝諸路界壕皆於承安三年竣工不應最衝要之東北路獨遲至泰和三年始開築也然則金之界壕萌牙於天眷討論於大定復開於明昌落成於承安雖壕塹之成甫十餘年而蒙古入寇中原如入無人之境然使金之國力常如正隆大定之時又非有強敵如成吉思汗庸將如獨吉思忠完顏承裕則界壕之築仍不失為邊備之中下策未可遽以成敗論之也

一東北路之界壕

金之界壕起於東北路招討司境而東北路招討司金初為烏古迪烈統軍司海陵時改烏古迪烈招討司世宗初乃改東北路招討司又招討司初治烏古迪烈部後治泰州故欲考東北路界壕之所在不能不先考烏古迪烈部及泰州之所在也

甲烏古迪烈部　烏古迪烈，本遼時二部族之名。遼史營衛志國外十部中有烏古部、隈古部（當云隗烏古部。道宗紀、部族表正作隗烏古部，表又作奧隗烏古部，聖宗紀、百官志作與隈于厥部，志又復出烏隈烏骨里部，皆此部也。）敵烈八部，而國內諸部以烏古戶置者，太祖二十部中有烏古涅剌部、圖魯部；聖宗三十四部中有斡突盌烏古部，以敵烈戶置者，聖宗三十四部中有迭魯敵烈部、北敵烈部。（百官志尚有三河烏古部，不知屬國內歟，國外歟。又有八石烈敵烈部，即營衛志之敵烈八部也。）是遼時烏古敵烈各有國外國內二種。國外者其本部，國內諸部則契丹所俘本部之戶口別編置成部族者也。其部族各有節度使及詳穩，其上又有烏古敵烈都詳穩及烏古敵烈統軍司。二官頗有重複之嫌疑。都詳穩統國外諸部，統軍司則統國內諸部者也。其在國外之二部，據日本津田博士之研究，則烏古部遊牧於今喀爾喀河流域，敵烈部遊牧於今烏爾順河流域，皆在今興安嶺之西，則在國內之烏古敵烈部當在今興安嶺之東。遼史道宗紀壽隆二年九月，徙烏古敵烈部於烏納水以當北邊之衝案烏納水疑即今桂勒爾河此河南源為烏哈納河出烏哈納山疑當時全河亦納此稱矣至金世則烏古敵烈之本部乃不復見其在興安嶺東之烏古敵烈部亦稍徙而東北海陵紀天德四年十一月買珠于烏古迪烈部及蒲與路地理志烏古迪烈統軍司後改為招討司與蒲與路近案金蒲與路在上京北六百里即今黑龍江呼蘭一帶之地又近世產珠之地以松花江嫩江艾琿各江為最則金之烏古迪烈部當在興安嶺以東嫩江流域南與泰州為鄰故其各分部亦各與泰州近杲傳云天輔元年杲以兵一萬攻泰州下金山縣女固脾室四部及渤海人皆來降遂克泰州（宗幹宗雄幷婁室傳畧同）案女固脾室皆迪烈分部之名地理志部族節度使中有迪烈女古部遼史天祚紀書保大三年敵烈部皮室叛此女固脾室即女古皮室也又兵志及宗敍傳以烏古石壘臨潢泰州連言

又宗尹傳。大定二十四年。世宗將幸上京。曰。臨潢烏古里石壘。歲皆不登。朕欲自南道往。案金時由北道往上京者。必由臨潢泰州。此以烏古里石壘替泰州。字當由此部逼近泰州故也。則金時烏古迪烈部地。在興安嶺之東。蒲與路之西。泰州之北。可斷言也。

乙泰州　金史地理志。泰州昌德軍節度使。本契丹二十部族牧地。海陵正隆間置德昌軍。隸上京。大定二十五年罷之。承安二年復置於長春縣。以舊泰州為金安縣。隸焉。北至邊四百里。南至懿州八百里。東至肇州二百五十里。戶三千五百四。縣一。（舊有金安縣承安三年置尋廢）長春。（遼長春州韶陽軍天德二年降為縣隸肇州承安三年來屬）案此文中顯著有誤字。則昌德軍當作德昌軍。承安二年當作承安三年。得由本文注文訂正之。（完顏鐵哥傳貞祐二年遼東北路招討使兼德昌軍節度使則德昌是昌德非也）其所記界至亦有可疑者。案金長春縣即遼長春州。遼史營衛志。鴨子河泊。東西二十里。南北三十里。在長春州東北三十五里。考鴨子河即今松花江。鴨子河泊即今松花江西之科爾布察罕泊。其西南三十五里。即遼長春州。金長春縣之所在。承安三年置新泰州於此。然此地東南距肇州不過二百里。又西南至懿州殆將千里。西北至界亦將六百里。余疑此文本舊泰州之界至。而史官誤以繫之新泰州者也。果如是。則金之舊泰州。當在今洮爾河之南洮南縣之東某地點矣。又兵志云。東北路招討司。初置烏古迪烈部。後置於泰州。泰和間以去邊尚三百里。宗浩乃命分司於金山。宗浩傳則云明年（承安四年）拜樞密使。初朝廷置東北路招討司泰州。去境三百里。每敵入。比出兵追襲。敵已遁去。至是宗浩奏徙之金山。以據要害。設副招討二員。分置左右。由是敵不敢犯。志傳紀此事繫年不同。然皆在承安三年置泰州於長春縣之後。則招討司自泰州徙金山。謂自長春徙。非自舊泰州徙也。然宗浩於承安元二年已佩金虎符駐泰州便宜從事此時舊泰州已罷新泰州未置所駐之泰州自係謂舊泰州時宗浩正督開壕之役見上又承安三年出兵移米河大破廣吉剌合底忻山只崑諸部疑徙東北路招討司於金山正在此時時招討司已徙治金山故是歲復置泰州不治舊泰州而治其東之長春也然則東北路招討司實自舊泰州徙金山金山又在舊泰州西北三四百里蓋即興安嶺之古名婁室傳宗雄等下金山縣使婁室分兵二千招沿山逃散之人則金山為連山之大名可知地理志右旋入泰州婆盧火所浚界壕西歷臨潢金山則泰州臨潢西北境之山當時并謂之金山其為今之興安嶺無疑矣舊唐書迴紇傳烏介可汗去幽州界八十里下營河東劉沔率兵奄至烏介驚走東北約四百里外依和解室韋下營嫁妹與室韋託附之為迴鶻相美權者逸隱啜逼諸回鶻殺烏介於金山此金山以地望度

之實謂興安嶺元史耶律留哥傳留哥率所部會按陳於金山刑白馬白牛登高北望折矢以盟按陳曰吾還奏當以征遼之責屬爾度其地望似亦謂泰州臨潢西境之山是遼金前後亦呼興安嶺為金山也日本津田博士金代北邊考據金史婁宗雄宗幹諸傳謂金山在長春之西當泰州之東案婁傳婁以兵一萬攻泰州下金山縣女固脾室四部及渤海人皆降遼兌泰州宗雄傳云斛也(卽婁小名)宗雄與宗幹婁室取金山縣遼與斛也俱取泰州其攻克之次自先泰州次金山次泰州然詳玩文義蓋泰州先復斛也以正兵攻泰州而別遣宗雄等攻其西北之金山縣且招降諸部族金山既下泰州前後受敵乃不可守此兵家常事不足據為東西之次第也然則金之泰州東界肇州北界烏古迪烈部西北以金山與外族為界烏古迪烈部與泰州之位置既定然後金東北路之界壕始可得而考也

金之西北路及臨潢路邊堡地理志畧記其名而界壕所在則未之記界壕利在徑直而邊堡則參差不齊不必盡在界壕線上然由邊堡以定界壕之所在當無大誤也志云東北路自達里帶石堡子至鶴五河地分臨潢路自鶴五河堡子至撒里乃皆取直列置堡戍屠氏寄於蒙兀兒史記首釋之云達里帶滿

洲語有石也。堡在嫩江西岸。布特哈總管衙門之北伊倭齊之地。又云。鶴五河即蒙古游牧記科爾沁右翼中旗之鶴午河。堡在河上。又近坊間所出地圖。自黑龍江布特哈城之東南。直抵興安嶺之索岳爾濟山。畫一弧線。題曰金長春外堡。蓋即本之屠氏所監修之黑龍江實測圖。（屠圖未見）據屠氏之說。似曾目驗此界壕及邊堡遺址者。然屠氏於額爾古訥河迤西之邊堡遺址。屢屢言之。而從未言及興安嶺一帶有古長城遺址。當是別有所本。案西清黑龍江外紀二云。布特哈有土城。因山起伏。西去數千里。直達木蘭。相傳兄弟二人所築。土人謂之烏爾科。流人亡去不識塗者。多由此入關。屠氏圖金邊堡起於布特哈。正與外紀說合。殆即以此說為根據。而不著其所本。且若得之目驗者。則其鹵莽詭祕不可諱也。夫外紀所記布特哈土城事。自為史學上最有興味之材料。然其可信與否。須由實地探檢決之。

屠氏遽信為事實。亦失之輕易。然其以金志之鶴五河為蒙古游牧記之鶴午河。則至當不可易也。案記云。科爾沁右翼中旗北二百六十里。有鶴午河。出伊克呼巴海山。經摩爾托山東南流入左翼前旗界。會榆河。又云。榆河蒙古名海拉蘇台。源出興安山。經火山東南流。會貴勒爾河。胡圖桂勒爾河是鶴午河出興安嶺東麓。為桂勒爾河北源之一。金時泰州臨潢分界於此。徵之蒙古文獻。則此處為金與外族之分界無可疑也。案聖武親征錄。屢見塞字及漢塞字。而壬戌癸亥二年兩見阿蘭塞。其地望甚為明晝。壬戌年云。秋。乃蠻盃祿可汗會蔑兒乞部長脫脫別吉朵魯班塔塔兒哈答斤散只兀諸部。暨阿忽出拔都泰赤烏部長忽都花別吉斡亦剌部長等來犯我軍及汪可汗。上先遣乘高覘望於捏干貴因都徹徹兒赤忽兒黑諸山。有騎自赤忽兒黑山來告乃蠻漸至。上與汪可汗自兀魯回失連真河。移軍入塞。汪可汗子亦剌合居北邊後至據高嶺方下營孟祿可汗易之曰彼軍漫散俟其衆聚吾悉捲之時阿忽出火都二部兵從乃蠻來與前鋒合將戰遙望亦剌合軍勢不可動遂還亦剌合尋亦入塞會我軍擬戰置輜重他所上與汪可汗倚阿蘭塞為壁大戰於闕亦壇之野又癸亥年云上止軍於阿蘭塞急移輜重於失連真河（中略）上移軍合蘭只之野（中略）上亦將兵至斡兒弩遣忒哥山岡沿哈勒合河順進云云案上二條中所見地名雖有未經論定者然如兀魯回失連真河（秘史作兀勒灰失魯格勒只惕）之為今烏爾渾河及色野爾集河哈勒合河之為今喀爾喀河殆無異議也據此二條則阿蘭塞與烏爾渾河色野爾集河極近而烏爾渾河與鶴午河發源處尤近則阿蘭塞即鶴五河堡子附近之界壕也又拉施特集史同記壬戌年事云帝與汪罕離兀魯回失魯楚兒只特河向汪古部地以行近哈拉温赤敦汪罕子鮮昆在邊外從而後行及

山隘踰隘即汪古部界。（中略）未戰而鮮昆軍已過山隘至汪古部地云云。（據洪侍郎譯貝勒津本）以此記事與親征錄相比較，則阿蘭塞分明即此哈剌温赤敦。又此謂踰隘即汪古部界，汪古部分明即烏古部之異譯，非陰山北之汪古部。時烏古久為金屬，烏古地即金地，故錄以塞目之。至哈剌温赤敦之名，秘史凡兩見。卷六云：成吉思在巴勒渚納海子住時，（合蘭只戰役後）有弟合撒兒將他妻并三子也古、也松格、禿忽撒在王罕處罄身領幾箇伴當走出來尋成吉思，尋至合剌温山（蒙文作合剌温嗔都）緣嶺尋不見。又卷八成吉思對木合黎說：東邊至合剌温山（蒙文合剌温只都）你就做左手萬户。日本那珂博士注以合剌温山為興安嶺全體之大名。余案那珂說是也。元史特薛禪傳：太祖諭火忽曰：哈老温迤東塗河、潢河之間，火兒赤納、慶州之地，與亦乞列思為鄰，汝則居之。然則臨潢、慶州西北之連山亦稱哈剌温，與那珂氏説合。然虞集句容郡王世績碑道園學古錄卷二十三云至元二十五年。也只里王為叛王火魯哈孫所攻。五月。王從成宗移師援之。敗諸兀魯灰。還至哈剌温山。夜渡貴列河。敗叛王哈丹之軍。盡得遼左諸部。元史土土哈傳畧同案兀魯灰即親征錄之兀魯回。今之烏爾渾河。貴列河即今之桂勒爾河。是虞集之哈剌温山。與親征錄之阿蘭塞。拉施特之哈剌温赤敦。地望密合。案蒙古游牧記一云。科爾沁右翼中旗北二百里。有温山。蒙古名哈祿那。哈祿那即哈剌温之對音。此山去鶴午河極近。又此地為金元間東西交通孔道。宗浩出兵泰州。前軍至忒里葛山。忒里葛山即今索岳爾濟山。北方之特爾根山。則師由此道也。成吉思命合撒兒領右手軍。沿海自大甯經浯剌納浯二江。今松花江及嫩江泝討浯兒河今洮爾河回營。由此道也。土土哈敗叛王於兀魯灰。還至哈剌温山。夜渡貴列河。亦由此道也。然則哈剌温赤敦。本興安嶺之一峯。以其當東西孔道。且為金人要塞之所在。故蒙古人亦舉以名興安嶺之全體耳。由是言之，金東北路之界壕殆沿興安嶺置之，西南至桂勒爾河北源之鶴五河堡子處與臨潢路界壕接。若屠氏之所圖，非經目驗，固有不能遽信者。此東北路界壕之畧可考者也。

二　臨潢路之界壕

金史地理志：大定中臨潢邊堡自鶴五河至撒里乃凡五堡，自撒里乃以西凡十九堡。撒里乃一地見於遼史道宗紀及金史地理志，然其地望絕無可考。據上節所考，金東北路之界壕既沿興安嶺置之，則臨潢路之界壕亦必沿興安嶺無疑。拉施特書帝駐軍乞解界上察哈察兒山，察哈察兒，祕史作扯克徹兒，親征錄作徹徹兒，即今之蘇克蘇魯山（蒙古游牧記在阿嚕科爾沁旗北二百三十里）。今亦以此山之名具南北之興安嶺山脈。此路界壕直至慶州。地理志於慶州下云：北至界二十里。又其倚郭朔平縣下云：有榷場務。則慶州有界壕可知。案慶州即今之白塔子。自是迤而西南至達里海南之胡烈么。與西北路界壕接。其詳俟於下節論之。

三 西北路之界壕

金之西北路招討使。初駐燕子城。(後為撫州治)後徙界上。(後為桓州治)而昌州亦舊屬桓撫二州。故桓撫昌三州以北之界壕。并西北路之界壕也。章宗紀承安五年九月己未尚書省奏。西北路招討使獨吉思忠言。各路邊堡墻隍。西自坦舌。東至胡烈么。幾六百里。向以起築匆遽。并無女墻副堤。近令修完。計工七十五萬。止役戍軍。未嘗動民。今已畢工。上賜詔獎諭。(獨吉思忠傳同。但以為承安三年事。是也)是西北路界壕西起坦舌。東訖胡烈么。坦舌。屠敬山謂即今山西武川廳北之塔集呼都克。然其地已在西南路招討司轄境。屠說非也。胡烈么。屠氏以為即章宗紀承安三年斜出等請開市場於轄里裊之轄里裊。而未能實指其地。余案章宗紀之轄里裊。食貨志作轄里尼要。而地理志於昌州寶山縣下云有狗濼。國言押恩尼要。則尼要一語與淖爾同源。（欽定金史國語解索倫語尼要水曲也）今多倫諾爾東北。達里泊之南有一泊名活来庫勒。（庫勒亦謂泊也）蓋即金之轄里尼要也。自此西南之界壕。元人并有記述。其在桓州北者。王惲中堂事記（秋澗先生大全集卷八十）云。中統二年三月二十四日乙酉。次桓州故城。二十七日戊子。次新桓州。西南十里外。南北界壕尚宛然也。距舊桓州三十里。（案此謂新桓州距舊桓州之里數非謂界壕距舊桓州之里數也）二十八日己丑。飯新桓州。未刻。扈從鑾駕。入開平府。距新桓州四十有五里。案元開平府即今多倫諾爾廳之昭桼曼寺。則新桓州即今之庫爾圖巴爾哈孫。舊桓州即今庫爾圖巴爾哈孫南波羅城北之某地點也。王惲所見界壕。當在舊桓州城北十餘里。而金志云桓州北至舊界一里半。一里殆十里之誤也。在撫州北者。則長春真人西遊記述之。長春以辛巳歲二月十一日過撫州。十五日過蓋里泊。十九日出明昌界。（謂明昌間所築界地）皆向東北行。案撫州故城即今哈剌巴爾哈孫。（黑城）蓋里泊即今之克勒泊。而自蓋里泊至明昌界之日程與自撫州至蓋里泊之日程畧等。則長春所岀之明昌界。去秋澗所見界壕不遠矣。至昌州北之界壕。則張德輝紀行記之曰。北過撫州惟荒城在焉。北入昌州居民僅百家。中有廨舍。乃國王所建也。亦有倉廩隸州之鹽司。州之東有鹽池周廣可百里。土人謂之狗濼。以其形似故也。州之北行百餘里。有故壘隱然連亘山谷。壘南有小廢城。問之居者。曰此前朝所築堡障也。城有戍者之所居。沈子惇西游記金山以東釋。釋之曰。方輿紀要云金昌州在興和（金撫州）西北。又云。威寧廢縣北有昌州城。案威寧故城在察哈爾正黃旗西南八十餘里。地在撫州之西。則昌州在撫州西北。余按此說非也。德輝與長春同自撫州趨魚兒濼。（今達里泊）長春過撫州後即東北行。德輝雖不取此道。決無西北趨察哈爾右翼地之理。然則昌州仍當於撫州正北求之。口北三廳志二云。察哈爾鑲黃旗牧廠北四十里。有達拍遜諾爾。華言泡子河。蓋即金之狗濼。然則昌州當在撫州稍東北。而張德輝所見故壘又在其北百餘里。蓋較界壕在桓撫二州北者。又稍迤而北矣。

四西南路之界壕

西南路界壕之與西北相接者。實為淨州。趙珙蒙韃備錄云。章宗築新長城在靜州之北。金史地理志。淨州下。刺史。大定十八年以天山縣升為豐州支郡。北至界八十里。案彭大雅黑韃事畧云。沙井。天山縣北八十里。是沙井在界上也。元人置砂井總管府及砂井縣於此。耶律楚材湛然居士集卷三和移剌子春見寄云。邂逅沙城識子初。又卷四寄沙井劉子春詩云。寄語沙城老故人。蓋以其地有界垣。故謂之沙城。備錄謂新長城在靜州之北。以唐古糺人守之。即元史阿剌兀思剔吉忽里傳所謂金源氏塹山為界以限南北。阿剌兀思剔吉忽里以一軍守其衝要者也。又傳云。既平乃蠻。從下中原。復為嚮導南出界垣。又云。太祖留阿剌兀思剔吉忽里歸鎮本部。為其部衆所殺。其妻阿里黑攜幼子孛要合與姪鎮國逃難。夜遁至界垣。告守者縋城以登。因避地雲中。此界垣即淨州北八十里之界垣。無可疑也。淨州地望。今不易考。蒙古游牧記云。四子部落旗北有廢淨州城。似失之太北。案天山以山名縣。自當在陰山中。而彭大雅云。出沙井則四望平曠。荒蕪際天。蓋已在陰山北麓。然則天山沙井。并當在四子部落之南。不得在其北也。西南路界壕之可考見者止此。而僕散揆傳云。築壘穿塹。連亘九百里。蓋此壕自沙井西包東勝雲內之北。直抵黃河。與西夏接。地理志記金之封域云。右旋入泰州婆盧火所浚界壕而西。經臨潢金山。跨慶桓撫昌淨州之北。出天山外。包東勝。接西夏。云云。殆可謂兼為

界壕寫照也

南宋人所傳蒙古史料考

凡研究史學者於某民族史不得不依據他民族之紀載如中國塞外民族若匈奴若鮮卑若西域諸國除中國正史中之列傳載記外殆無所謂信史也其次若契丹若女真其文化較進記述亦較多然因其文字已廢除漢人所編之遼金二史外亦幾無所謂信史也至於蒙古一族雖在今日尚有廣大之土地與行用之文字然以其人民宗教學問故當時紐察脱卜赤顏秘史與阿兒壇脱卜赤顏之原本已若存若亡反藉漢文及波斯文本以傳於世且其國文字創於立國之後於其國故事除世系外殆無所記載故此族最古之史料仍不能不於漢籍中求之而漢籍中所載金天會皇統間蒙古寇金及金人欵蒙一事在蒙古上世史中自為最重大之事項宋時記此事

者有二專書。今雖並佚。而尚散見於他籍。其中宇文懋昭大金國志一種。傳世尤廣。西人多桑作蒙古史。於一千一百四十七年。書蒙古忽都剌伐金。金與議和而退。與國志所記年歲相合。蓋即本諸國志者也。嗣後洪侍郎鈞屠敬山寄柯學士劭忞皆參取宇文國志及多桑書以記此事。日本那珂博士通世於成吉思汗實錄注中引宇文氏書。但以宇文氏書中之熬羅孛極烈為蒙古之合不勒罕而非忽都剌罕。然其信宇文氏書。與諸家無異。余去歲草遼金時蒙古考。亦但就國志錄之。當時雖未敢深信。顧未得其所本。姑過而存之。亦未加以辨證。嗣讀李心傳建炎以來繫年要錄及劉時舉續宋中興編年資治通鑑。并記此事。而要錄尤詳。始知續鑑國志皆本李氏。李氏記此事凡五條。次條無注。首條及後三條並注云。出王大觀行程錄。而李氏別撰舊聞證誤。所引王大觀行程錄二條。語亦畧同。又李錄記金人殺宇文虛中事引征蒙記一條云王大觀行程錄與之同又云二人皆北人益知虛中死節無疑也知王大觀乃金人其人蓋與於征蒙之役因作行程錄與征蒙記為同時之作故二書記事往往互相表裏如趙珙蒙韃備錄所引蒙古稱帝改元一事徐夢莘三朝北盟會編所引勝花都郎君北走宇文虛中謀反二事幷與行程錄同顧征蒙記一書徐氏會編岳珂程史李氏要錄趙氏備錄幷引之陳振孫直齋書錄亦有其書是宋末猶有傳本而行程錄則除李氏外未有徵引及之者雖二書顯晦之不同然其記事則一也然則此重大事項有同時人之記述又有二書互相羽翼且征蒙記一書又出於蒙古未興以前史料之可信宜無過於此者然細考二書之記事乃全與史實不合蓋宋南渡初葉人所偽作而託之金人者今集錄其原文一一條辨之於蒙古上世史之研究不為無裨焉

一建炎以來繫年要錄卷九十六紹興五年金天會十三年是冬金主亶以蒙古叛遣領三省事宋國王宗盤提兵破之蒙古者在女真之東北在唐為蒙兀部其人勁悍善戰夜中能視以鮫魚皮為甲可捍流矢下畧原注以張匯金虜節要洪皓記聞王大觀行程錄參修蒙古編年謂之萌骨子記聞謂之盲骨子今從行程錄

二同上卷一百三十三紹興九年金天眷二年女真萬戶呼沙呼此四庫館臣校改大金國志作胡沙虎當是要錄原文北攻蒙古部國志作盲骨子糧盡而還蒙古追襲之至上京之西北大敗其衆於海嶺

三同上卷一百四十八紹興十三年金皇統三年三月蒙古復叛金金主亶命將討之初魯國王昌既誅其子星哈都大金國志作勝花都郎君者率其父故部曲以叛與蒙古通蒙古由是強取二十餘團寨金人不能制原注據王大觀行程錄業松漠紀聞達賚長子大伊賜被囚遇赦得出次子勝今為平章皓以今年六月歸乃不見此事未知孰的今姑附見更俟詳考

四同上卷一百五十五紹興十六年金皇統六年八月金元帥兀朮之未卒也自將中原所教神臂弓弩手八萬人討蒙古因連年不能克是

月。領汴京行臺尚書省事蕭博碩諾大金國志作蕭保壽奴與蒙古議和。割西平河以北二十七團寨與之。歲遺牛羊米豆。且命册其酋鄂倫貝勒國志作熬羅孛極烈為蒙古國王。蒙人不肯。原注據王大觀行程錄

五。同上。卷一百五十六紹興十七年金皇統七年三月。蒙古與金人始和。歲遺牛羊米豆綿絹之屬甚厚。於是蒙古鄂倫貝勒乃自稱祖元皇帝。改元天興。金人用兵連年。卒不能討。但遣精兵分據要害而還。原注此據王大觀行程錄叢錄稱歲遺牛羊五十萬口米豆共五十萬斛絹三十萬匹綿三十萬兩恐未必如此之多今削去具數第云甚厚更俟詳考

六。舊聞證誤卷四皇統四年秋。元帥遣使報監軍原注時監軍者討蒙古曰。南宋以重兵逼脅。和約大定。除措置備禦。早晚兵到矣。至次年冬十月。元帥親統大軍十萬衆。水陸幷集。原注出王大觀行程錄案皇統四年甲子。本朝紹興十四年也。前二年已分畫地界矣。不知兀朮何以歷二年之久。而後加兵于蒙古。恐必有誤。

七。同上。卷四皇統七年春三月。國使還。蒙古許依所割地界。牛羊

倍增。金國許賜牛羊各二十五萬口。今又倍之。每歲仍賂絹三十萬匹。綿三十萬兩。許從和約。原闕書名四庫本注云當出王大觀行程錄　案本朝歲遺北人銀絹各二十五萬匹兩。而北人遺蒙古乃又過之。恐未必然。

右所集七事。次條及末條李氏未注所出。餘皆云出王大觀行程錄。然次條與一三四五諸條。相為首尾。自當同出一書。末條之出行程錄。則有第五條注可證。館本案語不為無根也。李氏于第三第五第六第七諸條并有疑辭。第三條注。據洪忠宣松漠紀聞。疑曾國王昌即撻懶子無勝花都其人。案金史紀傳載撻懶二子。曰斡帶烏達補。與撻懶同時被誅。而紀聞所云次子勗今為平章者。據金史表傳。乃撻懶之弟而非其子。然則據紀聞以駁此錄。亦以五十步笑百步耳。惟因紀聞不記此事。疑為虛誕則極有理。案忠宣在金。頗周旋於悟室諸貴人之間。如撻懶果有子通蒙古。蒙古果有寇金事。忠宣不容不知。而忠宣記萌骨子撻懶事。並未及此。此與其所駁三四六七諸條。均無可解答者也。顧記事之誤。古人大抵有之。而必以此錄為偽書。尚有他說。

一。征蒙本事之無根也。據第一條。則天會十三年征蒙之役。主帥為領三省事宋國王宗盤。案金史熙宗紀。宗盤與宗翰宗幹並領三省事在十四年三月。且紀及宗盤傳並無征蒙事。又據第六條。則皇統四年征蒙主帥為監軍某。考是時突合速與婁室子活女相繼為元帥左監軍。大㚖為右監軍。並見金史本傳。而大㚖方在汴行元帥府事。則征蒙之監軍。非突合速即活女也。而突合速及活女傳並無北征事。又據第四第六兩條。宗弼於皇統五年冬自將征蒙古。又即殂於是月。（錄雖未見宗弼之卒。然於皇統六年書金元帥兀朮之未卒也云云。則六年已卒可知。征蒙記以為卒於五年十月。北盟會編繫年要錄皆從之。其實卒於皇統八年。說見後）則卒於軍中可知。而金史紀傳並無此事蓋天眷皇統間蒙古小小侵盜事或有之。金主亮宣諭宋國信使副徐嚞等公文（見北盟會編卷二百二十九）云：「向來北邊有蒙古韃靼等，自東昏王（熙宗降封之稱）時數犯邊境。」洪适撰其父忠宣行狀（盤洲文集卷七十四）載：「紹興十二年，金人來取趙彬輩三十家，忠宣謂秦檜曰：彼方困於蒙兀，姑示强以嘗中國。」似行程錄所記不為無因。然金亮宣諭之文，乃因背盟事決，故藉北征蒙韃之名，以拒宋使入境，本不可據為典要。則洪忠宣之言，亦不過一時折秦檜之辭。其作松漠紀聞，亦但云「盲骨子與金人隔一江，嘗渡江之南為寇，禦之則返，無如之何」而已。豈有興師十萬，用兵數年，元戎老於行間，國力殫於養寇，而史官載筆，乃無一字及之者乎？此可斷為偽者一也。

二、宗弼卒年之岐誤也。宗弼之卒，金史熙宗紀云皇統八年十月辛酉，本傳不書月日，而繫年則同。而宋人之書，如北盟會編繫年要錄，皆繫於紹興十五年，即皇統五年，實本於征蒙記及此錄。二者雖未易定其是非，然元人修金史時，熙宗實錄雖亡，而金時所修國史，尚有太祖太宗熙宗海陵四朝本紀，（見滋溪文稿卷二十五三史質疑）則金史熙宗紀當本金國史之舊，與衛紹王哀宗二紀無所憑藉者不同，其所記年月，自足依據。此錄繫之皇統五年，自為巨謬。且宗弼與宋定和約在皇統元年，乃至四年秋而始有發兵之書，既以四年發兵，而兵集乃在五年之冬，又既以兵集之月死，而又云連年不能克，種種矛盾，決非身在行間者之語。此可斷為僞者二也。

三人名官名之附會也。錄中人名除兀朮外，尚有胡沙虎、蕭保壽奴二人，皆金熙宗時在汴京差除之官。僞齊錄：金人廢劉豫後，（天會十五年）以女真胡沙虎為汴京留守，又以契丹蕭保壽奴兼行臺尚書右丞相。金史熙宗紀：天眷二年，以撻懶為行臺左丞相，杜充為右丞相。蕭寶耶律暉為行臺平章政事。又皇統七年十月壬子。平章行臺尚書省事奚寶薨。案蕭保壽奴蕭寶奚寶寶係一人。金史太祖紀。天輔二年閏月。九百奚部蕭寶率衆來降。是寶本奚人。故舉其姓謂之蕭寶。舉其部族謂之奚寶。又奚與契丹種族最近。又久服屬於契丹。故又謂之契丹蕭保壽奴。是蕭寶初為行臺右丞相。後降為行臺平章政事。至皇統七年卒官。初未嘗領行臺尚書省事。是時領行省者。實為宗弼。宗弼將死而勗繼之。二人皆金之懿親。或尊屬也。蓋征蒙與乞和二事。本南人嚮壁虛造。乃借偽齊錄中胡沙虎蕭保壽奴之名以資點綴。此可斷為偽造者三也。此錄記事蓋無一足信。更以之與征蒙記相參校。則愈明白矣。

征蒙記一卷。直齋書錄解題云。金人明威將軍登州刺史李大諒撰。建炎鉅寇之子。隨其父成降金者也。所記家人（當作豪人因字形相近而誤）跳梁。自其全盛時已不能制矣。云云。其書久佚。北盟會編引其書凡千五六百言。趙珙蒙韃備錄亦引其語。而繫年要錄及程史所引均在會編中。或轉從會編錄之。其書大抵與行程錄相表裏。今就會編所引者疏通證明之。其作僞之跡尤爲顯著。條列如左。

三朝北盟會編。卷一百九十七 僞官李成男李大諒征蒙記曰。天眷元年。都元帥魯國王闍辣總四輔南行府都統河南諸路軍兵公事總督都元帥。大王四太子至今呼四輔諭曰。都元帥劄三京與南宋。何緣不與吾計議。其中都元帥必有逆謀。欺罔國朝。恐與南宋別有異圖。其理未當。爾等四輔自今後都元帥府應有行移軍文字。如吾不在府第無吾手押。不得承受回報。故來面諭爾等。切宜謹守。祇待吾急赴國朝整會劄還地土。是時大諒父成在中山府。謂大諒曰。今北狄猖獗。非吾所憂吾慮者都元帥兀朮性剛恐還朝有異議又都元帥長男勝都花引大族下騎兵及萬戶北入沙漠省親恐副元帥北征相遇未便吾雖走騎報知令回避未知何如次年皇統元年副元帥詔至行府數都元帥南和宋好包逆甚明已將口賊誅廢有長男勝都花知罪懼誅虜掠北道分遣精騎追襲殺捕王山言兀朮之戕具叔撻懶也帛練拉殺之具家三百餘口皆以帛練拉殺合焚其尸屠其所居之地三郜之人皆不留

案金時始任都元帥者為太宗母弟杲而宗翰繼之天會十三年宗翰為太保具位始虛十五年七月宗翰薨十月乃以元帥左監軍撻懶為左副元帥宗弼為右副元帥至天眷二年七月以右副元帥宗弼為都元帥左副元帥撻懶為行臺左丞相是撻懶未嘗為都元帥也又宗弼自軍中入朝請誅撻懶在天眷

二年。此記以為元年。非是。至謂都元帥長男勝都花。引大族下騎兵及萬户北入沙漠省親。尤為不然。金史撻懶傳。廢劉豫時。（天會十五年）撻懶與右副元帥宗弼俱在河南。明年（天眷元年）朝京師。及撻懶與宗磐謀反。（天眷二年）出為行臺左丞相。手詔慰遣。至燕。復與翼王鶻懶謀反。熙宗乃下詔誅之。撻懶自燕南奔。追而殺之於祁州。宗弼傳亦言宗弼往燕京誅撻懶。撻懶自燕南奔。將南入於宋。追而殺之於祁州。祁州者。自燕入宋之道。非入沙漠之道。是撻懶獲罪後。未嘗北至沙漠。何以勝都花乃入沙漠省親。惟張匯金虜節要謂撻懶初欲南歸朝廷。不克。既而北走沙漠。儒州望雲涼甸。（今直隸赤城縣）兀朮遣右都監撻不也追而獲之。下祁州元帥府獄。果如其說。則撻懶父子北走。當在宗弼往燕京圖撻懶之後。不在其自軍中入朝之時。何緣與之相遇乎。至熙宗天眷之元。共歷三年。此以天眷元年之明年為皇統元年。尤為巨謬。

金人李大諒征蒙記曰。皇統元年。副元帥兀朮誅都元帥撻辣。以割河南還大宋有逆謀。提兵過江復取河南。四年回師。謂南北行府三師曰。吾頃因國有叛臣。結連南宋。自引軍弔伐。問罪宋國。大軍至亳州。由廬越淮橋道阻過車騎。吾心熒惑未決。忽淮陰二進士遠來獻陳平宋國策。時吾急遣龍虎阿魯保二帥探路先行。韓常周傑騎兵至淮上。吾入盱眙。疑有重兵把路。龍虎使人報曰。淮南無一人一騎為備。已遣五千騎越淮。分守盱眙龜山。把截水陸兩勢造橋。吾大喜。晝夜兼行。至淮上。果橋成六座。分步騎徑濟淮源。占據運河。擺布斥候。細觀南耗。東過淮陰。南至六合。西臨昭信。晝夜不絕。因觀宋室所立龜山城寨。臨淮分勢。就山為隘。若聚糧屯兵。此地據守。吾雖鐵心。未敢輕舉。但見空壁。吾心自恃。宋室雖有建城立勢之心。而無聚糧據守之法。又覩二進士所陳圖策。淮南路盱眙至楚州。行路窄隘。左有長淮。右臨河渠。糧道遥遠。有過邵伯至山陽人騎回。惟是獲到菱實雞頭蓮子。聞諸軍不避寒酷。踏泥打凍。決池涸港。掘藕拾菱。尋魚摸蚌。又宰殺騾馬。相兼為食。諸軍飢苦之聲。耳不忍聞。但虚心寛諭而已。又諸軍士云。輜重俱盡。有食奴婢者。又多言南軍不測。要回淮上。惟吾心所料。南宋既修盱眙。此乃據山臨水大利之勢。尚無守法措置。安有智謀就吾敵也。決無渡江之理。吾獨與蕭平章計議。大言檄書於宋。若從此約。請詣轅門計議。如敢違拒。水陸星電越江。蕭平章南去。日視諸軍飢心嗷嗷。忘失晝夜。龍虎阿魯保言。若南宋受檄。猶得半軍回。若宋兵渡江。不擊自潰。王曰。爾論正與吾心同。吾西望糧音。南聽蕭信。心神不寧。如此月餘。忽蕭平章躍騎走報。不覺喜感天神。與南使同來議。止淮為界。誓約定。南使回。

吾班師回泗。點集兵馬輜重。騾馬依稀四分。奴婢十中無六
七。惜哉軍機至此而不能決。若能決。無一人一騎得回也。吾
私心用智。但一檄書下宋取捷。乃萬世不傳之上策。吾近因
賊徒激惱氣衝。吾守順昌。箭瘡發作。遇陰雨痛連骨髓。忽承
詔報。宇文國相連中外官守七十餘員。欲乘邊事未息。及遷
都之允謀反。幸得萬户司寇惟可也告首。捕獲宇文等。請師
暫歸朝議事。至五年（會編脱此二字據要錄所引增）十月。宣到皇叔都元帥遼國王
危篤。親筆遺四行府帥曰。吾天命壽短。恨不能與國同休。少
年勇鋭。冠絶古今。事先帝南征北討。為大元帥左都監。行營
號太子軍。東遊海島。南巡杭越。西過興元。北至小不到雲城
今契丹漢兒侍吾歲久。心服於吾。吾大慮者。南宋近年軍勢
雄鋭。有心爭戰。聞張劉韓岳例有不協。國朝之幸。吾今危急
雖有其志。命不可保。遺言於汝等。吾沒後。宋若敗盟。招賢用

衆。大舉北來乘勢撼中原人心。復故土如反掌不爲難矣吾分付汝等。切宜謹守。勿忘吾戒。如宋兵勢盛敵强擇用兵馬破之。若制禦所不能。向與國朝計議。擇用智臣爲輔。遣天水郡王桓安坐汴京。其禮無有弟與兄爭。如尚悖心。可輔天水郡王并力破敵。如此又可安中原人心。亦未深爲國朝患害。無慮者一也。宋若守吾誓言。奉國朝命令。時通國信。益加和好。悦其心目。不數歲後。供需歲幣色色往來。竭其財賦。安得不重斂於民。江南人心姦狡。既擾亂非理。人情必作叛亂。無慮者二也。十五年後。南軍衰老。縱用賢智亦無驅使。無慮者三也。俟其失望。人心離怨。軍勢隳墮。然後觀其舉措。此際汝宜一心選用精騎。備具水陸。謀用才略。取江南如拾芥。何爲難耶。爾等切記吾囑。吾昔南征日。見宋用軍器。大妙者不過神臂弓。次者重斧。外無所畏。今付樣造之。元帥死贈大孝昭烈皇帝。

案此節抵捂失實。亦與前同。兀朮殺撻懶事。在天眷二年。而此以為皇統元年。兀朮遣蕭毅使宋。約與宋畫淮為界。在皇統元年。宇文虛中之死。在皇統六年。（此本金史熙宗紀及虛中傳宋史本傳云紹興十四年則為皇統四年行狀云紹興乙丑則皇統五年也會編要錄皆從之）而此並以為皇統四年。兀朮之死。在皇統八年。而此以為五年。（會編要錄皆從之）此年歲之不合者也。蕭毅使宋時。其官載於國書者為行臺尚書戶部兼工部侍郎兼左司郎中。并非平章。而平章政事蕭賓則未嘗使宋。此云蕭平章南去曰云云。蓋誤合蕭賓蕭毅為一人。宇文虛中仕金。官至翰林學士承旨禮部尚書。國相之稱。史為鶻突。至欽宗北狩後。以皇統元年封天水郡公。至海陵正隆元年。紀書天水郡公趙桓薨。是欽宗未嘗有郡王之封也。而此云天水郡王桓。尤類野語。又云兀朮死贈大孝光烈皇帝。案金時追帝者。如景宣皇帝德宗睿宗顯宗。皆以其子為帝追尊。具餘宗屬有開國大勳者。若宗翰宗望。皆無追帝之事。宗弼之親與宗望等。而功則不逮。更不容獨蒙帝謚。故岳珂程史李心傳要錄皆以為疑。此稱名之不合者也。李成父子本雄州歸信人。而此記云。兀朮提兵過江復取河南。以黃河為江。北人必無此語。又兀朮語中云。惜哉軍機至此而不能決。此全是宋人語氣。此文字之不合者也。若兀朮皇統元年冬。南侵之役時兩國講和已有成議。信使往還。絡繹於道。宋人歛兵江南。絕無抵抗。北盟會編於金人陷泗州及楚州後。載張俊之言曰。南北將和。虜謂吾怠。欲攄柘臯之憤耳。勿與交鋒。則虜當自退。陰遣戚方至泗州巡綽。金人果引去。是金人此次渡淮。不過以偏師致怨。且以促和。決無須元帥親行。就令親行。亦決無此記所述狼狽之理。又兀朮皇統四年危篤親筆云。張劉韓岳。例有不協。此時岳已前死。張劉韓三人亦早釋兵柄。此事實之不合者也。綜此二節所記述觀之知征蒙記之失實與行程錄同使二書為後世追記之書或遠道紀聞之作則雖有誤謬絶不至發生事之有無及書之真偽之問題然王大觀書名行程錄乃記所經歷者李大諒亦同時人又官至刺史非草野僻陋可比豈有身在行間目擊時事而記述荒謬至於此極者乎且二書所記年月事實胥與正史不合而二書則事事相合知此二書實一人所偽撰或一書之變名且出於南人之手而託之北人者也原宋人所以偽為此種書者緣南渡之初廟算與國論恒立於相反之地位當局者度一時之利害故以和為主其極也至於稱臣受册而不恤輿論激於一時之恥辱故以戰為主而不復問彼我之情勢逮和議既成則國論屈於廟算而人心之激昂則或倍於前其作偽書以敘述國恥者則有若孤臣泣血錄南燼紀聞等而行程錄及征蒙記則又託為北人之言一面造作蒙

古寇金事。以示金人在北方常有後顧之憂。一面造作兀朮諸書。以證明金人虛聲恫喝之故技及南征狼狽之狀。凡此皆當時不滿於和議之所爲也。其書既爲南人所僞記。則其中所載蒙古事。自無史學上之價值。由是蒙古史中不能不删去最古之一大事項。而斷定蒙古之信史。當自成吉思汗始也。又有與皇統征蒙事相類者。則蒙古助愛王寇金一事也。此事出張師顏金人南遷錄。而大金國志仍之。南遷錄一書今有傳本。故其事不煩複述。又其書之僞。前人已有定論。亦不待再論。考此書出於金陵遷後一二年。李心傳建炎以來朝野雜記乙集卷十九女眞南徙條末有注云。近傳南遷錄事悉差誤。蓋南人僞爲之。今不取。考朝野雜記乙集成於宋甯宗嘉定九年。即金南遷後二年。此時已見其書。且已燭其僞。李氏尚有辨南遷錄一卷。見於宋史本傳。則不知著於何年。趙與時賓退錄三云。近歲金虜爲韃靼所攻。自燕奔汴。有南遷錄一編盛行於時。其實偽也。卷首題通直郎祕書省著作郎騎都尉賜緋張師顏編。虜之官制。具於士民須知。獨無通直一階。其偽一也。虜之世宗。以孫原王璟為儲嗣。父曰允恭。璟立。追尊允恭為顯宗。錄乃謂璟為允植之子。其偽二也。虜之君臣雖以小字行。然各自有名。粘罕名宗維。兀朮名宗弼。錄乃稱宗獻王罕忠烈王朮。其偽三也。虜事。中國不能詳。然灼知其偽者已如是。而士大夫多信之。陳振孫書錄解題云。金人南遷錄一卷。稱偽著作郎張師顏撰。頃見此書。疑非北人語。其間有曉然附會者。或曰華岳所為也。近扣之汴人張總管翼。云歲月皆抵牾不合。益證其妄。趙珙蒙韃備錄云。蒙人不知何為國號。何為年號。南遷錄載韃有詔與金國。稱龍虎九年。非也。此皆宋人語。元蘇天爵三史質疑（滋溪文稿卷二十五）亦云。葉隆禮宇文懋昭遼金國志皆不及見國史。其說多得之於傳聞。蓋遼末金初。稗官小說中間失實處甚多。至於建元改號傳次征伐。及將相姓名。往往杜撰。絕不可信。如張師顔南遷錄尤為紕繆。此宋元以來定論如此。四庫全書總目復痛論之曰。案金史世宗太子允恭生章宗。而夔王允升最幼。今此書乃作長子允升。次允猷。次允植。允升允猷以謀害允植被誅。而允植子得立為章宗。世次具不合。又稱章宗被弒。磁王允明立為昭王。昭王又被弒。立濰王允文為德宗。德宗殂。乃立淄王允德為宣宗。與史較多一代。尤不可信。又金史鄭王允蹈誅死絕後。不聞有愛王大辨其人。所稱天統興慶等號。金史亦無此紀年。舛錯繆妄。不可勝舉云云。然則此書之偽。更不待論。然愛王之事。金時民閒實有此種傳說。南人遂附會點綴以成此錄。絕非其所創造。金史鎬王永中傳。宣宗貞祐三年。太康縣人劉全嘗為盜亡入衞真界。詭稱愛王。所謂愛王。指石古乃。（永中長子）石古乃實未嘗有王封。

小人妄以此目之事覺被誅。與定四年。亳州譙縣人孫學究私造妖言云愛王終當奮發。今匿迹民間號劉二。衛真百姓王深等皆信以為誠然有劉二者出而當之。事覺誅死者五十二人。緣坐者六十餘人。是金南遷之初。有自稱愛王者。其一在貞祐三年。正與南遷錄成書時相當。然此傳說之起。實遠在章宗之世。李心傳不信南遷錄者也。其所撰朝野雜記亦記愛王事。乙集卷十九女真南徙條云。

初。環（章宗名）之立也。越王鄭王皆有不平語。環召鄭王殺之。（紹熙四月十一年）越王有二子。長曰愛王。越王妃所生。葛王（謂世宗）愛之。賜以鐵券。環惡之而不敢殺也。愛王尋居上京以叛。越王遂為環所殺。（慶元三年五月）環死無子。而雍之諸子惟允濟在。環所嬖內侍李黃門傳環遺命。與尚書右丞撒罕勒共立之。愛王時在中都。允濟疑其為變。因之真定。

案此條記事。雖畧在南遷錄之後。然卷十三雜事門。已有愛王之叛一條云。

愛王。葛王孫也。始。允恭既早世。葛王愛其兄越王。欲立之。既而不果。今主立。愛王遂謀叛。為其妻父僕散琦所告。事覺。乃以放牧會寧府為名。據上京以叛。明昌六年三月丁酉也。金主三召之不至。因結契丹韃靼蒙國以叛。取慈岳等州。時越王在咸平。契丹檄金人。請立之為帝。金主徙王於慶陽。五月丁酉。賜王死。誅其家人八十餘人。惟越王在焉。至今為金國患。僕散琦即承安四年來賀上生辰者。（明昌六年本朝慶元元年。承安四年本朝慶元六年。作此錄後數年乃見有記虜中事者。以愛王為鄗王允恭之子。案允恭乃原王璟之父淳熙十六年三月。密劄下沿邊諸州。避其名諱甚詳。昔以為鄗王後。實誤甚矣。）

案此條稱章宗為今主。則記此條時。章宗尚存。考朝野雜記甲乙二集序。甲集成於嘉泰二年。乙集着手於嘉泰四年。而中斷於開禧元年。後復編次成書。至嘉定九年成。而序之。則此條前半。當是嘉泰開禧間所記。當金章宗泰和四五年而編末附記者。則嘉定間所續也。所記與南遷錄頗有異同。而亦有燮王結契丹蒙古之說。惟南遷錄以燮王為鄭王子。李氏以為越王子。又所引記虜中事書以為鄗王子。案鄗王初封越王。宋人多以其初封呼之。是二說原無差異。允恭亦永中之音譌。此與金史所載燮王指石古乃之說。正相符合。蓋三者同出一源。考金自明昌以後。北垂多事。三次遠征。與築壕之役。前後數年。天下為之騷動。鎬鄭二王適以此時先後被誅。而鎬王尤為無罪。民間不知徵調之因。因訛傳燮王作亂之說。此與錢少詹金史考異以明昌承安間兵事未見叛者主名。遂疑燮王實有其人。古今心理正復相同。

實則當時擾邊者，為蒙古別部合底忻山只昆而牽連及廣吉剌與阻韈，金史宗浩夾谷清臣內族襄諸傳敍次甚明，余於遼金時蒙古考已詳著其事，愛王事之為訛言，不待論也，此訛言傳於本國，乃有劉全劉二假借名義以倡亂，於十年或二十年之後傳於國外，別有井研李氏之記事，且為南遷錄附會之中心，史分派而為大金國志，至近世史學大家錢竹汀氏尚惑其說，亦可謂妖言也已，以其與皇統征蒙事相類，故附論之。

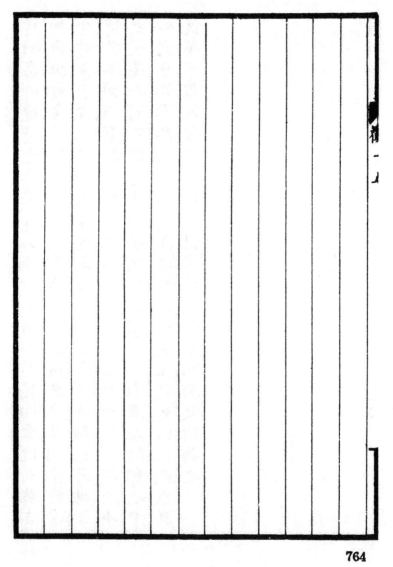

觀堂集林卷第十六　史林八

海寧　王國維

蒙文元朝祕史跋

此本卷首書題下。有忙豁侖紐察脫察安二行。曩顧千里跋此本。以為撰人姓名。余謂此即元朝祕史之蒙古語也。忙豁侖即蒙古。脫察安即元史之脫必赤顏。若脫卜赤顏。非撰人名。明火原潔華夷譯語凡例云字下小注卜字必字者。皆急讀合口音也。不用讀出。考元史之脫必赤顏。若脫卜赤顏。元史國語解改作托卜齊延。卜字正作字下小注。則讀為脫察安。固其所也。元史虞集傳。有旨修經世大典。集請以國書脫卜赤顏增修太祖以來事迹。承旨塔失海牙曰。脫卜赤顏非可令外人傳者。遂已。案既稱國書脫卜赤顏。則當文宗時。此書尚無漢譯之本。乃察

罕傳言仁宗命譯脫必赤顏名曰聖武開天記及紀年纂要太
宗平金始末等書俱付史館云云考明文淵閣書目卷五有元
朝祕史續祕史各二部卷六有聖武開天記一部則察罕所譯
與虞集所請自非一書緣聖武開天記既宣付史館且至明初
尚存則與虞集國書之目塔失海牙不傳外人之言不能相符
疑元時自有兩種脫卜赤顏其譯為聖武開天記者殆即今之
元聖武親征錄而虞道園所請以修經世大典者則今之元朝
祕史也明鄭曉今言四洪武十五年命翰林侍講火原潔等編
類華夷譯語復令取元祕史參考以切具字諧其聲音則洪武
中葉此書已有譯本今案此書元朝祕史四字明是明人所題
而續集卷一蒙文內中都字樣譯文易為北平即用洪武元年
所改之名則移譯之事自在洪武元年後考宋濂鑾坡集四有
呂氏採史目錄序云洪武元年冬十有一月命啟十三朝實錄

建局刪修元史。明年秋七月史成。自太祖至於寧宗。總一百五十九卷。順帝三十六年之事。舊乏實錄。闕畧不備。於是奏遣使者十一人徧行天下。凡涉史事者。悉上送官。今之北平。乃元氏故都。章貢呂仲善時司膳成均。乃被是選。是月癸卯。即乘驛北上。八月丁卯抵北平。凡詔令奏疏拜罷奏請布在方冊者。悉輯為一。有涉於番文。則令譯而成文。至冬十一月壬辰朔始完。以帙計者八十。舁至行中書省。借官印識之。進於南京。濂於是有所依據。修成續史四十八卷。夏六月。洪武三年復詣闕上進云云。是洪武二年採史之役。實兼譯事。此元朝祕史亦即所譯番文之一。惜洪武三年重修時。僅續成順帝一朝事。而於已成之百六十九卷未遑修改。故元史中訖未採入此書一字。宋濂元史目錄後記雖云凡前書所未備者。頗補完之。蓋亦一具文而已。此書。呂仲善既上之史館。故洪武十五年撰華夷譯語時。得取以參考。今傳本行歟。正與洪武本華夷譯語相同。蓋出一時所刊。前人誤視為元槧本。蓋未之深考也。又案元時脫卜赤顏實不止此。文宗本紀至順三年五月。撒迪請備錄皇上登極以來固讓大兄往復奏答。其餘訓敕辭命。及燕帖木兒等宣力效忠之迹。命朵來續為蒙古脫卜赤顏。置之奎章閣。從之。又虞集傳。文宗以妥懽帖木兒太子乳母夫言。明宗在日。謂太子非其子。黜之江南。召翰林學士承旨阿鄰帖木兒奎章閣大學士忽都魯篤彌實書其事於脫卜赤顏云云。其書體例。同親征錄。抑同此書。雖不可考。而云續為蒙古脫卜赤顏。則與此書標題正同。意當尚有紀憲宗以下諸朝事者。惜乎其僅傳此本也。乙丑十月望日。

元朝祕史之主因亦兒堅考

十數年來。日本箭內亙 羽田亨 藤田豐八 三博士及松井等 烏山二學士各就遼金二史之乣軍發表其新說（余所得見者僅箭內博士與就遼金時代之乣軍（史學雜誌第二十六篇第十號）鳥山學士就乣軍之疑（同上第三十七編第八號）藤田博士問題之二語乣與洎（同上第三十七編第九號）三篇）於是乣軍之事為史學上一大問題。余於契丹女真蒙古文字曾無所知。對此問題。自不能贊一辭。然近讀元朝祕史。就史實上發見與金末乣軍相當之名稱。此名稱與自來乣軍之音讀畧有不同。於史實之同一及言語之歧互。殊不能得其解。適史學雜誌編者介藤田博士徵余近業。因提出此史實幷余個人之見解。以就正於博士幷乞羽田鳥山諸君子之教。惜箭內博士已歸道山。不獲復請益也。

元朝祕史有所謂主因亦兒堅者。

卷一 捕魚兒納浯兒闊連納浯兒豁牙兒札兀剌兀兒失溫沐漣捏不坤阿亦里兀（協）備魯兀（協）塔塔兒亦兒格捏俺巴孩合罕斡勤斡克抽斡額孫斡乞泥額許迭周塔塔兒主因亦

兒堅俺巴孩合罕巴里周乞塔敦阿勒壇合罕納阿抽斡惕

奕突兒（明譯捕魚兒海子。闊連海子。兩箇海子中間的河名

兀兒失溫。那河邊住的塔塔一種人。俺巴孩將女兒嫁與他。

親自送去。被塔塔兒人原文塔塔兒中之主因種拿了。送與大金家。）

續集卷一 帖兀納豁亦納成吉思合罕豁紐尺勒乞塔惕亦兒堅突

兒秣驪剌罷原作伯撫州宜阿卜抽忽揑堅荅巴阿兒荅巴周宣

德府宜阿卜抽者別古亦古揑兀把阿禿兒豁牙里莽来亦

列罷原作伯察卜赤牙勒古兒抽察卜赤牙勒荅巴阿泥別乞列

兀迭周田迭者別嗚詁列論阿泥兀都周歌多勒格周亦列

兀侖田迭莎里牙客額周合里罷原作伯合里黑荅周乞塔敦扯

里兀惕揑客耶客延嘬勒客阿屼剌不帖帖列揑客周阿亦

石宣德府因豁失兀納古兒抽者別豁亦納黑石忽兒罷塔

塔周多卜禿勒周孫都兒抽阿亦逑渾歹亦泥荅魯罷成吉

思合罕豁勒扯里克荅魯察周乞塔惕歌多勒格周合剌乞
塔敦主兒扯敦主亦訥額列坤斡抹渾扯里兀的荅魯周察
卜赤牙剌古兒帖列昏只兀巴亦塔剌乞都周察卜赤牙侖
合阿勒合者別阿卜抽荅巴阿惕不里周荅巴周成吉思合
罕失剌迭克秃兒保兀罷原作伯中都宜額額列周豁脫惕豁脫
惕巴剌合惕迭兒扯里兀惕亦列周額額列兀勒罷（明譯）在後
羊兒年。成吉思征金國。先取了撫州。經過野狐嶺。又取了宣
德府。使者別古亦古捏克做頭哨。至居庸關。見守禦的堅固。
者別說可誘他戰。於是把軍馬佯回了。金家見了。果然盡出
軍馬追襲。直至宣德府山觜行。者別却翻回來了。將金國陸
續來的軍馬殺敗。成吉思中軍隨後到來。將金國的契丹女
真原文此下有主亦訥三字等緊要的軍馬都勝了。比至居庸。殺了的人如爛
木般堆著。者別將居庸關取了。成吉思入關。至龍虎臺下了

營。遣軍馬攻取北平等郡。）
(同上)中都宜額額列克 迭侖阿勒 壇合納也客那顏王京丞相
阿勒 壇合訥都剌惕 合侖騰格理合札侖札牙安察黑 也客
斡羅也兀惕 格恢察忽兀古兒罷(原作別) 忙豁勒 馬石古出帖耶
亦列周必荅訥額列坤斡抹渾合剌乞塔敦主兒扯敦主亦
訥額兒乞惕 扯思兀的荅魯周不連勒 帖列乞都主為亦帖
格勒 禿察卜 赤牙里別兒不里周阿卜 主為（明譯初。北平被攻
時。金王京丞相對金主說。天地氣運。大位子交代的時節。敢
到了。達達每好生強盛。將咱猛勇的(原文此下有契丹女真主亦訥三語) 軍馬殺絕。可
倚仗的居庸關取了。）
(續集卷二)巴撒成吉思合罕札兒里黑 孛魯侖孛斡兒出木合黎豁
牙剌莎余兒合勒 斡古侖乞塔惕 亦兒格捏徹額薛斡古列
額客延乞塔惕 亦兒格訥主亦泥塔豁牙兒撒察兀忽必牙

勒都周阿不惕渾撒亦惕可兀的阿訥失鵠兀班把里兀勒
周迓步惕渾撒亦惕斡乞的阿訥斡思格周額箆昔顏豁兒
理札撒兀魯惕渾乞塔惕亦兒格訥阿勒壇罕訥亦帖格勒
田亦納兀惕忙豁侖額不格思額赤格昔巴剌黑三合剌乞
塔惕主因亦兒堅阿主為者額朵額米訥亦帖格勒田亦納
兀惕孛斡兒出木合黎塔豁牙兒備由者客延札兒里黑孛
勒罷（明譯）成吉思又對二人（孛斡兒出木合黎）說。金國的百姓不曾分與您。
如今有金國的主因種。你二人均分。凡好的兒子教與你擎
鷹。美的女子教與妻整衣。已前金主曾倚仗著他做近侍。將
咱達達祖宗廢了。你二人是我近侍。卻將他每來使喚者。（原文作已）
前金主曾倚仗的寵任的又將咱達達的祖宗父親殺了的這契丹的主因種如今賞與我所倚仗的寵任的孛斡兒出木合黎兩人者
凡五見。其或云主亦納主亦泥者。並主因語尾之變化。據第一
條稱塔塔兒主因亦兒堅。則當是塔塔兒之一種。否則他族之

在呼倫貝爾兩湖間與塔塔兒人雜居者也。又據第四條稱乞塔惕亦兒格訥主亦泥乞塔惕者。蒙古人呼金國之稱。則主因必為金之屬部。又稱合剌乞塔惕主因亦兒堅合剌乞塔惕者。蒙古人呼契丹之稱。則主因種中必多含契丹人。又第四條稱主因種殺蒙古祖父云云。即指第一條所記主因人執送俺巴孩汗。及祕史卷一末所記塔塔兒人毒死也速該二事。是合剌乞塔惕主因亦兒堅即塔塔兒主因亦兒堅。非異族也。又據第二第三兩條。則此族當金之季世。曾於宣德居庸間與於防禦蒙古之役。且具兵力足與契丹女真相鼎足。故欲求與主因相當之種族或團體。不可不合於三種之條件。即(一)足與契丹女真鼎立之部族或軍隊。(二)金之邊兵而曾與於宣德居庸間之戰事者。(三)此部族或軍隊中兼有契丹人及塔塔兒人是也。而求合於此三種條件者。舍金末之糺軍。無以當之。茲分疏於左。

金末與契丹女真鼎立之種族。無論為漢人也。然漢人不得冠以塔塔兒或契丹之名。是與第三條件不合。又字斡兒出木合黎二人未嘗中分漢人。此顯著之事實也。惟金之乣軍。散居於東北西北西南三路。有部族節度使八。詳穩九。其兵數雖或少於女真。要亦不減契丹。優足與二者并稱。而此外能具此條件者。別無他軍或他族。此乣軍之與條件（一）合者也。

金之乣軍。本以戍邊。未嘗用之中原。至章宗泰和南伐之役。始用乣軍。

金史楊雲翼傳。時全創議南伐。宣宗以問朝臣。雲翼曰。泰和舉天下全力驅乣軍以為前鋒。大金國志章宗紀。先是泰和六年。帝大發兵。西北諸乣。生番也。鄰接北。號曰䮲駿。衆有三萬。盡數起發侵江南。次年罷兵和好如始。乣人罷歸。因賞不均皆叛歸北。

及南北議和，糺軍亦各歸其部。衛紹王時，蒙古入寇西北西南二路之糺軍，早折而入於蒙古。

蒙韃備錄章宗築新長城，在靜州之北，以唐古糺人戍之。酋首因唐古糺結耶剌都糺、木典糺、咩糺、後典糺等俱叛，金人發兵平之。糺人散走，投於韃人云云。殆與大金國志所記為一事。

而東北路八部族節度使之糺軍則尚無恙。故大安三年，會河之敗，中都戒嚴，上京留守徒單鎰遣同知烏古孫兀屯將兵二萬衛中都。泰州刺史朮虎高琪亦以兵三千屯通玄門外。而高琪之兵，史特稱為糺軍。

見金史朮虎高琪、移剌撻不也、完顏素蘭、紇石烈執中諸傳。及建炎以來朝野雜記乙集十九。

此軍至中都後未幾即移屯縉山

金史朮虎高琪傳大安三年累官泰州刺史以糺軍三千屯通玄門外未幾升縉山縣為鎮州以高琪為防禦使所部糺軍賞賚有差此事不書年月考衞紹王紀大安三年十一月紇石烈胡沙虎走還京師請兵二萬屯宣德詔與三千人屯媯川崇慶元年正月右副元帥胡沙虎請退軍屯南口詔數其罪免之紇石烈執中傳同高琪之屯縉山當在胡沙虎免職之後即崇慶元年之春然則此時中都西北惟恃此一軍為重鎮矣

至寧元年懷來之戰其精銳實此軍也

案懷來之役諸書所記畧有異同聖武親征錄云癸酉（金至寧元年蒙古太祖八年）秋上復破之（宣德德興）遂進軍至懷來金帥高琪將兵與戰我軍勝追至北口大敗之死者不可勝計時金人塹山築寨悉力

為備上留怯台薄察頓兵拒守。遂將別衆西行。由紫荆口出。金主聞之。遣大將奧屯拒隘。勿使及平地。比其至。我衆度關矣。乃命哲別率衆攻居庸南口。出其不備破之。進兵至北口。與怯台薄察軍合。元史太祖紀則云。八年癸酉秋七月。克宣德府。遂攻德興拔之。帝進至懷來及金行省完顏綱元帥高琪戰。敗之。追至北口。金兵保居庸。詔可忒薄刹守之。遂取涿鹿。帝出紫荆關。敗金師於五回嶺。拔涿易二州。契丹訛魯不花獻北口。遮別遂取居庸。與可忒薄刹合。此節大致取諸親征錄。惟於金主帥中加完顏綱一人。金史於衛紹王紀但書八月壬申尚書左丞完顏元奴（即綱別名）將兵備邊。朮虎高琪傳亦但云八月尚書左丞完顏綱將兵十萬行省於縉山敗績。語甚簡畧。一若此役與高琪無涉者。然完顏綱傳頗詳其顛末云。至寧元年。綱行省事於縉山。徒單鎰使人謂綱曰。高琪駐兵緡山。士皆思奮。與其行省親征。不若益兵為便。綱不聽。徒單鎰復使人止之。曰。高琪措畫已定。彼之功即行省之功。綱不從。綱至緡山。遂大敗。徒單鎰傳語亦畧同。由此觀之。此役完顏綱雖為大帥。且親往視師。然軍中措畫本出高琪。故親征錄於此役主帥專屬之高琪。蒙韃備錄亦同。此役實自會河川後為金與蒙古第二次之大戰。其戰事始於懷來。終於緡山。故或舉懷來。或舉緡山。而其重要將領為高琪。則其重要軍隊。為其所部之糺軍無疑也。

而秘史所云勝金國契丹女真主因緊要的軍馬。正指此役。

案秘史記此事。承羊兒年成吉思伐金而下。其實此節所記。包含辛未壬申癸酉三年之事。即下二節記金人議和西夏納女事。亦承羊兒年書之。不復紀年。緣秘史本非編年之書。記一事但欲具其本末。而於繫年之法則所不講。就此點觀征之記事。自為辨晳也。成吉思初次伐金之役（自辛未至甲戌）其取居庸也。親征錄繫之癸酉。祕史亦無兩度取居庸之事。而金史衛紹王紀則一書於辛未九月。再書於癸酉七月。承裕傳亦於辛未歲書大元游兵入居庸。元史從之。顧無論其為一取或再取。而祕史書敗契丹女真主因等緊要兵馬於克宣德之後取居庸之前。則祕史此項記事。正與親征錄癸酉歲記事相當。其為懷來之役而非辛未會河之役。其所記取居庸事為癸酉之事而非辛未之事。可斷言也。此役完顏綱高琪之兵。數至十萬。其中必網羅各種軍隊。蒙韃備錄云。再刷山東河北等處及隨駕護衛人馬三十萬。令高琪為大元帥。再敗。是以韃人迫於燕京城下。亦指此役。但備錄只記中原人馬。且侈其數。而祕史則但舉契丹女真主因三種軍馬。文各有所不備也。

此乣軍之與條件（二）合者也
至第三條件則舍乣軍外更無從他求考金宣宗貞祐二年中都乣軍之叛實為中都陷落之原因

案此事金史宣宗紀失書惟兵志云宣宗南遷乣軍叛去兵勢益弱抹撚盡忠傳云宣宗還汴盡忠與右丞相承暉守中都（中畧）宣宗詔盡忠善撫乣軍盡忠不察殺乣軍數人已而中都受圍云云又朮虎高琪傳初宣宗將遷南京欲置乣軍於平州高琪難之及遷汴戒象多（抹撚盡忠別名）厚撫此軍象多輒殺乣軍數人以至於敗宣宗末年嘗曰壞天下者高琪象多也終身以為恨云又完顏素蘭云去歲都下書生樊知一詣高琪言乣軍不可信高琪以刀杖決殺之自是無復敢言兵馬利害者使其黨移剌塔不也為武寧軍節度使招乣軍已而無功復以為武衛軍使又移剌塔不也傳云貞祐二年遷武寧

軍節度使招徠中都乣軍無功建炎以來朝野雜記（乙集卷十九）云貞祐二年冬燕京之乣軍叛與韃靼共圍燕京此種記事皆甚簡畧惟親征錄記此事最詳（見後）而以乣軍為契丹軍元史太祖紀九年甲戌六月金乣軍斫荅等殺其主帥率衆來降詔三模合石抹明安與斫荅等圍中都此記事全本之親征錄惟乣軍二字乃其所特加合上所引諸條觀之知元史加此二字至為確當又由高琪塔不也諸傳觀之則貞祐二年叛去之乣軍即至寧元年戰於懷來縉山間之乣軍不待論也

而此乣軍或以為契丹軍

親征錄甲戌夏四月金主南遷汴梁留其太子守中都以丞相完顏福興（即承暉）左相秦忠（即抹撚盡忠）為輔金主行距涿契丹軍在後至良鄉金主疑之欲奪其原給鎧仗還營契丹衆驚遂殺

主帥素溫而叛。共推斫荅比涉兒札剌兒爲帥。而還中都。福興聞變。軍阻蘆溝。勿令得渡。斫荅遣裨將塔塔兒帥輕騎千潛渡水。復背擊守橋衆。大破之。盡奪衣甲器械牧馬之近橋者。由是契丹軍勢漸振。中畧斫荅比涉兒遣使詣上行營納欵。中畧上以契丹衆將來歸。遂命散只兀兒三模合拔都領契丹先鋒將明安太保兄弟等爲嚮導。至則與斫荅等并力圍中都云云。案此記事與金史抹撚盡忠及术虎高琪二傳稍有差池。二傳并謂金主命盡忠善撫乣軍。而此錄則謂金主欲奪其原給鎧仗。是以驚叛。案金史宣宗紀。五月壬午。車駕發中都。丙戌。次定興。丁亥。次安肅州。癸巳。次中山。是五月之杪宣宗已至中山。距涿州已遠。而元史太祖紀記斫荅等之叛在六月。則金史抹撚盡忠激變之說較得事實。錄傳之金主。誤也。且親征錄記事中。亦有足證其所謂契丹軍即乣軍者。

錄云。契丹軍殺其主帥素溫。案素溫者。詳穩之對音。詳穩者。漢語相公之轉。遼時諸軍皆有詳穩。金則惟乣軍有之。據金史地理志及兵志。西北西南二路乣軍。其帥稱詳穩其東北路之乣軍則稱部族節度使。此乣軍為高琪所統。本自東北路來。似其帥當稱節度使。不當稱詳穩。然如烏古里部族節度使迪烈女古部節度使皆屬東北路。而與屯襄傳有烏古里乣詳穩。完顏鐵哥傳有底剌乣詳穩。移剌塔不也傳有迪烈乣詳穩。底剌迪烈皆迪烈女古部之畧。是東北路乣軍亦有詳穩也。就此一語。可證錄中契丹軍之即乣軍。又可證錄中契丹軍之叛。與金元二史所記乣軍之叛。實為一事也。或更以為中有塔塔兒人。

拉施特集史中之太祖紀。與親征錄同出阿兒壇脫卜赤顏。其記此事與親征錄小異。錄云。斫答遣裨將塔塔兒帥輕騎千潛渡水，復背擊守橋衆，而集史則云，叛衆聯合河之彼岸塔塔兒衆千人，前後夾攻，大破守橋兵。又原注云，塔塔兒人駐於此地，服屬金主。（洪侍郎譯）是塔塔兒一語，親征錄譯為人名，拉施特譯為種名，且加以注釋，蓋錄誤也。如拉氏所記，當時乣軍蓋分駐於永定河左右，其西畔之契丹人先叛，而東畔之塔塔兒人復起而應之，此軍來時泰州，其兼有此二種人，固自不足異也。蒙古遣三模合拔都明安太保與之會師，亦自有故。蓋三模合為散只兀人，本與塔塔兒人同居呼倫貝爾二湖之東，而石抹明安，元史云桓州人，蒙韃備錄則云乣家人，（原作紀，蓋紀為糺之誤，糺又乣之誤）蓋西北路諸乣中之契丹人，蒙古所以遣此二人者，亦當以其與契丹塔塔兒有連故也。

此尤與條件（三）巧合者。然則秘史之主因亦兒堅，非乣軍其孰能當之。此乣軍自叛金後，雖服屬蒙古，然頗有獨立之勢，故

見十六　十一

蒙古卒分其衆以與孛斡兒出木合黎二人

金史宣宗紀貞祐三年二月武清縣巡檢梁佐柳口鎮巡檢李咬住以誅紅賊張暉劉永昌等功進官有差皆賜姓完顏又完顏佐傳佐本姓梁氏初為武清縣巡檢完顏鮻住本姓李氏為柳口鎮巡檢久之以佐為都統鮻住副之屯直沽貞祐二年紅軍遣張暉等三人來招佐佐執之翌日劉永昌率衆二十人持文書來署其年曰天賜佐擲之麾衆執永昌及暉等并斬之又移剌福孫傳興定二年福生上書曰為今之計惟先招徠紅人選擇紅人中舊有宿望雄辯者諭以恩信彼若內附然後中都可復遼東可通云云蓋紅軍叛金以後其勢力被於中都東北故通遼東招直沽而三模合明安與之會師亦由古北口經景薊檀順諸州以往且紅軍雖納款於蒙古實有獨立之志通好遼王之使與遣蒙古使同發見親征錄

天賜紀年。蓋亦其所自署。此與耶律留哥蒲鮮萬奴張致等稱尊建號。爲一時風氣。蒙古開國時。待諸降將甚厚。乣軍又有下中都之功。而其將斫荅比涉兒札剌兒後不復顯。其氏亦被分者。蓋惡其反覆故也。乣軍三將中。後惟札剌兒之名間見於史籍。然恐別是一人。蒙韃備録。燕京等處有紙蟬兒元帥史元帥劉元帥等甚衆。余曩據元史耶律禿花傳統萬户札剌兒劉黑馬史天澤伐金。疑紙蟬兒乃札剌兒之訛。且意此札剌兒即親征録戊寅歲將契丹軍從木華黎南征之札剌兒。亦即癸酉歲與斫荅比涉兒共叛金之札剌兒也。後見沈乙庵先生(曾植)所校備録云。紙蟬兒元帥。舛訛不可讀。紙者。札之誤。蟬者。蠟之誤。札蠟兒元帥。即元史石抹也先傳也先之子查剌。耶律禿花傳之札剌兒也。禿花傳稱統萬户札剌兒劉黑馬史天澤伐金。王惲史忠武公家傳。朝議遣三大帥分統漢地兵。詔公及劉黑馬蕭札剌居右。為萬户。其居左者悉為千户。案明刊王惲秋澗集脫及劉黑馬以下二十字國朝名臣事畧所引有之此紙蟬兒元帥即蕭札剌史元帥即天澤劉元帥即黑馬所謂漢地三萬户也云云案輟耕錄云。石抹曰蕭。而石抹也先。元人亦謂之蕭也先。則沈先生據秋澗集作蕭札剌。謂札剌兒即石抹也先之子查剌。甚有理據。即親征錄戊寅歲之札剌兒。亦當為查剌。蓋是歲石抹也先從木華黎南征。死於蠡州。查剌即代領其衆。故錄不云也先而云查剌也。且親征錄記札剌兒從木華黎南征。與烏葉兒元帥禿花元帥俱。案石抹也先之兵。本與吾也而即烏葉兒同在北京。其取東京取北京平張致。皆與吾也而共事。亦足證親征錄戊寅歲之札剌兒。非癸酉歲之札剌兒。而當為蕭查剌也。由此言之。則糺軍三將。後皆無考。蓋必於中都陷後為蒙古所黜戮。至成吉思末年。乃分其衆以與孛斡兒出木合黎二人耳。

由右所舉事實推論之。則此項糺軍。大抵多契丹人。當金之中葉。遠戍呼倫貝爾兩湖之間。與塔塔兒人雜居。故中有塔塔兒人。後復徙泰州近塞。大安之季。刺史朮虎高琪率之以援中都。因與於懷來之役。後復叛金。與蒙古共圍中都。旋有異志。蒙人惡其反覆。遂分其衆以賜功臣。此軍與祕史主因亦兒堅之三大條件。無乎不合。頗疑主因一語。即糺軍之對音。然與從來相傳糺字之音讀不能盡合。故臚舉此事實。以質博雅君子。或於糺字音義之研究不爲無裨歟。乙卯春日寫定。

致藤田博士書一

敬啓者。前日寄上元朝祕史中之主因種考。想達左右。此文但就文獻上證明祕史之主因亦兒堅即金末之糺軍。而於糺字之音義不敢贊一辭。然窮此文之結論。則主因自當爲乣軍之對音。與近日諸家所說乣字之音不能脗合。國維對此亦稍有臆見。今悉陳之以就正於左右。讀尊著乣字考。以漢籍中乣字為女真文乩字之竄入。然乩之與乣雖皆從乚。而其左旁則絕不相似。頃從華夷譯語女真語中見一糺字。Grude氏音注本第十三葉其女真字為糺亢。其音為又安。其義為牀。以此糺字當遼金元三史中之乣字。似較乩字為近。此說若中。則乣之音當讀如又。此與祕史以主因對乣軍之說合。何則。蒙古語中丩母之字讀若英語之J。亦讀若Y。如祕史卷一文譯之主兒乞。直譯作禹兒乞。卷四又作主兒勤。又親征錄作月兒斤。元史太祖紀作要兒斤。世系表作岳里斤。卷三之者該晃脫合兒。卷六作也該晃脫合兒。卷八之者迭兒。卷六作牙的兒。親征錄作也迭兒。又如札剌亦兒亦作押剌伊而。元史太祖紀者塔黑親征錄亦作約塔黑。拉施特書卓忽難閻復駙馬高唐忠獻王碑亦作月忽難。祕史及親征錄而者勒篾（秘史）折里麥（太祖紀）折里麻（遼不台傳）亦與月呂篾思（後村集一百四十二又剡源集十八）月呂麻思（元史列傳十）之名同出一源是蒙古語中主與又同讀也契丹女真語雖無可考然如耶律亦為世里（遼史營衛志及世表）闍剌（金史斜盤温敦思忠傳闍剌漢語云行人也）亦為押剌（金史唐括安禮傳）則此事當與蒙古語無殊由是言之則乣之音讀如主亦讀如歐歐與杳聲轉最近邵氏續宏簡錄乣音杳之注殆有相當之根據羽田博士疑邵氏但據乣字之偏旁以擬其音國維寧信昔人取契丹或女真此字以入漢籍者正以此字合於漢字諧聲之法則故也然則地名中乣里舌（金史世宗紀大定十四年）之與杳沙（章宗紀明昌四年遼史游幸表金史地理志桓州下并作查沙亦緣查杳同紐未必係字之誤）人名中乣里之與裊偃（遼史列傳十六）乣舍（金史忠義傳一）之與遙設（遼史天祚紀金史海陵紀及白彥敬傳李通傳）乣哲（遼史天祚紀）乣者（金史紇石烈志寧傳徒單克寧傳窩斡傳）之與瑤質（遼史列傳十八）遙折（金史佞幸蕭裕傳）乣查剌乣吒剌（并元史兵志）乣札剌（元史石抹孛迭傳）之與么查剌（金史夾谷清臣傳）咬查剌（金史忠義傳一）當係同名異譯是乣之有杳音略可得而比定矣又箭內博士曾從

文獻上證明金史太祖紀之蕭紇里即遼史天祚紀之蕭敵里。又金史徒單思忠傳之紇椀即溫迪罕蒲睹傳移剌窩斡傳之迪斡。遼史天祚紀之紇而畢即聖宗紀之迪离畢。（維宗亦即營衛志之突呂不）其說甚確。是紇字於主沓二音外。又有敵迪之音。此又與黑韃事畧都由切之音相關。而契丹初起時之人名部名中。此三音已互相錯綜。如耶律氏之始祖。其名為泥禮（舊唐書契丹傳）或涅里（耶律儼遼實錄）或雅里。（金陳大任遼史）其姓為耶律。或世里。而其部名則為迭剌也。遥輦氏之始祖。其姓名為迪輦紇里。其部名則為遥輦也。六奚部中姚里部之最初部長。其名為哲里。而金元奚人亦多以瑤里姚里為姓。又遼之道宗字涅鄰。小字查剌。耶律仁先字紇鄰。小字查剌。蕭得里底字紇鄰。綜合此諸名觀之。其間似有一種之關係。

雅里（泥禮 涅里）　耶律（世里）　迭剌

糺里　遙輦　迪輦
哲理　姚里
查剌　涅鄰
查剌　糺鄰
糺鄰　得里底
糺里　敵里

此外，如部之涅剌，姓之述律，名之女里、漚里孫、歐里思、歐里斯，亦皆與此有關。頗疑此等諸名，本出一源，當時故小異其音讀，以區別其或為名，或為姓，或為部，又以之區別此部與彼部，此人與彼人，故音讀時有不同。黑韃事畧元祕史對糺字之音，殆皆得其近似者，然其最初之音，當讀歐或杳，緣舌齒之音，固不得先於喉音也。國維於言語學未嘗問津，不知此種肊說有當否，如尊意以為可備一說，請以此書付史學雜誌。附於主因考之後。以俟諸大家董正之。敬頌起居不宣。

致藤田博士書二

前寄一函。想達左右。國維近歲稍治遼金元三朝事。然對於此類書籍。無論國內國外。甚感不備。去歲讀羽田博士拙著韃靼考之批評。又承東京大學見贈滿鮮歷史地理研究報告第十一册。後有前十册報告總目。始知故箭內博士及松井學士並有韃靼考。乃購諸東京書肆。絕不可得。頃始由友人展轉借得數册。得讀箭內博士之文。考證精密。欽佩無已。其尤可喜者。多年未決之糺軍問題。因此機會。殆得解釋之。希望。緣箭內博士韃靼考中。徵引多桑及貝勒津書中六種韃靼之名。（此閒無多氏及貝氏書即有之因係法俄二國文字維亦未能通讀）博士並取之以與元朝祕史中之七種塔塔兒相比定。其中最後二種。尚有討論之餘地。至如Altch（多氏譯）TAnchi（貝氏）之為祕史之阿勒赤塔塔兒。Tehagan（多氏）

Belye T. (Chagan T.)（貝氏）之為察阿安塔塔兒，Toutoualloutes（多氏）T. Tutuku-lius（貝氏）之為都塔兀惕阿亦里兀惕塔塔兒之合語，及Couyin（多氏）T'Kiuin（貝氏）之為主因塔塔兒，此四項殆為自明之事實，更不容有他說，然則塔塔兒之一種，明初譯祕史時以主因二字表之者，其在拉施特哀丁書中乃為Couyin（多氏）或Kiuin（貝氏），雖多貝二譯此語首音有Cou Kiu之殊，然其同為牙音則一也，而據國維近日之研究，則祕史之主因種，其在史實上與金末之糺軍一一相當，故主因當是糺軍之對音，而波斯文獻中之與主因相當之部族，其字乃作Couyin若Kiuin，波斯用表音文字，視漢語之用主因竹因竹溫只溫等字表之者，（輟耕錄漢人八種中有竹因竹溫竹亦歹許有壬右丞相怯烈公神道碑元史錄潛傳并有只溫暨主因之異譯）或得其實，然則遼金元三史中之糺字，絕非誤字，其或作糺者，乃糺字之省，其音當讀居黝反，其或與主竹敵迪等字相通用者，乃其訛變之音，我輩前日之推校比定。未得其正鵠也。此拙著主因考之結論必當如此。此未知有當與否。伏希教正。敬問起居。

聖武親征錄校注序

聖武親征錄一書。乾隆間修四庫書時。以其序述無法。詞頗蹇澀。譯語互異。未著於錄。僅存其目於史部雜史類中。錢竹汀先生始表章其書。爲之跋尾。道光以後。學者頗治遼金元三史及西北地理。此書亦漸重於世。張石洲何願船二先生始爲之校勘。而何氏治之尤勤。其歿後。稿本流傳京師。光緒朝士。若順德李仲約侍郎萍鄉文道希學士嘉興沈子培先生遞有增益。歲在甲午。桐廬袁重黎太常刋之於蕪湖。是爲此書有刋本之始。顧張何二家所據本。雖云出竹汀先生家。然輾轉傳鈔。謬誤百出。石洲僅得翁覃谿學士家藏本一校之。無大懸絕也。余前在海上。於嘉興沈先生座上。見其所校說郛本親征錄。爲明弘治舊鈔與何本異同甚多先生晚歲不甚談元史事然於說郛本猶鄭重手校未幾先生歸道山其校本遂不可見比來京師膠州柯鳳孫學士為余言元太祖初起時之十三翼今本親征錄不具說郛本獨多一翼乃益夢想說郛本旋知其本藏江安傅君沅叔所乙丑季冬乃從沅叔借校沅叔并言尚有萬歷抄說郛本在武進陶氏丙寅正月赴天津復從陶氏假之其佳處與傅本畧同又江南圖書館有汪魚亭家鈔本亦移書影鈔得之合三本互校知汪本與何氏祖本同出一源而字句較勝奪誤亦較少說郛本尤勝實為今日最古最備之本因思具錄其異同為校記以餉學者顧是書有今本之誤有明鈔本之誤有原本之誤三者非一一理董猶未易遽讀也幸而此書之祖禰之祕史與其兄弟之拉施特書其子姓之元史及當時文獻尚可參驗因復取以比勘存其異同并畧疏其事實為校注一卷昔

吳縣洪文卿侍郎譯拉施特書。并為祕史及此錄作注。而遺稿不傳。其說畧見元史譯文證補中。武進屠敬山撰蒙兀兒史記。於是錄探索尤勤。近復有仁和丁益甫考證地理。亦非無一二可采。兹復剟取其說。其有瑕纇。間加辨正。雖不敢視為定本。然視何氏校本。則差可讀矣。當有元成宗之世。西域人拉施特撰蒙古全史。其太祖紀一種。除所載宗室世系及西域戰事詳於此錄外。餘大都與此錄符同。故學者多謂此錄出於蒙古脫卜赤顏。往讀元史察罕傳。言仁宗命譯脫必赤顏。名曰聖武開天記及紀年纂要太宗平金始末等書。俱付史館云云。案明修元史。其太祖太宗二紀。大半取材此錄。而明文淵閣書目。乃有聖武開天記而無聖武親征錄。頗疑親征錄即開天記。顧開天記譯於仁宗時。而此錄之成。確在世祖之世。今本癸亥年王孤部下有原注云。今愛不花駙馬丞相白達達是也。考閻復高唐忠獻王碑及元史阿剌兀思剔吉忽里傳愛不花當中統之初已總軍事又其子闊里吉思成宗即位封高唐王則愛不花之卒必在世祖時而此錄成時愛不花尚存則非察罕所譯之開天記明矣又此錄雖冠以聖武之名實兼備英文之事且太祖事止記歲名而太宗事則詳及月日蓋所取材本自不同疑太祖朝事出脫卜赤顏與開天記同源太宗朝事則別取平金始末等書以益之且作者於蒙古文字未能深造證以祕史蹖駁不一而足故仁宗朝復令察罕重譯今拉施特書幸存而察罕書不傳殊令人有遺憾已丙寅二月清明日

長春真人西遊記校注序

長春真人西遊記二卷題門人真常子李志常述案志常字浩然道號通玄大師長春將歿命門人宋道安提舉教門事尹志平副之未幾道安以教門事付志平太宗十年戊戌志平年七

十。又舉志常自代。憲宗即位。以志常領道教事。戊午歲卒。凡主全真教事者二十有一年。至元間釋祥邁撰辯偽錄。載志常掌教時。侵占各路寺院四百八十二處。又令令狐璋史志經等集老子化胡成佛經及八十一化圖。謗訕佛教。少林裕長老以聞。憲宗召少林及志常廷辯於和林萬安閣下。志常論詘。遂令毀化胡等經。及將所占寺院三十七處。還付釋家。志常因此忿恚而卒。考此錄。本為僧徒攻全真教而作。於長春師弟頗極醜詆。所記全真家占居僧寺一節。誠為事實。然自金貞祐以來。河朔為墟。巨刹精藍。鞠為茂草。緇衣杖錫。百不一存。亂定之後。革律為禪者不可勝數。全真之徒亦遂因而葺之。以居其人。坐以寇攘。未免過當。雖長春晚節以後。頗憑藉世權以張其教。尹李承之。頗乖重陽創教之旨。然視當世僧徒如楊璉真伽輩則有間矣。然則祥邁所記。亦仇敵誣謗之言。安可盡信哉。此記作於長春沒後前有孫錫序署戊子秋後二日正當睿宗拖雷監國之歲而卷末有庚寅七月大葬仙師事蓋書成後所加入考全真之為道本兼儒釋自重陽以下丹陽長春并善詩頌志常尤文采斐然其為是記文約事盡求之外典惟釋家慈恩傳可與抗衡三洞之中未嘗有是作也乾隆之季嘉定錢竹汀先生讀道藏於蘇州元妙觀始表章此書為之跋尾阮文達遂寫以進祕府道光間徐星伯程春廬沈子敦諸先生迭有考訂靈石楊氏因刊入連筠簃叢書由是此書非復丙庫之附庸而為乙部之要籍矣光緒中葉吳縣洪文卿侍郎創為之注嘉興沈乙庵先生亦有箋記而均未刊布國維於乙丑夏日始治此書時以所見疏於書眉於其中地理人物亦復偶有創獲積一年許共得若干條遂盡一月之力補綴以成此注蓋病洪沈二家書之不傳聊以自便檢尋云爾因畧論作者事蹟并於其首云丙寅孟

夏。

蒙韃備錄跋

此書題宋孟珙撰。書中亦自稱名為珙。案宋史孟珙傳。珙未嘗使蒙古。疑別一人也。書中稱去歲庚辰年。今辛巳年。是此書作於辛巳。乃宋寧宗嘉定十四年。蒙古太祖之十六年也。是歲宋遣苟夢玉使蒙古。元史太祖紀。十六年宋遣苟夢玉來請和。耶律鑄雙溪醉隱集二凱歌凱樂詞注云。昔我太祖皇帝出師問罪西域。辛巳歲夏駐蹕鐵門關。宋主寧宗遣國信使苟夢玉通好乞和。太祖皇帝許之。敕宣差噶哈送還其國。（劉時舉續宋中興編年資治通鑑（十五）嘉定十四年辛巳。韃靼國使噶合赤孫來議事。噶合赤孫即雙溪醉隱集凱歌凱樂詞注之宣差噶哈。成吉思使送苟夢玉者。）又引蜀邊事畧。紹定元年戊子。制置使鄭損與所代官四川制置使桂如淵會於順慶。以時相所喻和議密指告之。且畀以朝廷所授苟夢玉使北錄二冊。是夢玉於是歲北使。亦有紀錄。顧夢玉遠至西域。而此書所記行程訖於燕京。未及漠北。又夢玉親見太祖。而撰此錄者。僅見木華黎國王。故知非夢玉書。案齊東野語卷十九嘉定寶璽條云。賈涉為淮東制閫。嘗遣都統司計議官趙珙往河北蒙古軍前議事。久之。珙歸。得其大將撲鹿花所獻皇帝恭膺天命之寶玉璽一座。并元符三年寶樣一冊。及鎮江府諸軍副都統翟朝宗所獻寶檢一座。并繳進於朝。詔下禮部太常寺討論受寶典禮。此嘉定十四年七月也。宋史賈涉傳亦言。初。翟朝宗得玉璽獻諸朝。至是趙珙還。又得玉印。文與璽同。而加大。是嘉定辛巳使蒙古軍前者有趙珙。與此書撰述歲月及稱名相同。則撰此書者當即其人。後人不知其姓。誤以為孟珙耳。據野語。珙為淮東制置使賈涉所遣。非奉朝命。與後來江淮制置使史嵩之遣鄒伸之報謝蒙古使同。而是年苟夢玉奉使。則以朝命行之。故夢玉至西域見成吉思汗。珙僅至燕見木華黎也。又宋史李全傳嘉定十三年。趙拱以朝命諭京東。過青崖崓。嚴實求內附。拱與定約。奉實款至山陽。舉魏博恩德懷衞開相九州來歸。實涉再遣拱往。配兵二千。李全亦請往。中略全所擒鎮江軍五百人多怨憤。全乃分隸拱。使先歸云云。此事在撰此書前一年。趙拱當亦趙珙之譌。其使蒙古軍前。當在再使京東之後矣。

黑韃事畧跋

此書後有嘉熙丁酉永嘉徐霆長孺跋云。霆初歸自草地。嘗編敘其風土習俗。及至鄂渚。與前綱書狀官彭大雅解后。各出所撰以相參考。亦無大遼絕。遂用所著者為定本。間有不同。則霆復疏於下方云云。今書中頂格書者。大雅原書。其低一字者。長孺所疏也。長孺隨使蒙古。在宋理宗端平初年。當蒙古窩闊台汗之七八年。本書云。霆至草地時。立金帳。想是以本朝皇帝親遣使臣來。故立之以示壯觀。前綱鄒奉使至不曾立。後綱程大使史後綱周奉使至。皆不立。考宋史理宗紀紹定五年壬辰十二月。大元再遣使議攻金。史嵩之以鄒伸之報謝。端平元年甲午十二月己卯。大元遣王檝來。辛卯。遣鄒伸之李復禮喬士安劉溥報謝。二年乙未正月。以御前甯淮軍統制借和州防禦使程芾為大元通好使。從義郎王全副之。嘉熙二年戊戌三月己丑。命將作監周次說為大元通好使。本書所謂鄒奉使即鄒伸之。程大使即程芾。周奉使即周次說。是長孺隨使。當在鄒伸之之後。程芾之前。而鄒程奉命使北。相距才一月。中間未必更遣他使。本書所謂前綱鄒奉使至時不立金帳者。疑謂伸之之壬辰初使時事。而長孺則與於伸之再使之役。蓋伸之初使。實銜史嵩之之命。而再使時則奉朝命。故曰霆至草地時立金帳。想是以本朝皇帝親遣使臣來。可互證也。顧伸之之再使。雖奉命於甲午十二月。然其至草地已在丙申之夏。本書云霆在燕京見差胡丞相來黷貨吏可畏下至教學行及乞兒行亦出銀作差發云云考皇元聖武親征錄甲午（太宗七年）遣忽都忽主治漢民乙未夏忽都忽籍到漢民一百一十一萬有奇元史耶律楚材傳亦紀此事則云丙申七月忽都虎以民籍至云云視親征錄差後一年案忽都忽忽都虎元史太宗紀亦作胡土虎本書胡丞相即謂此人其至燕京定差發當在乙未丙申間而長孺適以是時留燕則亦當在乙丙間矣後至草地住月餘其回程宿野狐嶺在七月十五日則其至草地時正當盛夏又跋中稱彭大雅為前綱書狀官則大雅當在鄒伸之壬辰一行中大雅後為四川制置副使以貪黷獲咎宋季三朝政要二嘉熙四年彭大雅使北是大雅於此書成後又膺專對之命又宋史多記大雅獲罪事而政要則頗稱大雅守蜀之功云彭大雅守重慶時蜀已殘破大雅披荊棘冒矢石竟築重慶城以禦利閬蔽夔峽為蜀之根柢自此支

吾二十年。大雅之功也。然取辦迫促。人多怨之。其築重慶也。委幕僚為記。不愜意。乃自作之。曰某年月日。守臣彭大雅築此為國西門。謁武侯廟。自為祝文云云。其文老成簡健。聞者莫不服之。後不幸遭敗而卒。蜀人懷其恩。為之立廟。故其為此書。敘述簡該。足徵覘國之識。長孺所補。亦頗得事實。蒙古開創時史料最少。此書所貢獻。當不在祕史親征錄之下也。乙丑十二月。

蒙古札記

塔納

塔納。祕史旁注及譯文均云大珠。即今東珠也。東珠之名起於近世。然中國漢魏時已知之。魚豢魏略云。扶餘出大珠。如酸棗。（太平御覽卷八百二引）魏志及後漢書東夷傳。并襲其文。遼史食貨志。鐵離靺鞨于厥等部。以蛤珠青鼠貂虎膠魚之皮牛羊駝馬毳罽等物來易於遼者。道路繈屬。且由契丹入宋。宋人甚重之。謂之北珠然惟宮禁用之。民間買賣有禁。續資治通鑑長編卷三百九元豐三年。李承之權三司使。有商人違禁貨北珠。乃爲貴主所售。獄久不決。承之曰。朝廷法令畏王姬乎。遂命取之。至徽宗朝。北珠尤多入中國。三朝北盟會編卷三中國崇寧之間。漫用奢侈。宮禁競尚北珠。北珠者。自北中來榷場相貿易。天祚知之。始欲禁絶。其下謂中國傾府庫以市無用之物。此爲我利。而中國可以困。因恣聽之。而天祚亦驕汏。遂從而慕尚焉。北珠美者大如彈子。而小者若桐子。皆出遼東海汊中。每八月望。月色如晝。則必大熟。而北方沍寒。九十月則堅冰厚已盈尺。鑿冰没水而取之。人已病焉。又有天鵞能食蚌。則珠藏其嗉。又有俊鶻號海東青。能擊天鵞。人以俊鶻而得天鵞。則於其嗉得珠焉。云云。案近世東省採珠。率以四月往。八月還。此鑿冰採珠及得之天鵞嗉中之說。恐皆出傳聞之誤。惟北珠自此多輸入中國。則事實也。及宋自海上與金人交通，金亦以北珠相遺。續通鑑長編四百四十二重和元年閏九月，阿骨打發渤海人李善慶、熟女真散都、生女真勃達三人，齎國書并北珠、生金、貂革、人參、松子，同馬政等來。故北宋之季，藏珠最富。然宣和錄北盟會編九十七引記靖康之變，虜人入內徑取諸庫珍珠四百二十三斤，玉六百二十三斤，珊瑚六百斤，瑪瑙一千二百斤，北珠四十斤，西海夜明珠一百三十箇，亦未免誇大其辭。觀大金弔伐錄一天會四年正月宋主致謝書，別幅有珍珠鏤圈夾袋子一副，注上有北珠二十三顆、麻調珠。又宋主遣李棁持寶物折充金銀書，有珍珠束帶一條，注上有北珠二十五顆。北珠獨記顆數，則其珍貴可知，似庫中不應有四十斤之多也。南渡以後，宮禁勢家猶有此物，蓋又新自榷場輸入者。癸辛雜志記韓彥古以白玉為小合，滿貯北珠遺范西叔。又記韓平原誅後，斤賣其家所有之物，至於敗衣破絮，亦各分為小包包為價若干。時先妣漫以數券得一包。則皆婦人斂鞶也。方恚恨欲棄之。疑其頗重。則內藏大北珠二十粒。是南宋富貴家亦有此物。不獨宮禁也。金時盡有產珠之地。故官自採捕。金史海陵紀天德四年十一月辛丑。買珠於烏古迪烈部及蒲與路。禁民間私相貿易。仍調兩路民夫採珠一年。又世宗紀大定九年七月。罷東北路採珠。故金之末年藏珠為最多。世戚徒單四喜傳。正大九年制旨取宮中寶物。馬蹄金四百枚。大珠如栗黃者七千枚。此珠之入中國者也。其輸入塞外諸部及西方諸國者如祕史所載。塔塔兒有塔納兎歟只列（大珠衾）畏吾兒亦都護以塔納思入貢太宗時。西方之報達國亦令歲貢塔納思。蓋金時回回商人轉販至彼。然報達之塔納思恐係西海所產珠之大者。蒙古人漫以東方塔納之名名之耳。蒙古初年。此珠之用尤廣。輟耕錄（卷三十）云。只孫宴服。貫大珠以飾其肩背膺間。首服亦如之。

故元史列傳中亦謂只孫服為珠衣。至元之叔季。此物似已漸少。楊瑀山居新話載伯顏太師利潤潤多平章家所藏答納環子。又記至元間伯顏太師擅權。典瑞院都事□□建言。宜造龍鳳牌以寵異之。三珠以大答納嵌之。飾以紅剌鴉忽雜寶。牌身脫鈒元德上輔功臣號字。嵌以白玉。此牌計直數萬定。事敗毀之。即以珠物給原主。蓋厥價尚未酬也。夫以一牌之直至數萬定。除去紅剌鴉忽。其三珠之價。至少當得一二萬定。則其時此珠已不甚多。蓋終元之世。未嘗開採也。

燒飯

祕史記成吉思汗王罕與乃蠻將可克薛兀撒剌黑對陣於巴亦答剌黑別勒赤。建夜王罕移營去。天明成吉思看王罕立處無人。曰。他將我做燒飯（蒙文土兀食史）般撇了。燒飯之語。頗為費解。親征錄譯此語曰。彼輩無乃異志乎。拉施特哀丁則曰。我今在火坑中而王罕棄我。皆失其解。屠敬山乃以蒙古俗旅行輒掘新竈不用舊竈解之。亦非也。燒飯本契丹女真舊俗。亦遼金時通語。續資治通鑑長編（卷一百十）契丹主既死。則設大穹廬。鑄金為象。朔望節忌辰日輒置祭。築臺高踰丈。以盆焚食。謂之燒飯。（原注正史載此事於契丹傳實錄同）三朝北盟會編（卷三）女真死者埋之而無棺槨。貴者生焚所寵奴婢所乘鞍馬以殉之。所有祭祀飲食等物盡焚之。謂之燒飯。此俗亦不自遼金始。王沈魏書。言烏桓葬則歌舞相送。肥養一犬。以綵繩嬰。并取死者所乘馬衣服。皆燒而送之。（魏志烏桓傳注引）然燒飯之名則自遼金始。而金人尤視為送死一大事。金史鎬王永中傳。明昌二年正月。孝懿皇后崩。二月丙戌。禫祭。永中始至。辛卯。始克行燒飯禮。而妃嬪親王燒飯。天子往往親與。具禮后妃傳。世宗元妃李氏。大定二十一年二月戊子。薨。甲申。葬於海王莊。丙申。上如海王莊燒飯。又夔王允升傳。貞祐元年薨。既殯。燒飯。上親臨奠具大臣貴戚死則遣使為之燒飯張萬公傳泰和七年薨命依宰臣故事燒飯賻葬又世戚烏古論元忠傳承安二年訃聞上遣宣徽使白琬燒飯賻物甚厚契丹女真并有此俗蒙古亦當有之故成吉思見弃於王罕乃云將我做燒飯般撇了猶言視我如芻狗也秘史二卷有合札魯亦捏魯一語旁注云地裏燒飯祭祀足證蒙古亦有此俗且具漢譯燒飯一語直至明初猶行於世也滿洲初入關時猶有此俗吳梅村讀史偶述詩云大將祁連起北邙黃腸不慮發邱郎平生賜物都燔盡千里名駒衣火光後乃以紙製車馬代之今日送三之俗即遼金燒飯之遺也

掃花

秘史蒙文二卷有掃花一語旁譯與文譯并云人事案掃花元人亦云撒花亦云撒和人事猶云人情也汪水雲詩官軍要討撒

花銀。所謂人事銀也。山居新話云。都城豪民。每遇假日。必以酒食招致省憲僚吏翹傑出羣者款之。名曰撒和。凡人有遠行者。至巳午時以草料飼驢馬。謂之撒和。欲其致遠不乏也。撒和亦與人事義近。此自與者方面言之也。至自取者受者言之。亦可云撒花。元典章載中統紀元頒新政詔云。凡事撒花等物。無非取給於民。黑韃事畧云。其見物則欲。謂之撒花。又云。撒花漢語覓也。明譯人事。兼包與受二者言之。尤為切當。日本那珂博士譯元秘史改為給事。則誤矣。

安荅

秘史記成吉思汗札木合幼年初做安荅時。互易髀石髏頭。及攻克蔑兒乞。又互易帶馬。重新作安荅。是安荅云者。必以易物為訂交條件。故親征錄注云。安荅交友之物。其詁致確也。此亦契丹舊俗。遼史聖宗紀上與斜軫於太后前易弓矢鞍馬。約以為友。（統和元年）又與麻都骨世勳易衣馬為好。（開泰四年）與夷离畢兵部尚書蕭世寧定為友契。以重君臣之好。（同上）道宗紀阻卜酋長余古赧及愛的來朝。詔燕王延禧相結為友。（大安二年）與蒙古結安答之俗完全相似。則蒙古語中安答一語。或即自契丹語出也。

兀孫額不干

明譯祕史。於種名人名之句讀。頗有差誤。那珂博士日文譯本是正殊多。然亦有未及改正者。如卷三豁兒赤兀孫額不干潤潤擲思。明譯誤作豁兒赤兀孫（句）額不干（句）潤潤擲思（句）那珂譯本以豁兒赤兀孫額不干為句。潤潤擲思為句。實則豁兒赤為一人。兀孫額不干為一人。與潤潤擲思共為三人。觀卷八九十五千戶中。有豁兒赤。有許孫。即兀孫。又太祖敕語中。以豁兒赤為林木中萬戶。以兀孫額不干為別乞。名位各異。斷不能視為一人。那珂氏誤從明譯句讀。以豁兒赤兀孫為一人。乃不得不以九十五千户中之許孫當元史之哈散納。屠敬山柯學士皆從之。於是豁兒赤事迹亦抵捂不可解矣。

趙官

秘史續集一謂宋主爲趙官。其名稱殊不可解。余案趙官者。趙擴之音譌。乃直斥寧宗御名也。金人輒直呼宋帝之名。如呼欽宗爲趙桓。高宗爲趙構。并見紀載。其呼寧宗亦然。金史僕散揆傳云。朕以趙擴背盟侵我疆埸。又云。趙擴聞之。料已破膽。又云。如使趙擴奉表稱臣。（中略）亦可罷兵。内族宗浩傳。云宋遣方信孺齎其主趙擴誓書來。是金人每謂寧宗爲趙擴。蒙古人亦以金人所呼者呼之耳。

常仁卿

劉郁西使記。記憲宗己未常德仁卿從皇弟旭烈西征事。常德之名。罕見紀載。惟王惲秋澗先生大全集。（卷十二）有題常仁甫運使西覲紀行五言律二首云。九萬鵬摶翼。孤忠駕使軺。功名元有數。風雪不知遥。抵北踰鰲極。維南望斗杓。胡生搖健筆。且莫詫東遼。（自注：五代史有胡嶠陷虜記）三策條民便。逾年致節旄。夢驚羊胛日。險歷幻人刀。碧盌堅昆異。黃金甲第高。白頭書卷裏。留滯敢辭勞。西覲記即謂西使記也。

觀堂集林卷第十七

史林九

海甯　王　國維

流沙墜簡序

光緒戊申英人斯坦因博士訪古於我新疆甘肅得漢晉木簡千餘以歸法國沙畹博士為之考釋越五年癸丑歲暮乃印行於倫敦未出版沙氏即以手校之本寄上虞羅叔言參事參事復與余重行考訂握槧踰月粗具條理乃畧考簡牘出土之地弁諸篇首以諗讀是書者案古簡所出厥地凡三一為敦煌迤北之長城二為羅布淖爾北之古城其三則和闐東北之尼雅城及馬咱託拉拔拉滑史德三地也敦煌所出皆兩漢之物出羅布淖爾北者其物大抵上自魏末訖於前涼其出和闐旁三地者都不過二十餘簡又皆無年代可考然其最古者猶當為

後漢遺物。其近者亦當在隋唐之際也。今畧考諸地古代之情狀，而闕其不可知者。世之君子，以覽觀焉。漢代簡牘出於敦煌之北。其地當北緯四十度。自東經（據英國固林威志經度）九十三度十分至九十五度二十分之間。出土之地，東西緜亘一度有餘。斯氏以此為漢之長城。其說是也。案秦之長城，西迄臨洮。及漢武帝時，匈奴渾邪王降漢。以其地為武威、酒泉郡（元狩三年）。後又分置張掖、敦煌郡（元鼎六年）。始築令居以西，列四郡，據兩關焉。此漢代築城事之見於史者。不言其訖於何地也。其見於後人紀載者，則法顯佛國記云：敦煌有塞，東西可八十里，南北四十里。晉書涼武昭王傳云：玄盛乃修敦煌舊塞東西二圍（東西疑東北之訛），以防北虜之患；築敦煌舊塞西南二圍，以威南虜。案唐沙州圖經，則沙州有古塞城、古長城二址。塞城周迴州境，東在城東四十五里，西在城西十五里，南在州城南七里，北在州城北五里。古長城則在州北六十六里。東至階亭烽一百八十里。入瓜州常樂縣界。西至曲澤烽二百一十二里。正西入磧。接石城界云云。李暠所修。有東西南北四圍。當即圖經之古塞城。法顯所見。僅有縱橫二圍。其東西行者。或即圖經之古長城。而里數頗短。蓋城在晉末當已頹廢。而圖經所紀東西三百里者。則窮其廢址者也。此城遺址。圖經謂在州北六十三里。今木簡出土之地。正直其所。實唐沙州圖經所謂古長城也。前漢時敦煌郡所置三都尉。皆治其所。都尉之下。又各置候官。由西而東。則首玉門都尉。下之大煎都候官。玉門候官。（皆在漢龍勒縣境）次則中部都尉所屬平望候官步廣候官。（漢敦煌縣境）又東則宜禾都尉所屬各候官。（漢效穀廣至二縣境。以上說均見本書屯戍叢殘考釋中及附錄烽燧圖表）又東入酒泉郡。則有酒泉西部都尉所治之西部障。北部都尉所治之偃泉障。又東北入張掖郡。則有張掖都尉所治之遮虜障。疑皆沿長城置之。今日酒泉張掖以北。長城遺址之有無。雖不可知。然以當日之建置言之。固宜如是也今斯氏所探得者。敦煌迤北之長城。當漢志敦煌龍勒二縣之北境尚未東及廣至界。漢時簡牘即出於此。此實漢時屯戍之所。又由中原通西域之孔道也。長城之說既定。玉門關之方位亦可由此決。玉門一關。漢志繫於敦煌郡龍勒縣下。嗣是續漢書郡國志及括地志元和郡縣志兩唐書地理志太平寰宇記輿地廣記。以至近代官私著述亦皆謂漢之玉門關在今敦煌西北。惟史記大宛列傳云。太初二年。貳師將軍李廣利伐大宛。還至敦煌。請罷兵益發而復往。天子聞之大怒。而使使遮玉門。曰軍有敢入者輒斬之。貳師恐。因留敦煌。沙畹博士據此以為太初二年前之玉門關。尚在敦煌之東。其徙敦煌西北則為後日之事。其說是也。案漢志酒泉郡有玉門縣。顏師古注引闞駰十三州志謂漢罷玉門關屯。徙其人於此余疑玉門一縣。正當酒泉出敦煌之孔道。太初以前之玉門關當置於此關駰徙屯之說未必確也嗣後關城雖徙而縣名尚仍其故雖中更廢置訖於今日尚名玉門故古人有誤以玉門縣為玉門關者後晉高居誨使于闐記云至肅州後渡金河西百里出天門關又西百里出玉門關高氏所謂玉門關實即自漢訖今之玉門縣也唐之玉門軍亦置於此而玉門關則移於瓜州境元和郡縣志云玉門關在瓜州晉昌縣西二里而以在壽昌縣西北者為玉門故關則唐之玉門關後徙而東矣漢時西徙之關則括地志始記其距龍勒之方向道里曰玉門關在縣漢之龍勒在唐為壽昌縣西北一百十八里史記大宛傳正義引舊唐書地理志元和志寰宇記輿地廣記均襲其文近秀水陶氏辛卯侍行記記漢玉門陽關道路謂自敦煌西北行六十里之大方盤城為漢玉門關故地又謂其西七十里有地名西湖有邊墻遺址及烽墩數十所斯氏亦於此發見關城二所一在東經九十四度以西之小鹽湖一在東經九十三度三十分相距二十餘分與大方盤城及西湖相去七十里之說相近然則當九十四度稍

西者。殆即陶記之大方盤城。當九十三度三十分者。殆即陶氏所謂西湖耶。沙畹博士疑九十四度稍西之廢址。爲太初以前之玉門關。而在其西者。乃其後徙處。余謂太初以前玉門關。當在酒泉郡玉門縣。如在東經九十四度北緯四十度間。則仍在敦煌西北。與史記大宛傳文不合。而太初以後之玉門關。以括地志所記方位道里言之。則在唐壽昌縣西北百一十八里。今自敦煌西南行一百四十里。有巴彥布喇汎。陶氏以爲唐壽昌縣故址。自此西北百一十八里。訖於故塞。則適在東經九十四度北緯四十度之交。則當九十四度稍西之廢址。實爲太初以後之玉門關。而當九十三度三十分者。當爲玉門以西之他障塞。蓋漢武伐大宛後。西至鹽澤。往往起亭。又據沙州圖經。則古長城遺址且西入磧中。則玉門以西。亦當爲漢時屯戍之所。未足據以爲關城之證也。故博士二說之中。余取其一。但其地爲漢志龍勒縣之玉門關。而非史記大宛傳之玉門。則可信也。其西徙之年。史書不紀。今據斯氏所得木簡。則有武帝大始三年玉門都尉護衆文書。（屯戍叢殘第一葉）其時關城當已西徙於此。上距太初二年不過十載。是其西徙必在李廣利克大宛之後。（太初四年）西起亭至鹽澤之時也。又漢及新莽時玉門都尉所有版籍皆出於此。可為漢志玉門關之鐵證。不獨與古書所紀一一脗合而已。至魏晉木簡殘紙。則出於羅布淖爾涸澤北之古城稍西。於東經九十度當北緯四十度三十一分之地。光緒庚子。俄人希亭始至此地。頗獲古書。後德人喀爾亨利及孔拉第二氏。據其所得遺書。定此城為古樓蘭之虛。沙畹博士考證斯坦因博士所得遺物。亦從其說。余由斯氏所得簡牘及日本橘瑞超氏於此所得之西域長史李柏二書。知此地決非古樓蘭。其地當前涼之世實名海頭。而漢書西域傳及魏畧西戎傳之居盧倉水經河水注之龍城，皆是地也。何以知其非古樓蘭也？曰：斯氏所得簡牘中，其中言樓蘭者凡三：一曰帳下督薛明言：謹案文書前至樓蘭□還守堤兵，（本書屯戍叢殘第三葉）此為本地部將奉使至樓蘭後所上之文書，蓋不待言。其二曰：八月廿八日，樓蘭白疏惲惶恐白（本書簡牘遺文第四葉）。其三曰：樓蘭□白（同上）。而細觀他書疏之例，則或云十月四日，具書焉耆元頓首（同上），或云，敦煌具書畔毗再拜（同上第五葉），皆於姓名前著具書之地，以此推之，則所云樓蘭白疏惲惶恐白者，必為自樓蘭所致之疏，具書既自樓蘭來，則所抵之地不得為樓蘭矣。此遺物中之一確證也。更求之地理上之證據，亦正不乏。水經河水注云：河水東逕墨山國南，又東逕注賓城南，又東逕樓蘭城而東注。河水又東逕於泑澤，即經所謂蒲昌海也云云。案河水者，今之寬車河或塔里木河，泑澤與蒲昌海者，今之羅布淖爾也。則樓蘭一城，當在塔里木河入羅布淖爾處之西北。

亦即在淖爾西北隅此城則在淖爾東北隅此其不合者一也古樓蘭國自昭帝元鳳四年徙居羅布淖爾西南之鄯善後國號雖改而城名尚存後漢書班勇傳議遣西域長史將五百人屯樓蘭西當焉耆龜茲徑路南強鄯善于闐心膽北扞匈奴東近敦煌楊終傳亦言遠屯伊吾樓蘭車師戊己魏畧言過龍堆到故樓蘭皆謂羅布淖爾西北之樓蘭城故東方人之呼淖爾也曰泑澤曰鹽澤曰蒲昌海而自西方來者則呼曰牢蘭海水經河水注引釋氏西域記南河自于闐於東北三千里至鄯善入牢蘭海是也古牢樓同音士喪禮牢中鄭注牢讀為樓蓋自西方來必先經樓蘭城而後至羅布淖爾故名此淖爾曰牢蘭海（史記正義引括地志作牢蘭海字之誤也）此又樓蘭在淖爾西北之一證此其不合二也故曰布斯二氏所發見淖爾東北之古城決非古樓蘭也然則其名可得而言之歟曰由橘氏所得李栢二書觀之此地當前涼

之世實名海頭。李書二紙。其中所言之事同。所署之月日同。所遣之使者同。實一書之二草稿。可決其為此城中所書。而非來自他處者也。其一書曰。今奉臺使來西。月二日到此。此字旁注海頭二字。其二曰。詔家見遣使來慰勞諸國。月二日來到海頭。或云此或云海頭。則此地在前涼時固名海頭。海頭之名。諸史未見。當以居蒲昌海東頭得名。未必古有此稱也。求古籍中與此城相當之地。惟水經之龍城足當之。水經河水注。蒲昌海水積鄯善之西北。龍城之東南。龍城故姜賴之墟。胡之大國也。蒲昌海溢。盪覆其國。城基尚存而至大。晨發西門。莫達東門。云云。其言頗夸大難信。然其所記龍城方位。正與此城相合。又據其所云姜賴之墟。（酈注此事本涼州異物志太平御覽八百六十五引異物志云姜賴之虛今稱龍城恒谿無道以感天廷上帝赫怒溢海蕩傾剛鹵千里蒺藜之形其下有鹽累棋而生原注姜賴胡國名也酈注檃括其事）可以知此城漢時之名焉。案各史西域傳。絕不聞有姜賴國。惟漢魏時。由玉門出蒲昌海孔道以達樓蘭龜茲。中間有居盧倉一地。姜居賴盧。皆一聲之轉。準以地望。亦無不合。何以言之。漢書西域傳。烏孫烏就屠襲殺狂王。自立為昆彌。漢遣破羌將軍辛武賢將兵萬五千人至敦煌。遣使者案行表穿卑鞮侯井以西。欲通渠轉穀積居盧倉以討之。孟康曰。卑鞮侯井。大井六通渠也。下流湧出。在白龍堆東土山下。大井之下流。在白龍堆東。而居盧倉則在井西。其地望正與此城合。魏略西戎傳魏志烏丸傳注引云。從玉門關西出。發都護井。此都護井當即漢志之卑鞮侯井迴三隴沙北頭。經居盧倉。從沙西井轉西北。過龍堆。到故樓蘭。轉西詣龜茲。為西域中道。案今敦煌塞外大沙磧。古人或總稱之曰白龍堆。漢書地理志敦煌郡下云。正西關外有白龍堆沙。西域傳云。樓蘭當白龍堆。孟康言卑鞮侯井在白龍堆東土山下。是敦煌以西。樓蘭以東之沙磧。皆謂之白龍堆也或總名之曰三隴沙。廣志。流沙在玉門關外。東西二千里。南北數百里。有斷石曰三隴。則似以三隴沙為沙磧總名也而魏略之文殊為分曉。其在東南者謂之曰三隴沙。而在西北者則專有白龍堆之名。今此城適在大沙磧之中間。又當玉門樓蘭間之孔道。與魏略之居盧倉地望正合。

則其為漢之居廬倉無疑。又觀魏畧水經注所紀蒲昌海北岸之地。僅有二城。其在西者。二書均謂之樓蘭。則其在東者。舍居廬姜賴將奚屬矣。然則此城之稱。曰居廬。曰姜賴。乃漢時之舊名。曰海頭。則魏晉以後之新名。而龍城則又西域人所呼之異名也。（水經注所紀出涼州異物志疑亦用釋氏西域記觀其稱西門莫達東門二語可知為西方人所記即令為異物志語恐亦本之西域賈胡也）此地自魏晉以後為西域長史治所。亦有數證。橘氏所得李柏二書。既明示此事。斯氏於此所得簡牘中。有書函之檢署曰因王督致西域長史張君坐前。元言疏。（簡牘遺文第一葉）又有出納簿書上署□西域長史文書事□中關□（屯戍叢殘第十一葉）一為抵長史之書。一則著長史之屬。則西域長史曾駐此地。蓋無可疑。此二簡皆無年月。不能定其為魏晉及前涼之物。然參伍考之。則魏晉間已置西域長史於此。不自前涼始矣。案後漢書西域傳。西域長史實屯柳中。以行都護之事。（後漢之初亦放西京之制以都護統西域未幾而罷後班超以將兵長史平定西域遂為都護未幾復罷嗣是索班以行敦煌長史出屯伊吾索班沒後班勇建議遣西域長史屯樓蘭延光三年卒以勇為西域長史出屯柳中不復置都護自是長史遂稱行都護事矣故漢書紀西域諸國道里以都護治所烏壘城為據而後漢書所紀則以長史所治柳中為據逮漢末中原多事不遑遠略敦煌曠無太守且二十載（魏志倉慈傳）則柳中之屯與長史之官必廢於是時矣魏黄初元年始置涼州刺史（張既傳）幷以尹奉為敦煌太守（閻温傳）三年鄯善龜茲于闐各遣使貢獻西域遂通置戊己校尉（文帝紀）以行敦煌長史張恭為之（閻温傳）而西域長史之置不見於紀傳惟倉慈傳言慈太和中遷敦煌太守數年卒官西域諸胡聞慈死共會聚於戊己校尉及長史治下發哀長史二字語頗含混後漢以來西域除西域長史戊己校尉外別無他長史魏當仍之則長史二字必長史之訛也又據斯氏所得一簡云西域長史承移今初除月廿三日當上道從上邽至天水以簡中所記地名考之實為自魏至晉太康七年間之物（見屯戍叢殘考釋）恐西域長史一官自黄初以來即與戊己校尉同置惟其所治之地不遠

屯柳中而近據海頭蓋魏晉間中國威力已不如兩漢盛時故近治海頭與邊郡相依倚此又時勢所必然者矣至前涼時西域長史之官始見於史（晉書張駿傳）而魏書張駿傳則又稱為西域都護傳言駿分敦煌晉昌高昌三郡西域都護戊己校尉玉門大護軍三營為沙州以西胡校尉楊宣為刺史（晉書地理志亦引此文錯亂不可讀）案張駿時西域有長史無都護都護二字必長史之誤或以其職掌相同而互稱之（晉書劉曜載記曜使其大鴻臚田崧署張茂為涼州牧領西域大都護護氐羌校尉涼王則西域大都護乃涼州牧兼官猶後此涼州牧之恒領西胡校尉也）斯氏於此地所得一簡云今遣大侯究犁與牛詣營下受試（屯戍叢殘第三葉）稱長史所居為營下又斯氏於尼雅北古城所得木簡有西域長史營寫鴻臚書語（本書補遺）此又魏書張駿傳之三營其一當為西域長史之證也此三營者戊己校尉屯高昌（晉書張駿書初戊己校尉趙貞不附於駿至是駿擊禽之以其地為高昌郡）玉門大護軍屯玉門而西域長史則屯海頭以成鼎足之勢則自魏晉訖涼海頭為西域重地蓋不待言張氏以後呂光李暠及沮

渠蒙遜父子迭有其地後魏真君之際沮渠無諱兄弟南幷鄯善北取高昌此城居二國之間猶當為一重鎮逮魏滅鄯善蠕蠕據高昌沮渠氏亡此城當由是荒廢作涼州異物志者乃有海水盪覆之說而酈氏注水經用之顧周隋以前磧道未閉往來西域者尚取道於此故酈氏猶能言其大略然倘非布斯諸氏之探索殆不能知為古代西域之重地矣其餘木簡出於和闐所屬尼雅城北及馬咱託拉拔拉滑史德三地者其數頗少尼雅廢墟斯氏以為古之精絕國案今官書尼雅距和闐七百十里與漢書西域傳水經河水注所紀精絕去于闐道里數合而與所紀他國去于闐之方向道里皆不合則斯氏說是也後漢書西域傳言光武時莎車王賢誅滅諸國賢死（明帝永平十四年）之後遂更相攻伐小宛精絕戎盧且末為鄯善所幷故范書無精絕國傳今尼雅所出木簡十餘隸書精妙似漢末人書跡必在永平

以後所署之人曰王曰大王曰且末夫人（蓋且末王女為精絕王夫人者）蓋後漢中葉以後且末精絕仍離鄯善而自立也考釋既竟爰序其出土之地並其關於史事之犖犖大者如右其戍役情狀與言制度名物者並具考釋中茲不贅云甲寅正月

流沙墜簡後序

余與羅叔言參事考釋流沙墜簡屬稿於癸丑歲杪及甲寅正月粗具梗概二月以後從事寫定始得讀斯坦因博士紀行之書乃知沙氏書中每簡首所加符號皆紀其出土之地其次自西而東自敦一敦二訖於敦三十四大抵具斯氏圖中思欲加入考釋中而寫定已過半矣乃為圖一表一列漢烽燧之次及其所出諸簡附於書後并舉其要如次前序考定漢簡出土之地僅舉漢長城及玉門關二事又考釋中所定候官烽燧次第全據簡文今據其所出之地知前由文字所考定者雖十得七八

今由各地所出之簡以定其地之名有可補正前考者若干事。

一漢志效穀縣及魚澤障之故址也。效穀故城自來無考。大清一統志云效穀龍勒故城俱在沙州衛西。西域圖志亦云今日敦煌縣西。踰黨河。舊城基址不一而足。效穀龍勒諸城遺址疑於是乎在。近宜都楊氏漢書地理志圖亦圖效穀於敦煌之西。龍勒之東。惟唐寫本沙州圖經。載古效穀城在州（唐沙州即今燉煌縣）東北三十里。是漢時效穀縣云云。案漢志效穀縣本魚澤障（今本此上有師古曰三字然下引桑欽記實係班氏自注胡朏明已駁正之是也）今木簡中雖不見效穀縣。然魚澤之名凡兩見。其一云入西蒲書一吏馬行。魚澤尉印。十三日起詣府。永平十八年正月十四日日下餔時。揚威卒□□受□□卒趙□。（卷二簿書類第六十一簡）此簡出於敦二十八。其地在前漢為步廣候官。在新莽及後漢為萬歲揚威燧。簡中所謂府者。謂敦煌太守或都尉府。（前漢敦煌郡置宜禾中部玉門陽關四都尉後漢惟置敦煌都尉故魚澤障在前漢屬宜禾都尉至後漢則屬敦煌都尉也）太守都尉皆治敦煌。自魚澤詣敦煌之書。

經過敦二十八。而曰入西蒲書。則魚澤必在敦二十八(即步廣)之東。又一簡云宜禾郡(簡中都尉所治亦謂之郡)逢第。廣漢第一。美稷第二。昆侖第三。魚澤第四。宜禾第五。(卷二熢燧類第七簡)此自東而西之次第。(見考釋)他簡云萬歲揚威燧長許玄受宜禾臨介卒張均(同上第十簡)又云萬歲揚威燧長石伋受宜禾臨介卒趙時(同上第十一簡)此皆記受書簿錄。而宜禾臨介卒之書。傳至萬歲揚威燧。則萬歲之東。必為宜禾。宜禾之東。乃為魚澤。今據斯氏圖。則敦二十八一地。(即前漢步廣後漢萬歲)已遠在敦煌東北。如效穀縣即魚澤障。當在敦煌東北百里餘。則一統志諸說固非。即沙州圖經以沙州東北三十里之古城為效穀城。亦未為得也。今據諸簡及漢志。知中部都尉所轄障塞。在漢敦煌縣境。其東則效穀縣境。其障塞為宜禾。為魚澤。又東則廣至縣境。其障塞為昆侖。為美稷。為廣漢。皆宜禾都尉所轄。此敦煌以東諸地之可考者也。二。漢敦煌郡中部玉門二都尉及四候官之治所也。前考言敦煌中部都尉下二候官。東為萬歲。西為步廣。今知莫宿步廣、（烽燧類第二簡）與步廣隧（同上第八簡）兩簡。均出於敦二十八。而萬歲候造史（同上第一簡）一簡。則出於敦二十七。二地相距至近。乃知步廣萬歲。乃一候官之異名。而萬歲候造史一簡。中有間田二字。乃王莽時物。則改步廣候官為萬歲。當屬王莽時事也。至中部都尉下之第二候官。實為平望。據器物類第一及二十二兩簡。則平望青堆燧即敦二十二乙。平望朱爵燧即敦十九。則敦二十二乙與敦十九之間。自為平望轄境。而敦二十二甲所出一簡。有候官謹□亭等語。（烽燧類第六簡）又簿書類第五十九簡。亦出於敦二十二乙。其文曰。入西書二封。其一中部司馬□平望候官。官字。前不能確定為何字。後更審諦。確係官字。此二簡皆平望本有候官之證。又中部司馬抵平望候官之書。經過敦二十二乙。而謂之入西書。則候官治所自在敦二十二乙之西。或即敦二十二甲（斯氏書中有此名而圖中無此地）矣。此中部都尉下二候官之可考者也。至玉門都尉下二候官。初疑玉門候官當與都尉同治。然都尉治敦十四。而其旁敦十五甲一地。所出木簡頗多。自係當時重地。沙氏釋文第四百五十八簡（此簡沙氏書中未景印）亦出於此。其文曰玉門候官則其地為玉門候官治所無疑。至都尉所屬大煎都候官則據簿書類第六簡云。敦煌玉門都尉子光丞□年謂大煎都候云云。此都尉告候官之書。出於敦六乙。即凌胡燧。則大煎都候官當治凌胡燧矣。此玉門都尉下二候官之可考者也。三各邊燧之次第也。顧由各邊燧所出之簡。以定其地之名。有當審慎者二。異地致書。自署地名。一也。記事之中。偶涉他地。二也。惟器物之楬所署之地。則以本地之物署本地之名。更無疑義。今以此求之。則自東徂西。首利漢燧。為斯氏圖中敦三十四之地。次萬歲顯武燧。即敦二十六之地。而萬歲揚威燧之即敦二十七呑胡燧之即敦二十八。中部都尉治此可由是決之矣。次平望青堆燧即敦二十二乙之地。次平望朱爵燧即敦十九之地。次玉門即敦十四。次玉門候官下所屬諸燧。當谷即敦十三。廣新即敦十二。顯明即敦八。又次則大煎都候官下屬諸燧。淩胡燧即敦六乙。厭胡燧即敦六丙。以下均據器物類諸簡所出地而廣武之為敦五。步昌之為敦六甲。廣昌之為敦六丁。亦可由是決之矣。由是沙漠中之廢址。驟得而呼其名。斷簡上之空名。亦得而指其地。較前此憑空文考定者。依據灼然。故已著其事於表。復會其要最於編首。覽者詳焉。

甲寅三月。

敦煌所出漢簡跋一

制詔酒泉太守敦煌郡到戍卒二千人發酒泉郡其假□如品司馬以下與將卒長吏將屯要害處屬太守察地刑依阻險堅辟壘遠候望毋第一簡

上閼陳却適者賜黃金十斤□□元年五月辛未下第二簡

右二簡書法相似。又自其木理觀之。乃一簡裂為二者。第二簡斤字之半。尚在第一簡末。可證也。此宣帝神爵元年所賜酒泉太守制書。獨斷云。制書。其文曰制詔三公刺史太守相。又云。凡制書有印使符下。遠近皆璽封。尚書令重封。故漢人亦謂之璽書。漢書武五子傳。元康二年。遣使者賜山陽太守璽書。曰制詔山陽太守。陳遵傳。宣帝賜陳遂璽書。曰制詔太原太守。趙充國傳。上賜書曰。制詔後將軍。下文目為進兵璽書。則璽書之首例云制詔某官。此簡云制詔酒泉太守。則賜酒泉太守書也。案趙充國傳。神爵元年。先零羌反。遣後將軍趙充國擊之。（宣帝紀在四月）酒泉太守辛武賢奏言。屯兵在武威酒泉張掖萬騎以上。皆羸瘦。可益馬食。以七月上旬齎三十日糧。分出張掖酒泉。合擊罕幵在鮮水上者。於是即拜武賢為破羌將軍。（宣帝紀在六月）以書敕讓充國曰。今詔破羌將軍武賢將兵六千一百人。敦煌太守快將二千人。

長水校尉富昌酒泉侯奉世將婼月氏兵四千亡慮萬二千人齎三十日糧以七月二十二日擊罕羌入鮮水北句廉上云云後從充國計兵不果出均與此詔情事合但此詔下於五月辛未（二十一日）尚在武賢拜破羌將軍之前此時酒泉太守即係武賢又其時敦煌戍卒已至酒泉武賢奏言屯兵在武威張掖酒泉萬騎以上可證也後從武賢大舉之議故敦煌戍卒二千人別以敦煌太守快領之此時太守未行故令司馬以下與將卒長史將屯要害處受酒泉太守節度也司馬與將卒長史皆統兵之官將卒長史即將兵長史古史吏二字通用漢書百官公卿表郡守有丞邊郡又有長史掌兵馬秩皆六百石續漢書百官志郡當邊戍者丞為長史是邊郡有長史又稱將兵長史後漢書和帝紀永元十四年五月丁未初置象郡將兵長史官班超傳建初八年拜超為將兵長史（章帝紀稱為西域長史）班勇傳元初六年敦煌太

守曹宗遣長史索班將千餘人屯伊吾。蓋皆敦煌郡之將兵長史也。後延光二年。以班勇為西域長史。自是訖於漢末常置此官。以領西域各國。如都護故事。實則本敦煌郡吏。後乃獨立不屬敦煌。然長史之名。猶郡吏之故號也。此詔乃神爵元年物。已有將卒長史。後漢謂卒為兵。故改稱將兵長史。其實則一也。云神爵元年五月辛未下者。亦制詔舊式。隸釋中常侍樊敏碑所載詔書。末署延熹元年八月廿四日丁酉下。魏下豫州刺史修老子廟詔。末署黃初三年十月十五日□子下。木簡有新莽詔。末署始建國三年五月己丑下。皆是也。此詔本下酒泉太守。其出於敦煌塞上者。蓋由酒泉傳寫至此也。

敦煌漢簡跋二

四月庚子丞吉下中＝二＝千郡太守諸侯相承書從事下當用者

右簡亦詔書後行下之辭。而失其前詔。且語多譌闕。蓋傳寫者之失也以文例言之當云丞吉下中二千石中二千石下郡太守諸侯相史記三王世家太僕臣賀請三王所立國名制曰立皇子閎為齊王旦為燕王胥為廣陵王四月丁酉奏未央宮六年四月戊寅朔癸卯御史大夫湯下丞相丞相下中二千石二千石下郡太守諸侯相丞當作承書從事下當用者如律令以此例之則此中字下之小二字當在千字之下而其下又脫石二二字也又丞吉二字間疑脫一相字考漢時行下詔書之例如高帝十二年二月詔則由御史大夫昌下相國相國酇侯下諸侯王御史中執法下郡守上所引元狩六年詔書則由御史大夫下丞相丞相下中二千石二千石下郡太守諸侯相孔廟置百石卒史碑載元嘉三年壬寅詔書則由司徒司空下魯相無極山碑載光和四年八月丁丑詔書則由尚書令下太常太常耽丞敏下常山相此簡但云丞吉不著何官之丞漢代文書初無

是例則丞字下脫相字無疑也。漢丞相名吉者，惟有丙吉。丙吉為相在神爵三年四月戊戌，而卒於五鳳三年正月癸卯，中間凡四年。此四年中，神爵四年五鳳元二年四月皆有庚子。此簡即此三年中物也。承書從事下當用者，乃漢時公文常用語。三王世家孔廟置百石卒史碑無極山碑并有此文，猶後世所謂主者施行也。

敦煌漢簡跋三

三月癸酉大煎都候嬰□下厭胡守土史方承書從事下當用者如詔書　令史偃　第一簡

□□丙寅大煎都守候丞□□□□□□□土史異承從書事下當用如詔書令史尊　第二簡

右二簡，亦詔書後行下之辭，而脫其前簡者。大煎都者，玉門都尉所屬候官之名。厭胡者，燧名。土史者，士吏之或作。漢碑士或作土。士吏主兵之官。漢書王莽傳莽下書曰：予之皇初祖考黃帝定天下，士吏四十五萬人，士千三百五十萬人，其餘所舉悉漢官名。則士吏亦漢官也。漢書匈奴傳注引漢律。近塞郡皆置尉。百里一人。士史尉史各二人。古史吏二字通用。士史即士吏也。守士吏則攝行士吏事者。令史者。主書之官。故署名於簡末。此二簡。令史之上。均以筆作斜畫。下簡亦然。不知何義。或如後世押字歟。

敦煌漢簡跋四

二月庚午敦煌玉門都尉子光丞□年謂大煎都候寫移書到它郡□言到日如律令

卒史山書佐遂已

右簡乃玉門都尉下大煎都候官之書。玉門都尉見漢書地理志。都尉有丞。秩六百石。見百官公卿表。言到日者。猶史記三王世家及漢碑詔書後所謂書到言也。漢時行下公文。必令報受書之日。或云書到言。或云言到日。其義一也。律令者。史記酷吏傳云。前主所是著為律。後主所是疏為令。漢書朱博傳云。三尺律令是也。漢時行下詔書，或曰如詔書，或曰如律令。苟一事為律令所未具而以詔書定之者，則曰如詔書，如孔廟置百石卒史碑、無極山碑及前二簡是也。苟為律令所已定而但以詔書督促之者，則曰如律令，三王世家所載元狩六年詔書是也。如者，謂如詔令行事也。如律令一語，不獨詔書，凡上告下之文皆得用之。朱博傳博告姑幕令丞，永初討羌檄，及此簡皆是。其後民間契約、道家符呪亦皆用之。唐李匡乂資暇錄遂以律令為雷邊捷鬼，不經甚矣。卒史、書佐亦主文書之官，故列名於簡末。

敦煌漢簡跋五

十一月壬子，玉門都尉陽丞□敢言之，謹寫移敢言之。　掾安守屬賀書佐通成

右簡為玉門都尉言事之書。敢言之者，下白上之辭。漢書王莽傳：莽進號宰衡，位上公，三公言事稱敢言之。論衡謝短篇：郡言事二府稱敢言之。孔廟置百石卒史碑：魯相平、行長史事卞守

長擅叩頭死罪敢言之司徒司空府此簡不云叩頭死罪而但云敢言之或係都尉與敦煌太守之書而出於都尉治所者蓋具書之草稿也掾安守屬賀書佐通成皆主文書之官樊毅復華下民租口算碑表後署掾臣條屬臣淮書佐臣謀此簡末亦署掾屬書佐三人名與彼碑同漢書音義云正曰掾副曰屬守屬則攝行屬事者也

敦煌漢簡跋六

上闕尉融使告部從事移

上闕吏主踵故以 以上簡面

上闕從事□事令史□ 以上簡背

右簡蓋竇融所下書也案後漢書竇融傳融出為張掖屬國都尉酒泉太守梁統等推融行河西五郡大將軍事融居屬國行都尉職如故置從事監察五郡此簡上半折去其下尚存尉融

使告部從事移八字。案漢制都尉下無部從事。此簡必出竇融。其全文必云某月日。行河西五郡大將軍事張掖屬國都尉融。使告部從事云云。而所告之部從事。即融所置監察五郡之從事也。續漢書百官志司隸校尉刺史下有部郡國從事。主督促文書。察舉非法。皆州自辟除。故通為百石。每郡各一人。竇融領河西五郡。與刺史體制畧同。故亦置從事。此所告之部從事。蓋即部敦煌郡從事也。凡漢時文書云告者。皆上告下之辭。若他都尉對刺史屬官。非其所屬。不得云告。此為竇融書無疑。

敦煌漢簡跋七

本始六年三月癸亥朔丁丑逮辛卯十五日　乙酉到官

右簡云本始六年。案宣帝本始之號。僅有四年。無六年。本始六年。即地節二年。據太初術推之。則地節二年三月正得癸亥朔。與此簡合。考武帝建元元光元朔元鼎元封六號。皆六年而改。

太初天漢大始征和四號皆四年而改昭帝始元元鳳二號亦六年而改疑宣帝本始之元初亦因昭帝之制六年而改後更用四年遞改之制遂以地節元年為三年而追減本始為四年否則敦煌距京師僅一月程不應改元二年後尚用本始舊號而月朔干支又恰與地節二年密合也是月癸亥朔則丁丑者月之十五日辛卯者月之二十九日是月小盡乙酉則二十三日丁丑逮辛卯蓋所定到官之程限乙酉到官則在限內矣

敦煌漢簡跋八

廣昌候史敦煌富貴里孫無憂未得二月盡五月積四月奉錢二千四百

案簡云積四月奉錢二千四百則月奉六百考候史秩在候長下據下簡候長秩百石則候史之秩當在百石以下漢律所謂斗食也續漢書百官志百石月奉十六斛斗食月奉十一斛凡受奉皆半錢半穀劉昭注引晉百官志載漢延平中制百石月

錢八百。穀四斛八斗。而漢書宣帝紀注引如淳曰。律百石。月奉六百。二說不同。如淳所引漢律。不知何時制。此簡乃前漢物。而候史之秩不滿百石者。月奉六百。與延平中制爲近矣。

敦煌漢簡跋九

敦德步廣尉曲平望塞有秩候長敦德亭閒田東武里五士王參秩庶士 以上第一列

新始建國地皇上戊元年十月乙未起盡二年九月晦積三百六十日除月小五日定三百五十五以令二日當三日增勞百桼十桼日半日爲五月二十桼日半日 以上第二列

右簡乃計資勞之書。敦德者。王莽所改敦煌郡名。步廣尉。即漢志之敦煌中部都尉。志云中部都尉治步廣候官是也。曲者。部曲。續漢志。領軍皆有部曲。大將軍營五部。部校尉一人。比二千石。部下有曲。曲有軍候一人。比六百石。曲下有屯。漢制。都尉秩視校尉。其下有二候官。蓋視軍候。則候官即校尉下之曲矣。平望者。步廣尉所轄塞名。有秩候長者。候長之秩百石者也。漢書百官公卿表鄉有三老有秩嗇夫續漢志有鄉有秩秩百石李翕西狹頌有衡官有秩此簡有有秩候長漢制計秩自百石始不及百石者謂之斗食百石則稱有秩矣以上十三字乃官名而敦德亭間田東武里乃其縣里之名敦德亭即漢之敦煌縣莽時縣以亭名三百六十九凡縣與郡同名者亦皆加亭字以別之漢志於敦煌郡下注莽曰敦德於敦煌縣下亦注莽曰敦德不曰敦德亭則奪亭字也間田者莽傳云諸侯國間田為黜陟增減乃用王制語凡郡縣未封之地皆間田也五士即漢之士伍漢人有爵者稱爵如云公乘某五大夫某是無爵者稱士伍如淮南厲王傳之士伍開章丙吉傳之士伍尊是漢時五伍通用莽改漢制又喜顛倒反易其名故士伍為五士矣王參人姓名秩庶士者百石之秩莽傳云更名秩百石為庶士是也年號始建國地皇之下復云上戊者莽自謂以土德王故即位用

戊長日。又以戊子代甲子爲首。故曰上戊。莽傳稱地皇三十年。其王光上戊之六年。莽作新歷六歲一改元王光者其所擬定之年號宋韓縝家藏莽銅料銘云始建國天鳳上戊六年。見適署錄話候鉦銘見隸續及濰縣陳氏藏常樂衞士上元士銅飯幘。皆云始建國地皇上戊二年是也。此簡乃計邊吏資勞之書。云令二日當三日者。即邊郡增勞之制。疑漢制已如斯矣。

敦煌漢簡跋十

建武十九年四月一日甲寅玉門障尉戍告候長晏到任

右簡乃玉門障尉令候長到官之檄。案前漢時有玉門關都尉。續漢志。建武六年省諸郡都尉及關都尉。惟邊郡往往置都尉。此建武十九年事。故玉門關但有障尉。無都尉。續志云。邊縣有障塞尉。又云。諸邊障塞尉。諸陵校尉長皆二百石。蓋微官也。後漢書西域傳及劉寬碑陰皆有玉門關候。此候官之候非候長候史之候蓋永平復通西域後，以敦煌都尉下之一候官移駐於此，此時則惟有障尉，蓋光武閉玉門以謝西域之質，其設官亦儉於前後矣。

敦煌漢簡跋十一

入西書二封 一封中部司馬□平望候官 一封中部司馬□陽關都尉府 十二月丙辰日下餔時受旅故卒張永日下餔時□

□燧長張□ 第一簡

入西蒲書二封 其一封文德大尹章詣大使五威將莫府 一封文德長史印詣大使五威將莫府 始建國元年十月辛未日食時關嗇夫受

□□卒趙彭 第二簡

入西蒲書一吏馬行 魚澤尉印十三日起詣府永平十八年正月十四日日中時揚威卒□□受□□卒趙仲 第三簡

右三簡皆記郵書之簿。中部司馬者，敦煌中部都尉屬官。文德地名，不見漢志。據上簡文德有大尹，有長史，則為邊郡矣。續漢志郡當邊戍者丞為長史。他簡舉西北邊郡有文德、酒泉、張掖、武威、天水、隴西、西海、北地八郡，舉文德而無敦煌，故沙畹氏釋彼簡文德為王莽所改敦煌郡之初名。以此簡證之，沙說是也。此簡稱文德為始建國元年事。至地皇二年一簡。則稱敦德。與漢志合。然則漢志所載。乃其再改之名也。據莽傳。始建國元年秋。遣五威將王奇等十二人頒符命四十二篇於天下。外及匈奴西域。三年。又遣大使五威將王駿出西域。此乃始建國元年事。則大使五威將者。乃王奇等十二人之一。其出匈奴者為王駿。出西域者其人無可考。據上簡十月辛未文德大尹長史之書。自塞上送五威將莫府。其時當已出塞矣。魚澤尉亦障塞尉之類。諸簡所云某官詣某官者。皆據封泥及檢署之文錄之。中部司馬文德大尹章文德長史印魚澤尉印諸字。皆封泥上文。而平望候官陽關都尉府大使五威將莫府諸字。則檢上所署之字也。余曩作簡牘檢署考。據王莽傳哀章所作銅匱之檢及劉熙釋名。謂古人封書既用璽印。故但須署受書之人。不須自署官位姓名。此數簡所記足以證之。又第三簡云。十三日起詣府。則并署發書之日矣。

此種郵書皆自東向西之書故曰入西蒲書蒲者簿之或作也又諸簡皆記受書日時曰日下餔時曰日食時曰日中時又皆燧卒致之燧長或燧卒受之以次傳送至他燧可見漢時郵遞之制即寓於亭燧中而書到日時與吏卒姓名均有記錄可見當時郵書制度之精密矣

敦煌漢簡跋十二

宜禾郡蠭第廣漢第一美稷第二昆侖第三魚澤第四宜禾第五 簡第一

上缺望步廣熢 簡第二

大威關逢 簡第三

右三簡所記凡七熢而或作蠭或作熢或作蓬皆熢之別字也說文熢隧候表也邊有警則舉火从火逢聲又𨺶塞上亭守熢火者从𨸏遂聲則隧以其地言而熢以其物言其實一也然析言之則熢與隧又自不同史記司馬相如傳聞烽舉燧燔集解

引漢書音義曰。烽。如覆米䉛縣著桔槔頭。有寇則舉之。燧。積薪。有寇則燔然之。漢書賈誼傳斥候望烽燧不得卧。注引文穎曰。邊方備胡寇作高土櫓。櫓上作桔槔。桔槔頭懸兜零。以薪草置其中。常低之。有寇則火然舉之相告曰烽。又積薪。寇至即然之以望其烟曰燧。二說畧同。則烽用火。燧用烟。夜宜用火。晝宜用烟。他簡云。晝不見烟。夜不見火是也。乃張揖（文選諭巴蜀檄李善注引）張晏（漢書賈誼傳注）司馬貞（史記周本紀索隱）張守節（史記司馬相如傳正義）皆以為烽主晝。燧主夜。顏師古獨於賈誼傳注破張晏之說曰。晝則燔燧。夜乃舉烽。其識卓矣。據木簡所記。則舉烽燧之地。或曰亭。或曰燧。而燧之名多至數十。亭則僅上三簡所記而已。以理度之。則夜中之火。視晝中之烟所及者遠。蓋古者設亭必據高地。又烽臺之高至五丈餘（太白陰經通典及木簡皆云）烽干之高亦至三丈。（沙畹書第六百九十簡）二者合計。得八丈有奇。夜中火光自可及數十里。若晝中之烟。較不易辨。故置燧之數宜密於置烽此自然之理簡中諸燧以燧數及里數差之大率相去十里許而隧之相距自右簡觀之則昆侖在廣至縣境魚澤在效穀縣境宜禾在效穀西界與敦煌中部都尉之步廣候官相接則諸隧間相去頗遠矣以後世事證之則庾闡揚都賦注云烽火以置於高山頭緣江相望或百里或五十里或三十里（太平御覽卷三百三十五引）唐六典兵部職方郎中職云凡烽候所置大率相去三十里而唐沙州圖經紀白亭烽與長亭烽相去四十里長亭烽與階亭烽相去五十里蓋塞外廣衍無林麓之蔽幕中乾燥無雺霧之虞則置烽自不必如內地三十里之密後世如此漢亦宜然然則簡中所記隧少而燧多雖隧燧本可互言而多少殆為事實矣宜禾郡者漢無此郡名殆指宜禾都尉轄境以太守都尉官秩略同故其所治亦謂之郡漢志敦煌郡廣至縣下宜禾都尉治昆侖障此出平帝元始時版籍其先當治魚澤故孝武時

有魚澤都尉。漢志效穀縣下注引桑欽說孝武元封六年濟南崔不意爲魚澤尉唐沙州圖經引作魚澤都尉 其後蓋徙治宜禾。故又稱宜禾都尉。後徙治昆侖障。仍用宜禾之號。此簡中五燧其次自東而西。廣漢美稷昆侖三燧皆在廣至縣境。魚澤宜禾皆在效穀縣境。漢志云效穀縣。本魚澤障也。宜禾一燧又在效穀之西。西與敦煌之步廣候官接界。詳見流沙墜簡後序 然則此五燧綿亙廣至效穀二縣北界。其地不下二三百里。而僅有此五燧。可見燧燧疏數之比矣。步廣一燧則屬中部都尉。又在宜禾之西。至大威關燧一簡。疑尚有闕字。當爲玉門關之燧矣。

敦煌漢簡跋十三

縣承塞亭各謹候北塞燧即舉表皆和盡南端亭以札署表到日時 第一簡

七月乙丑日出二干時表一通至其夜食時苣火一通從東方來杜充見 第二簡

右二簡皆記舉燧之事。承塞亭者。亭之最近塞者也。漢敦煌北塞自西而東。所有亭燧皆沿塞上置之。此簡乃云承塞亭及南端亭者。蓋非塞上各亭燧。而謂自塞上南至郡治之亭燧也。漢制。内地十里一亭。其當孔道者。即為傳烽之所矣。表。即說文所謂𤇾隧候表也。然不云舉𤇾而云舉表者。意漢時塞上告警。𤇾燧之外。尚有不然之𤇾。晉灼漢書音義云。烽。如覆米䉛。縣著桔槹頭。有寇則舉之。但言舉而不言然。蓋渾言之。則烽表為一物。析言之。則然而舉之謂之烽。不然而舉之謂之表。夜則舉烽。晝則舉表。烽臺五丈。上著烽干。舉之足以代燔燧矣。墨子號令篇之垂。與雜守篇之烽。實皆謂是物也。號令篇云。望見寇。舉一垂。（孫氏詒讓閒詁以垂為表字之譌是也）入境。舉二垂。狎郭。舉三垂。入郭。舉四垂。狎城。舉五垂。夜以火。亦如此。雜守篇云。望見寇。舉一烽。入境。舉二烽。射妻。舉三烽。郭會。舉四烽。城會。舉五烽。夜以火。如此數。或云垂。或云烽。文別。烽與火為二物。明烽即表也。表到。表至者。謂見表之時。苣者。炬之本字。說文。苣。束葦燒也。一通者。古者傳烽。以多少為識。

如墨子號令雜守二篇所言皆以烽之多少示敵之遠近者也唐兵部烽式（白氏六帖引）則云寇賊不滿五百放燧一炬得蕃界事宜知欲南入放二炬蕃賊五百騎以上放三炬千人放四炬餘寇萬人亦四炬御覽引李衛公兵法語亦畧同此以烽之多少示敵之多寡者也惟李筌太白陰經及通典則云每晨及夜半安舉一火聞警因舉二火見烟塵舉三火見敵燒柴籠則又以一火為報平安之烽漢人舉烽不知用何法然沙氏書中別錄一簡釋文（原簡沙書未印）云六月丁巳丁亥第二百一十苣火一通從東方來所謂丁亥第二百一十者蓋謂自丁亥歲首至六月丁巳所見之烽數一百七八十日間而烽火之數至二百一十恐漢時每夜亦有報平安之烽如李杜二書所云也此簡出玉門大煎都候官所治凌胡燧苣火一通從東方來則來自玉門方面也

敦煌漢簡跋十四

出粟一斗二升以食使莎車續相如上書良家子二人八月癸卯下闕 第一簡

出粟五石二斗二升以食使車師□君卒八十七人下闕 第二簡

右二簡均記稟給行客之事。漢書功臣侯表。承父侯續相如以使西域發外王子弟。誅斬扶樂王首虜二千五百人侯千百五十户。大始三年五月封。此事不見西域傳。使莎車與斬扶樂始一時事。則此簡乃大始二年以前物也。良家子二人。乃相如所遣上書者。時過塞下。故出粟食之。漢時稟食率日六升。匈奴傳嚴尤諫王莽曰。計一人三百日食用糒十八斛。則百日得六斛。一日得六升。故右一斗二升者。二人一日食。五石二斗二升者。八十七人六日食也。此二簡出玉門。而往反南北道之使皆過此者。案西域傳。言自玉門陽關出西域有二道。從鄯善傍南山北波河西行至莎車。為南道。自車師前王庭隨北山波河西行至疏勒。為北道。後書語亦畧同。魏畧西戎傳。言從玉門關入西域前有二道今有三道從玉門關西出婼羌轉西越葱嶺經縣度入大月氏爲南道從玉門關西出發都護井回三隴沙北頭經居廬倉從沙西井轉西北過龍堆到故樓蘭轉西詣龜茲至葱嶺爲中道從玉門關西北經橫坑避三隴沙及龍堆出五船北到車師界戊已校尉所治高昌轉西與中道合至龜茲爲新道北史西域傳所記二道其一當魏畧之新道其一當其中道而皆云出玉門隋書裴矩傳所言三道亦皆與魏畧同而不言所從出元和郡縣志則言陽關謂之南道西趣鄯善莎車玉門謂之北道西趣車師前庭及疏勒綜上諸說觀之漢書記西域二道之所從出但渾言玉門陽關魏畧北史專言玉門元和志言南道出陽關北道出玉門今案漢時南北二道分岐不在玉門陽關而當自樓蘭故城始自此以南則從鄯善傍南山北波河西行至莎車北則東趣車師前王庭或西趣都護治所皆隨

北山波河西行至疏勒。故二道皆出玉門。若陽關道路止於婼羌。往鄯善者絶不取此。故西域傳言婼羌僻在東南。不當孔道。漢書紀北道自車師前王庭始。紀南道自鄯善始。當得其實。然則樓蘭以東。實未分南北二道也。右簡出玉門塞上而自南道莎車還者。乃經其地。益知南北二道之分岐。不在玉門陽關。而當自故樓蘭城始矣。

羅布淖爾東北古城所出晉簡跋

西域長史承移今初除月廿三日當上道從上邽至天水

此簡乃西域長史新除。移書舊長史或屬吏。告以上道日期者。承者。長史之名。此簡所出之地。在羅布淖爾東北一古城。其地在前涼時謂之海頭。即魏晉西域長史治所也。案後漢前涼皆置西域長史。見於史傳。至魏晉此官書闕無考。惟魏志倉慈傳之長史。余序此書時疑為長史之譌。以此簡證之。知魏晉間已置西域長史矣簡中有天水郡名晉書地理志天水郡漢武置孝明改為漢陽晉復為天水通典元和郡縣志太平寰宇記皆從其說然據陳壽書則漢魏之間早已復為天水魏志武文二紀董卓賈詡龐悳諸傳雖稱漢陽然明帝紀曹真張既衞臻閻溫楊阜鄧艾諸傳蜀志諸葛亮姜維諸傳皆稱天水不稱漢陽則天水郡之名恐不待晉時始復也上邽者天水屬縣而郡治則在冀城簡所謂天水當指冀城言之晉志天水各縣以上邽為首冀城次之爾時郡治當已移上邽故水經渭水注於冀縣故城上邽縣故城下皆云故天水郡治也此簡時代必在天水治冀城之時苟在徙上邽之後則上邽天水即為一地不得復云從上邽至天水也而天水郡之徙治上邽其時代雖無可考然晉志言泰始五年始分涼州置秦州治天水之冀城太康三年罷七年復立徙治上邽晉時州郡大抵同治則天水郡之徙

治上郡，當與秦州之徙治上郡同時。此簡為太康七年以前之物，亦可知也。

尼雅城北古城所出晉簡跋

晉守侍中大都尉奉晉大侯親晉鄯善焉耆龜茲疏勒 第一簡

于寘王寫下詔書到 第二簡

右二簡文義相屬，書跡亦同。今定為一書之文。晉守侍中大都尉奉晉大侯親晉鄯善焉耆龜茲疏勒于寘王者，析言之，當云晉守侍中大都尉奉晉大侯親晉鄯善王，晉守侍中大都尉奉晉大侯親晉焉耆王，以下放此。故上十三字實此五王之公號也。不一一言之者，文例宜然也。案中國假西域諸王以官號，自後漢始。後漢書西域傳：光武建武五年，河西大將軍竇融承制立莎車王康為漢莎車建功懷德王、西域大都尉，五十五國皆屬焉。十七年，更賜以漢大將軍印綬。順帝永建二年，疏勒王臣磐遣使奉獻。帝拜臣磐為與漢大都尉。其子孫至靈帝時猶稱之。案傳但言外臣磐為漢大都尉，漢字上無與字。然下言疏勒王與漢大都尉為其季父和得所射殺。時疏勒外非別有漢大都尉，不得言與。蓋與漢二字連讀，與漢猶親漢也。魏畧西戎傳。魏賜車師後部王壹多雜守魏侍中大都尉。受魏王印。此西域諸王受中國官號之見於史者也。考漢魏時本無大都尉一官。求其原始。實緣都護而起。前漢時本以騎都尉都護西域。見漢書百官公卿表及甘延壽段會宗傳後遂畧稱西域都護。新莽之後。都護敗沒。故竇融承制拜莎車王康為西域大都尉。使暫統西域諸國。蓋不欲假以都護之名。又以西域諸國本各有左右都尉。故謂之西域大都尉。使其號若與西域都護騎都尉相埒云爾。及莎車既衰。而疏勒王稱與漢大都尉。車師後部王又單稱大都尉。皆不冠以西域二字。其號稍殺。此簡。西域五國王並有此號。以車師後部王稱號觀之。蓋魏時已然矣。奉晉大侯亦然。以國王而受侯封。故謂之大侯。以別於西域諸國之左右侯。亦如大都尉之稱。所以別於諸國之左右都尉也親晉某王者亦當時諸國王之美稱考漢時西域諸王但稱漢某國王漢書西域傳云西域最凡國五十自譯長至侯王皆佩漢印綬凡三百七十六人其印文雖無傳者然匈奴傳云漢賜單于印言璽不言章又無漢字諸王以下乃有漢言章西域諸王雖君一國然其土地人民尚不如匈奴諸王則漢所賜印必云漢某某王章無疑也後漢之初莎車王號尚冠以漢字中葉以後乃有親漢之稱後書西域傳順帝永建元年班勇上八滑為後部親漢侯然猶是侯號而非王號惟建安中始封鮮卑沙末汗為親漢王魏晉以後封拜四裔皆襲此稱如魏志明帝紀大和三年大月氏王波調遣使奉獻以調為親魏大月氏王又倭人傳景初二年以倭女王卑彌呼為親魏倭王晉書王浚傳浚表封鮮卑別部大飄滑及其弟渴末別部大屠瓮等皆為親晉王又段匹磾傳匹磾父務弗塵遣兵助東

海王越征討有功王浚表為親晉王遼西郡公傳世古印又有親晉羌王此簡中五王亦然其官號上冠以魏晉字者所以榮之其王號冠以親魏親晉字而不直云魏晉者所以示其非純臣也此簡所舉五國西域長史所統殆盡於此案西域內屬諸國前漢末分至五十後漢并為十餘至魏時僅存六七魏畧言且末小宛精絶樓蘭皆并屬鄯善戎盧扜彌皮穴（漢書作皮山）皆并屬于闐尉犂危須山王國皆并屬焉耆姑墨溫宿尉頭皆并屬龜茲楨中莎車竭石渠沙西夜依耐蒲犂億若榆令捐毒休脩（漢書作休循）皆并屬疏勒且彌單桓畢陸（漢書作卑陸）蒲陸（漢書作蒲類）烏貪諸國皆并屬車師則魏時西域內屬諸國惟存鄯善于闐焉耆龜茲疏勒車師六國而已此簡所舉又少車師一國蓋晉初車師後部當為鮮卑所役屬魏志鮮卑傳注引王沈魏書云鮮卑西部西接烏孫晉書武帝紀咸寧元年六月西域戊己校尉馬循討叛鮮

卑。破之。二年。鮮卑阿多羅等寇邊。西域戊己校尉馬脩討之。時鮮卑當據車師後部之地。故能西接烏孫。南侵戊己校尉治所矣。右簡無車師王。當由於此。然則晉初長史所領者。惟上五國此西域諸國之大勢。得由右簡知之者也。此簡所出之地。當今尼雅城絕北。在漢為精絕國地。後書西域傳。言明帝時精絕為鄯善所幷。但此地所出木簡。其中稱謂。有大王。有王。有夫人。隸書精妙。似後漢桓靈間書。疑精絕一國。漢末復離鄯善而獨立。今此簡無精絕王。而詔書乃到此者。必自鄯善或于闐傳寫而來。可見精絕至晉初又為他國所幷。此尼雅一地之沿革。得從此簡知之者也。右二簡所存不及三十字。而足以裨益史事者如此。然非知此二簡為一書。亦不能有所啟發矣。

尼雅古北城所出晉簡跋二

武威西平西郡張掖酒泉敦 下闕

右簡敦字下所闕者，當是煌字。共郡名六，皆晉書地理志涼州刺史所部之郡。據晉志，則涼州所部尚有金城、西海二郡，此簡無之者，若有金城，當在武威之下、西平之上，因西平本分金城置，故知不在敦煌下也。晉書武帝紀：泰始五年二月，以雍州隴右五郡及涼州之金城、梁州之陰平置秦州，地理志同。則金城於泰始五年後改隸秦州。此簡無金城郡，當爲泰始五年以後物矣。西海只有一縣，此時或已并於張掖，或在敦煌之下簡已折之處，均未可知。至諸郡次第，晉志金城一、西平二、武威三，此簡首武威者，涼州刺史治所故也。考漢獻帝時分涼州河西四郡置雍州刺史，本治武威，見魏志龐淯傳注引魚豢典畧。後雍州兼有涼州地，而徙于涼州舊治，天水冀縣。魏初復置涼州，轄河西諸郡，與漢獻帝初雍州疆域畧同。其治所史無明文，蓋亦治武威。晉書武帝紀：咸寧四年六月，涼州刺史楊欣與虜若羅拔能戰於武威，敗績，死之。五年四月，虜帥樹機能攻陷涼州，使討虜護軍武威太守馬隆擊之。上年戰於武威。次年攻陷涼州。涼州之陷。即武威之陷也。此諸郡首武威。尤其一證。厥後張軌爲涼州。州治武威之姑臧。訖於子孫世都其地。苻堅涼州刺史梁熙亦治姑臧。呂光入姑臧後。始自領涼州刺史。然則涼州治所。自魏以後數百年。未嘗易地矣。以史志無文。故備論之。

羅布淖爾北所出前涼西域長史李柏書稿跋

尚書

臣柏言焉耆王龍下闕

月十五日下闕

右第一紙

五月七日□□西域長史關内侯李柏頓首頓首□□□□恆不去心今奉臺使來西月二日到此旁注海頭二字未知王消息想國中平安王使迴復羅從北虜中與嚴參事往想是到也今遣使符太往相聞通知消息書不悉意李柏頓首頓首

右第二紙

五月七日西域長史關内侯李柏頓首□□闊久不相聞□懷思想不知親相念□□見忘也詔家見遣□慰勞諸國月二日来到海頭不知王問邑邑天熱想王國大小平安王使□遂俱共發從北虜中與嚴参事往未知到未今□使符太往通消息書不盡意李柏頓首頓首

右第三紙

右三紙皆前涼西域長史李柏書稿柏為前涼張駿時人見晉書張駿傳第一紙僅存十三字以文例求之實柏所上張氏表稿也獨斷云表者上言臣某言下言臣某誠惶誠恐頓首頓首死罪死罪左方下附曰某官臣某甲上詣尚書通者也奏文則獨斷但言京師官公府送御史臺將軍校尉送謁者臺不言郡國奏式然魯相史晨祀孔子奏首云建寧二年三月癸卯朔七日己酉魯相臣晨長史臣謙頓首死罪上尚書末云臣晨誠惶

誠恐頓首頓首死罪死罪上尚書樊毅復華下民租奏文例亦同皆詣尚書但皆無臣某言三字與表異耳今此紙第一行首有尚書二字則其前一二行必云某年月日西域長史臣柏頓首死罪上至尚書二字乃提行書史晨樊毅二碑皆然但既云上尚書復云臣柏言蓋表文非奏文矣知其為上張氏表者張駿雖一稱臣於趙又以事晉為名然西域長史乃其屬官不容自通於晉趙故所上者必駿或其子重華也駿初自稱大將軍涼州牧西平公後稱假涼王李柏表文乃云上尚書又自稱臣柏者晉書稱駿雖稱臣於晉而不行中興正朔官僚府寺擬於王者而微異其名二府官僚莫不稱臣蓋紀駿稱王以後事此表當亦上於駿稱王之後矣至後二紙則書中所署月日所言之事所遣之使一一相同而字句小異實一書之草稿其所致之人當即馮耆王書中云王使回復羅從北虜中北虜者匈奴

遺種。後漢以來常在伊吾車師間。晉時此地已爲鮮卑所據。謂之北虜者用漢時語也。使回從北虜中。蓋自敦煌直北。取魏畧之所謂新道。必北道諸國之使。案此時。北道諸國車師已亡。惟有焉耆龜茲疏勒三國。（見前晉簡跋）而龜茲疏勒之使。當取磧道。（即魏畧之中道）不得從北虜中。惟往焉耆者。則或從北虜中經高昌而西。或由磧道而北。（即楊宣代焉耆之道）有二道可從。故須明言回使所從之道。則此二稿爲致焉耆王書無疑。時焉耆使者已回。張氏之使又出。故西域長史騰書以告之。其作書時代。亦畧與表文同時。第一稿云今奉臺使來西。第二稿云詔家見遣使來慰勞諸國。皆張駿稱王後事。晉書段匹磾傳。邵泊欲執臺使王英送於季龍。匹磾曰。卿欲執天子使者。我雖胡夷所未聞也。是臺使謂天子使者也。詔家亦晉時呼天子語。苻堅載記。堅時國有童謠曰。河水清復清。苻詔死東城。桓玄傳。左右稱玄爲桓詔。桓胤諫曰。詔者。施於詞命。不以為稱謂也。漢魏之主皆無此言。惟聞北虜以苻堅為苻詔耳。今此書稱詔家。又在苻堅以前。詔家猶言大家官家矣。知臺與詔家為稱張氏者。當時江左使者。尚不能徑至涼州。何況塞外。若云石氏之使。即令道出駿地。駿之臣子決不甘以臺使稱之。則所謂臺與詔家實謂張駿。而駿未假涼王以前亦不能有是稱也。然則此一表二書。皆作於張駿稱王以後。案駿稱涼王事。不見晉書本傳。魏書雖紀是事。亦無年月。偽本十六國春秋系此事於咸康元年。資治通鑑則繫之於永和元年。偽本春秋其於繫年舛誤頗甚。殊不足據。通鑑記駿分置涼河沙三州後。即記其稱涼王事。與魏書合。案駿之自署曰大都督大將軍假涼王督攝三州。則駿之稱王。實以置三州為張本。自是以前。駿自領涼州牧。既分三州。稱涼王。乃以世子重華為涼州刺史。晉書紀重華刺涼州在永和元年。則駿之稱王亦在是年矣。

然則通鑑繫年最有根據。蓋本之崔鴻原書矣。此三書既書於駿稱王以後。則亦在永和元年後。而駿之卒在永和二年。則此三紙。不在駿世。則在重華之世。固可斷也。時焉耆王龍熙已降（在永和元年）故西域長史與之通書。張氏之使得至西域。此求之情勢而亦合者也。然李柏為西域長史實不始於此時。晉書稱西域長史李柏請擊叛將趙貞。為貞所敗。以減死論。又云。初戊己校尉趙貞不附於駿。至是駿擊禽之。以地為高昌郡。二事均無年月。然駿永和元年所置沙州中有高昌郡。則趙貞之滅當在永和之前。然則柏一為長史於趙貞未定之前。而尚任於張駿稱王之後。蓋前此以減死論。自當去官。或以平趙貞與征焉耆之功再任矣。參事者。參軍事之略。後漢末孫堅始參車騎將軍張溫軍事。後遂為官名。然晉以後多略稱參軍。其稱參事者。惟見於此書耳。海頭之解。見流沙墜簡序。茲不贅。

唐李慈藝授勳告身跋

瀚海軍破河西陣白澗陣土山陣五里堠陣東胡祆陣等總六陣准開元三年三月二十

二日敕並於憑洛城與賊戰鬬先後敍功六陣比類府城、及論臺等功人敍勳則令遞減

望各酬勳拾轉

白丁西州李慈藝 高昌縣

右可上護軍

黃門涇州梁大欽等十四人並戰若風馳捷如河決宜加朝獎俾峻戎班可依前件主者

施行

開元四年正月六日

兵部尚書兼紫微令上柱國梁國公臣姚崇宣

銀青光祿大夫行紫微侍郎上柱國臣蘇頲奉

朝散大夫行紫微舍人上柱國王邱行

尚書司勳告身之印

右李慈藝授勳告身真跡出新疆吐魯番附近慈藝西州高昌人出土之地乃其鄉里也今藏日本大谷伯光瑞家慈藝等皆北庭瀚海軍兵士故告身中但敍瀚海軍功舊唐書地理志瀚海軍開元中蓋嘉運置在北庭都護府內元和郡縣志則云瀚海軍在北庭都護府城中長安二年初置燭龍軍三年郭元振改為瀚海軍開元中蓋嘉運重加修築新書地理志同案舊書郭虔瓘傳虔瓘以開元初以北庭都護兼瀚海軍經畧使此告身開元四年所給已有瀚海軍則元和志新志說是舊志說非也河西白澗諸地當在北庭左右然皆無可考憑洛城則見元和志及新志然庭州以西諸城次序及里數二書具相違異據元和志則輪臺縣在庭州西四十二里沙鉢鎮在府西五十里俱六鎮在府西二百四十里憑落鎮在府西三百七十里清海軍在府西七百里新志則云自庭州西延城（西延二字疑衍）西六十里有

沙鉢守捉。又有馮洛守捉。又八十里有耶勒城守捉。又八十里有俱六城守捉。又百里至輪臺縣。又百五十里有張堡城守捉。又渡里移得建河。七十里有烏宰守捉。又渡白楊河七十里有清鎮軍城。（即清海軍本鎮城鎮故誤為清鎮軍城）此中惟沙鉢馮洛兩守捉間不著里數。餘數相加。得六百十里。而據元和志則庭州至清海軍七百里。則沙鉢馮洛兩守捉間當得九十里。又太平寰宇記輪臺縣東至州四百二十里。今假使沙鉢馮洛二城相去九十里。則唐志自庭州西至輪臺得四百一十里。與寰宇記四百二十里之說亦甚相近。然則馮洛城當在沙鉢守捉西九十餘里。去庭州約百五六十里。元和志諸鎮次第與馮落鎮在府西三百七十里之說實不可信也。兩唐志羈縻州中之馮洛州。新書突厥傳之馮洛水亦即此地。又吉身云比類府城及論臺等功人敍勳則令遞減者。府城謂北庭都護府城。論臺即輪臺。新書開元二年突厥默啜子同俄特勒圍北庭都護郭虔瓘擊斬之又侵輪臺虔瓘遣張守珪往援中道逢賊苦戰斬首千餘級禽頡斤一人（見虔瓘及守珪傳）此二處戰功最高故慈藝等功比類府城輪臺功遞減也河西憑洛諸役係勤突厥餘寇郭虔瓘於北庭戰後請募關中兵萬人擊餘寇遂前功（亦見本傳）此告身中有涇州梁大欽等十四人即所募之關中兵也酬勳拾轉者六典司勳郎中職云十轉為上護軍故慈藝自白丁授上護軍也又兵部員外郎職注每陣酬勳自一轉至五轉各有差此以六陣酬勳十轉自非上賞故云遞減也此紙出西州為慈藝鄉里蓋即慈藝所得告身而梁大欽等十四人則與之同甲受勳者故十三人姓名並不見告身中也涇州梁大欽姓名上冠以黃門二字者六朝後詔書及告身皆首言門下蓋門下省為出納王命之地故呼門下而告之開元元年改門下省侍中為黃門監故不曰門下而曰黃門至

五年復爲門下省。故王惲玉堂嘉話所載裴耀卿、張九齡等告身，仍云門下也。唐人官告，世猶有傳者，至授勳告身，則惟此一見而已。

觀堂集林卷第十八

史林十

海甯 王國維

商三句兵跋

商句兵三出直隸易州今歸上虞羅叔言參事其一銘曰大祖日己祖日丁祖日乙祖日庚祖日丁祖日己祖日己其二曰祖日乙大父日癸大父日癸中父日癸父日癸父日辛父日己其三曰大兄日乙兄日戊兄日壬兄日癸兄日癸兄日丙凡紀祖名八父名六兄名六三器之文蟬嫣相承蓋一時所鑄曩見吳縣吳愙齋中丞所藏一戈有乙癸丁三字不得其解以此三器例之蓋亦祖父之名矣所云大祖大父大兄皆謂祖父兄行之最長者大父即禮喪服經及爾雅釋親之世父古世大同字如世子稱大子世室稱大室則世父當稱大父非後世所謂王父

也其器出易州。當爲殷時北方侯國之器。而其先君皆以日爲名。又三世兄弟之名先後駢列。皆用殷制。蓋商之文化。時已沾溉北土矣。嘗讀山海經。紀王亥有易事。恆以爲無稽之說。及讀殷人卜辭。見有王亥王恆諸名。乃知楚辭天問中該秉季德一節。實紀殷之先祖王亥王恆及上甲微三世之事。與山經竹書相表裏。二書言王亥託於有易。天問作有狄。古者易狄同字。有狄即有易。蓋商自侯冥治河。已徙居河北。遠至易水左右。逮盤庚遷殷。又從先王故居。則今易州有殷人遺器。固不足怪。往者嘉興沈乙庵先生語余。箕子之封朝鮮。事非絕無淵源。頗疑商人於古營州之域。夙有根據。故周人因而封之。及示以此器拓本。先生又謂北史及隋書高麗傳之大兄。或猶殷之遺語乎。此說雖未能證實。然讀史者不可無此達識也。因附記之。

北伯鼎跋

彝器中多北伯北子器不知出於何所光緒庚寅直隸淶水縣張家窪又出北伯器數種余所見拓本有鼎一卣一鼎文云北伯作鼎卣文云北伯戏作寶尊彝北蓋古之邶國也自來說邶國者雖以為在殷之北然皆於朝歌左右求之今則殷之故虛得於洹水大且大父大兄三戈出於易州則邶之故地自不得不更於其北求之余謂邶即燕鄘即魯也邶之為燕可以北伯諸器出土之地證之邶既遠在殷北則鄘亦不當求諸殷之境內余謂鄘與奄聲相近書雒誥無若火始燄燄漢書梅福傳引作毋若火始庸庸左文十八年傳閻職史記齊太公世家說苑復恩篇均作庸職奄之為鄘猶燄閻之為庸矣奄地在魯左襄二十五年傳魯地有弇中漢初古文禮經出於魯淹中皆其證也邶鄘去殷雖稍遠然皆殷之故地大荒東經言王亥託于有易而泰山之下亦有相土之東都自殷未有天下時已入封域

又尚書疏及史記索隱皆引汲冢古文盤庚自奄遷于殷則奄又嘗為殷都故其後皆為大國武庚之叛奄助之尤力及成王克殷踐奄乃封康叔於衛封周公子伯禽於魯封召公子於燕而太師採詩之目尚仍其故名謂之邶鄘然皆有目無詩季札觀魯樂為之歌邶鄘衛時猶未分為三後人以衛詩獨多遂分隸之於邶鄘因於殷地求邶鄘二國斯失之矣

散氏盤跋

此盤銘中多國名地名前人有為之說者余以為非知此器出土之地則其中土地名無從臆說也顧此器出世已踰百年世絕無知其淵源者即近出之散伯敦矢王尊亦然嗣讀克鼎銘其中地名頗與此盤相涉如此盤云至于堆莫䕞井邑田又云至于井邑克鼎則云錫女井家𡨄田于「 」又云錫女井微𡨄人又云錫女井人奔于量知此盤出土之地距克鼎出土

之地必不遠。而克鼎出較後。器較鉅。世當有知之者。訪之十餘年。莫能答。庚申冬日。華陽王君文燾言。頃聞之陝人言。克鼎出處在寶雞縣南之渭水南岸。此地既為克之故虛。則散氏故虛必距此不遠。呂與叔考古圖有散季敦云出於乾之永壽因知散氏者。即水經渭水注大散關大散嶺之散。又銘中濾水。即渭水注中之扞水。周道即周道谷大沽者。即漾水注之故道。水岡即衙嶺山間之高地也。其諸地之總名。銘中謂之⿱眉頁。首目下文云。用夨𢦚散氏邑。乃即散用田⿱眉頁。末結上文云。正⿱眉頁夨舍散田。是⿱眉頁乃諸地之大名。其字向無確釋。案吳縣潘氏所藏益公敦有𥇛字。其文曰。隹王九年九月甲寅王命益公征𥇛寇。益公至告一月。𥇛寇至見獻帛云云。余謂𥇛字從目。⿱眉頁字從頁。其意相同。當是一字。益公敦𥇛寇連言。亦土地或種族之名。與此盤之⿱眉頁。當是一地。𥇛即古文眉字。篆文作𥈇。從尸。即尸之變化。⿱眉頁亦眉之異文。與𥇛同意。古器眉壽字多作鬳鬳等形。𦥑即古疊字之省。與眉聲陰陽對轉。鬳字即以之為聲。然則𣪕鬳亦同字。𣪕者象形字。鬳者形聲字也。古眉微二字又通用。少牢饋食禮眉壽萬年。古文眉為微。春秋左氏傳莊廿八年築郿。公穀二傳作築微。由是觀之。眉𣪕當即周初之微人。周書牧誓及庸蜀羌髳微盧彭濮人。立政夷微盧烝。向不知微所在。殆即此盤之𣪕及益公敦之眉寇也。其種族一部。早移居於渭水之北。故漢右扶風有郿縣。詩大雅申伯信邁。王餞于郿。則宗周時已有此地。蓋因此族得名。然其本國固在南山。當作此盤時。已為夨散諸國所役屬矣。又據此盤所紀地理觀之。則夨在散東。井在夨散二國閒。而少居其北。夨分井地與散。而克亦得井田。此時亦已無井國矣。此器地理本無可考。今由克鼎出土之地推考之如此。其餘諸小地。當盡在數十里閒。古今異名。寧從蓋闕矣。

克鐘克鼎跋

觀克鐘克鼎出土之地，并克鼎中錫土之事，克之疆域蓋遠矣。克器出於寶雞縣南之渭水南岸，殆克之所都。其地南鄰散氏，蓋古之井地也。然其他邑又遠在渭北，北至涇水，殆盡有豳國故地。鼎銘云錫女田于䧚原，此即公劉所瞻之溥原也。鐘銘云王親命克遹涇東至于京師。豳在涇側，自豳至京師，自應循涇水而下，則涇水之旁當有克都，而其他都乃在渭南。詩稱篤公劉，于豳斯館，涉渭為亂，克之封地，乃與古公劉同矣。

鑄公簠跋

簠云鑄公作孟妊車母媵簠。孟妊蓋鑄公之女，故為之作媵器。然則鑄，妊姓之國也。樂記，武王克殷，封黃帝之後於祝。鄭注云祝或為鑄。呂氏春秋慎大覽亦云封黃帝之後於鑄。古鑄祝同字。晉語，黃帝之子二十五宗，其得姓者十四人，為十二姓，任居其一。鑄為任姓，其為黄帝後之祝信矣。古祝音又與州同，春秋左氏及公羊傳之州吁，穀梁傳作祝吁。說文解字州从巛，从州聲，讀若祝。是鑄公即祝公，亦即州公矣。春秋桓五年，州公如曹。左氏傳作淳于公。蓋州故都淳于，後淳于入於杞，州乃西遷。左氏傳襄二十三年，臧宣叔取于鑄。杜注：鑄國，今濟北蛇邱縣。續漢書郡國志：濟北國蛇邱縣有鑄鄉城。蓋其後遷之地。此器出於齊東，或猶是都淳于時所鑄歟。（淳于在今山東青州府安邱縣境。光緒初，青州出鑄子叔黑頤所作鼎簋諸器，是亦鑄州為一之證矣。）

夜雨楚公鐘跋

夜雨楚公鐘，宋趙德父金石錄及王復齋鐘鼎款識冊已著錄。乙卯冬見於滬肆，為上虞羅參事所得。作鐘者為楚公屰，瑞安孫仲頌比部以為即史記楚世家之熊咢。咢本从屰，二字形聲皆相近，其說不可易矣。此器趙氏金石錄謂出鄂州嘉魚縣。復齋款識引石公弼云：政和三年武昌太平湖所進，武昌嘉魚南境相接。蓋出二縣間矣。案楚世家言熊繹居丹陽。至文王熊貲始都郢。中間無遷都事。惟言周夷王時。熊渠甚得江漢間民和。乃興兵伐庸楊粵至於鄂。乃立其長子毋康為句亶王。中子紅為鄂王。少子執疵為越章王。皆在江上楚蠻之地。熊渠卒。子熊摯紅立。後六世至熊咢。今熊咢之器出於武昌者。武昌即鄂。蓋熊渠之卒。熊摯紅（即中子紅）雖嗣父位。仍居所封之鄂。不居丹陽。越六世至熊咢。猶居於此。故有其遺器。楚之中葉曾居武昌。於史無聞。惟賴是器所出地知之耳。

邵鐘跋

邵鐘銘。邵黛曰。余畢公之孫。邵伯之子。前人多釋邵為莒。然邵鐘十二枚。均出山西榮河縣漢后土祠旁河岸中。非莒器明甚。余謂邵即春秋左氏傳晉呂甥之呂也。呂甥。一云瑕呂飴甥。一云陰飴甥。瑕。呂。陰。皆晉邑。呂甥既亡。地為魏氏所有。此邵伯郘黛。皆魏氏也。史記魏世家。晉文公命魏武子治於魏。生悼子。悼子徙治霍。生魏絳。司馬貞索隱引世本居篇亦云。魏武子治魏。悼子徙霍。魏於漢為河東郡河北縣。霍於後漢為河東永安縣。劉昭續漢書郡國志永安縣下注引博物記曰。有呂鄉。呂甥邑也。元和郡縣志河東道晉州霍邑縣下云。呂坂在縣東南十里。有呂鄉。晉大夫呂甥之邑也。唐武德中置呂州。取名於此。是霍與呂相距至近。悼子徙霍。或治於呂。故遂以呂為氏。魏錡稱呂錡。錡子魏相亦稱呂相。亦稱呂宣子。皆其證也。世本王侯大夫篇奪悼子一代。史記亦不載悼子之名。余謂呂錡即悼子。服杜注左氏。以錡為魏犨子。杜氏又以絳為錡子。史記則云武子生悼子。悼子生絳。二說正同。雖武子之子尚有魏顆。然錡於鄢陵之役射楚王中目。退而戰死。尤與悼之謚合也。魏氏出於畢公。此器云畢公之孫。郘伯之子。其為呂錡後人所作。彰彰明矣顧呂在永安（即今霍州）此器出滎河者蓋春秋時魏氏采地實奄有河東之半自河北（春秋前魏國故地）以北永安以南安邑以西西訖於河皆魏地也故魏壽餘僞以魏入秦而魏顆亦敗秦師於輔氏今滎河爲漢之汾陰縣地介永安與河北之閒魏氏之器出於此固其所也銘中畢公舊釋戴公或釋翼公然其字作畢與畢仲敦之畢猜伯敦之畢正同其从廾者殷虛卜辭畢字或从又作畢（殷虛書契前編卷五第十四葉）从廾與从又同意說文糞棄二字皆从廾知畢可作畢矣以人地二名互證則邵爲呂錡之呂無疑

今滎河縣古蓋有呂名呂氏春秋淮南均言古者龍門未闢呂梁未發河出孟門大溢逆流高誘二書注均謂呂梁在彭城呂縣酈氏水經注又以離石之呂梁當之胡氏禹貢錐指則曰呂梁即禹貢之梁山龍門之南山也尸子呂氏春秋淮南皆先言龍門次言呂梁其爲夏陽之梁山無疑案夏陽梁山正與今滎

河縣隔河相望。蓋魏氏初治霍州之呂，故稱呂氏。後徙汾陰，仍號汾陰爲呂，如晉遷新田仍號爲絳也。汾陰夏陽間本古河津，因謂之呂梁。其地適有梁山，於是梁山亦蒙呂梁之名矣。

邾公鐘跋

此鐘舊藏吳縣潘氏，後歸端忠敏，今藏烏程張氏。其銘曰：陸⿰蚰𩫖之孫邾公釛睪其吉金，自作禾鐘。⿰蚰𩫖字自來無釋，余謂此字从蚰𩫖聲（𩫖古墉字），以聲類求之，當是螽字。陸螽即陸終也。大戴禮帝繫篇：陸終娶於鬼方氏，鬼方氏之妹謂之女隤氏，產六子，其五曰安，是爲曹姓。曹姓者，邾氏也。史記楚世家語同，其說蓋出於世本。此邾器而云陸⿰蚰𩫖之孫，其爲陸終無疑也。殷虛卜辭有𧊒字，从鬲𩫖聲，余因此器螽作⿰蚰𩫖，因釋爲融字。古韻東冬二部之分合，久無定論。今冬部之螽融乃并以東部之𩫖爲聲，可爲古韻學家添一有力之證據也。

遹敦跋

此敦稱穆王者三。余謂即周昭王之子穆王滿也。何以生稱穆王。曰周初諸王若文武成康昭穆皆號而非謚也。殷人卜辭中有文祖丁（即文丁）武祖乙（即武乙）康祖丁（即庚丁）。周書亦稱天乙為成湯。則文武成康之為美名古矣。詩稱率見昭考。率時昭考。書稱乃穆考文王。彝器有周康卲宮周康穆宮。則昭穆之為美名亦古矣。此美名者。死稱之。生亦稱之。書酒誥首王若曰。釋文云。馬本作成王若曰。注云。言成王者。未聞也。俗儒以為成王骨節始成。故曰成王。或曰。以成王為少成二聖之功。生號曰成王。沒因為謚。衛賈以為戒康叔以慎酒。成就人之道也。故曰成。此三者吾無取焉。吾以為後錄書者加之。未敢專從。故曰未聞也。案馬所云俗儒。謂今文歐陽大小夏侯三家。是酒誥首句。三家今文并衛賈馬古文皆作成王若曰。又顧命越翌日乙丑王崩。釋文云。馬本作成王崩。漢書律歷志白虎通崩薨篇引顧命皆同。史記魯世家周公曰。吾成王之叔父。又云。必葬我成周。以明吾不敢離成王。是成王乃生時之稱。此敦生稱穆王。即其比矣。内府藏獻侯器尊。其銘曰。惟成王大□在宗周王賣獻侯器貝用作丁侯寶尊彝。是為生稱成王之證矣。考古圖所錄戠敦曰。穆公入右戠。博古圖所錄敔敦曰。武公入右敔。此皆生而稱穆公武公。是周初天子諸侯爵上或冠以美名。如唐宋諸帝之有尊號矣。然則謚法之作。其在宗周共懿諸王以後乎。

庚贏卣跋

歸安吳氏藏卣。銘曰。王洛于庚[illegible]宮。舊釋庚羆。余謂此字从貝从贏。當是贏字。假為女姓之贏。上虞羅氏藏一鼎。銘云[illegible]氏作寶鼎。字亦从貝。惟蔔伯大父簋有[illegible]字。芮君盦有[illegible]字。則徑作贏。春秋左氏宣八年經。夫人贏氏薨。葬我小君敬贏。公穀贏並作熊。觀於鼎卣二器。可知嬴熊相混之故矣。

齊國差𦉜跋

𦉜銘云。國差立事歲咸丁亥。日照許印林瀚跋此器。以爲古人用干支紀歲實始於此。余謂非也。齊器多兼紀歲月日。如子禾子釜云□□立事歲禝月丙午。陳猷釜云陳猷立事歲𩰫月戊寅。此器云國差立事歲咸丁亥。文例正同。但歲下奪一月字耳。前二器當讀厶厶立事歲爲句。厶月爲句。丙午戊寅爲句。此器亦然。云國差立事歲者。紀其年也。古人多以事紀年。如南宮方鼎云隹王命南宮伐反虎方之年。克鼎云王命克舍命于成周遹正八自之年。皆是。歲者。其月也。禝月𩰫月歲月。蓋月陽月陰之異名。齊人之語。不必與爾雅同也。丁亥者。其日也。古人鑄器多用丁亥。諸鐘銘皆其證也。然則自漢以前實無用干支紀歲之事。許說失之。至阮文達據甲午簋。謂秦始以干支紀年。則誤

以政和禮器爲秦器孫仲容已糾正之矣癸亥季夏

攻吳王大差鑑跋

銘云攻吳王大差𢍶其吉金自作御監人見有吳王大差字以爲吳王夫差之器也是說也余甚疑之以是器出山西不得爲吳物故曩以攻吳爲工虞當是官名王大差則人名也頃閱篋中所蓄金文拓本有丹徒劉氏所藏一鐘銘曰唯正月丁亥工𫊸王皮難之子諸減自作□鐘云云又讀西清續鑑亦有工𫊸王皮難之子諸濫鐘凡十有一皆出臨江因思吳𫊸同音工𫊸亦即攻吳皆句吳之異文古音工攻在東部句在侯部二部之字陰陽對轉故句吳亦讀攻吳皮難無考以聲類求之當即史記吳泰伯世家之頗高乃吳子壽夢之曾祖史記載頗高子句卑與晉獻公同時則皮難王吳當在春秋之初葉矣至吳𫊸互用亦與古器邾鼄互用不礙其爲一國然則此器之攻吳王大

差。或即吳王夫差矣。此器形制鉅麗。爲春秋時諸器之冠。非夫差之侈。不易辦。此其出於晉地者。或黄池之會所遺弃歟。甲子五月。

王子嬰次盧跋

新鄭所出銅器數百事。皆無文字。獨有一器長方而挫角者。有銘七字。曰王子𡢁次之□盧。余謂𡢁次即嬰齊。乃楚令尹子重之遺器也。說文貝部。賏頸飾也。从二貝。又女部。嬰頸飾也。从女賏其連也。是賏嬰一字。案男子頸無飾。賏蓋專施於女子。故字亦从女作嬰。此器又省作𡢁。从一貝。與从二貝。意無以異也。又次齊古同聲。故齊聲之字亦从次聲。徵之說文。則餈饝同字。䪡齏同字。粢穧同字。經典資斧亦作齊斧。墻茨亦作墻薺。采茨亦作采齊。粢盛亦作齍盛。蠐螬亦作蠀螬。又齊威王之名。史記六國表田敬仲完世家魯仲連傳並作因齊。戰國策作嬰齊。而傳世陳侯因資敦陳侯因資戈弁作因資。資亦齎之異文也則晏次二字即嬰齊無疑。古人以嬰齊名者。不止一人。獨楚令尹子重為莊王弟。故春秋書公子嬰齊。自楚人言之。則為王子嬰齊矣。子重之器何以出於新鄭。蓋鄢陵之役。楚師宵遁。故遺是器於鄭地。此器品質制作。與同時所出他器不類。亦其一證。然則新鄭之墓。當葬於魯成十六年鄢陵戰役後。乃成公以下之墳墓矣。

盧。說文云。飯器也。又云。凵盧。飯器。以柳為之。盧者。凵盧之畧也。字亦作笞。說文云。笞。箱也。又云。籍。飯笞也。受五升。秦謂笞為籍。又作簏。方言云。簏。南楚謂之筲。趙魏之郊謂之去簏。去簏即凵盧。合言之。又謂之笞去籚士昏禮注云。笄蓋如今之笞去籚矣。余謂笞簏盧籚本是一字。隸釋所錄魏三字石經春秋笞之古文作筤。篆隸二體作笞筤者。籚字之譌畧。上虞羅氏藏鄘侯敦。

鄦侯亦即筥侯。又藏闌丘□□戈。闌丘亦即閭丘。足證筥盧之為一字矣。詩采蘋傳。方曰筐。圓曰筥。今世所傳古簠簋皆長方形。惟四隅則簠方而簋圓。而簠亦有匡名。定邸藏叔家父簠。其銘曰叔家父作中姬匡。海豐吳氏藏史允簠。其銘曰史允作旅匡。尹氏銘曰尹氏貯□作旅匡。此三器余皆未得見。然諸家著錄皆謂之簠。則形之類簠可知。類簠者謂之匡。則類簋者自當為筥。此器形下斂上侈。似簠。而四角橢。則似簋。其四旁有耳而下無跗。又與簠簋均異。不知定邸及吳氏之匡其形制如何。疑亦類此而銳其角者。要之筐筥二字本不从竹。故不必以竹為之。又筐方筥圓。亦如簠方簋圓。皆以其角言之。非正方正圓之器也。

秦公敦跋

右秦公敦。出甘肅秦州。今藏合肥張氏。器蓋完具。銘辭分刻器蓋語相銜接與編鐘之銘分刻數鐘者同為敦中所僅見其辭亦與劉原父所藏秦盄龢鐘大半相同蓋一時所鑄字迹雅近石鼓文金文中與石鼓相似者惟虢季子白盤及此敦耳虢盤出今鳳翔府郿縣禮邨乃西虢之物班書地理志所謂西虢在雍者也此敦雖出甘肅然其敘秦之先世曰十有二公亦與秦盄龢鐘同雖年代之說歐趙以下人各不同要必在德公徙雍以後雍與西虢壤土相接其西去陳倉亦不甚遠故其文字體勢與寶槃獵碣血脈相通無足異也此敦器蓋又各有秦漢間鑿字一行器云卥元器一斗七升八奉敦蓋云卥一斗七升太半升蓋卥者漢隴西縣名即史記秦本紀之西垂及西犬邱秦自非子至文公陵廟皆在西垂此敦之作雖在徙雍以後然實以奉西垂陵廟直至秦漢猶為西縣官物乃鑿款於其上猶齊國差𦉜上有大官十斗一鈞三斤刻款亦秦漢間尚為用器之

證也。故此敦文字之近石鼓，得以其作於汧雍以後解之。其出於秦州，得以其爲西垂陵廟器解之。（漢西縣故址在今秦州東南百廿里）癸亥八月。

秦新郪虎符跋

新郪虎符文四行，錯金書，云：甲兵之符，右在王，左在新郪。凡興士被甲，用兵五十人以上，必會王符，乃敢行之。燔燧事，雖無會符，行殹。羅叔言參事得其影本，臨以寄余。其文甲作甲，兵作兵，在作十，與秦陽陵符同。凡作凡，與散氏盤同。敢作設，也作殹，與詛楚文同。餘字皆同小篆。余謂此秦符也。新郪本魏地，魏策蘇秦說魏王，大王之國，南有許、鄢、昆陽、邵陵、舞陽、新郪。至安釐王時，尚爲魏有。史記魏世家：安釐王十一年（秦昭王四十一年），秦拔我郪丘。應劭以爲即新郪。然郪丘，秦本紀作邢丘，六國表作廩丘，秦本紀言是年攻魏取邢丘、懷。邢丘與懷二地相接，自當以邢丘爲長。其後公子無忌說魏王，云秦葉陽、昆陽與舞陽鄰，是彼時葉陽昆陽屬秦舞陽屬魏新鄭在舞陽之東其中間又隔以楚之陳邑時楚正都陳秦不能越魏楚地而東取新鄭明矣至昭王五十四年楚徙鉅陽始皇五年又徙壽春新鄭入秦當在此前後然則此符當為秦幷天下前二三十年間物也

秦陽陵虎符跋

陽陵銅虎符藏上虞羅氏長漢建初尺四寸許左右二符膠固為一金錯篆書文各十二曰甲兵之符右在皇帝左在陽陵實秦虎符也案漢書景帝紀葬陽陵地理志左馮翊陽陵縣故弋陽景帝更名或據此以為漢景武以後之物然與漢符不合者有五史記及漢書文帝紀二年九月初與郡國守相為銅虎符竹使符今傳世漢虎符其文皆云與某郡守（或大守）為虎符與此符文絕不同又陽陵乃縣名非郡國名無與為虎符之理此與漢制不合者一也漢符之數應劭云銅虎符第一至第五今傳

世漢符。肋下皆有某郡左幾某國右幾字。皆記數字。此符無之。與漢制不合者二也。漢符傳世者。其文刻於脊上合之而後可讀。如周官傅別之制。此符左右文同。皆在脊左右。如周官質劑之制。此其不合者三也。史記正義引崔豹古今注云。銅虎符銀錯書之。今古今注無此條今傳世漢符皆係銀錯。此符獨用金錯。此其不合者四也。此符字畫頗肥。而所錯之金極薄。幾與以泥金書者相等。若漢世金錯器。如莽幣一刀平五千之一刀二字。則字細而金厚。他器如安昌車飾等亦然。此其不合者五也。若云秦符。則有四證焉。漢志陽陵雖云景帝所置。然史記高祖功臣侯年表有陽陵侯傅寬。列傳亦同。索隱云。陽陵。楚漢春秋作陰陵。然雖縣郭氏有陽陵邑丞封泥。邑丞者。侯國之丞。足證傅寬所封為陽陵而非陰陵。是高帝時已有陽陵。其因秦故名。蓋無可疑。此一證也。此符字數左右各十二字。共二十四字。皆為六之倍數。

案史記秦始皇本記稱數以六為紀故秦一代刻石有韻之文皆用六之倍數此符亦同此二證也文字謹嚴寛博骨勁肉豐與泰山琅琊臺刻石大小雖異而體勢正同非漢人所能彷彿此三證也若云秦符則其左右二符合併之故亦可得而言焉

案秦漢虎符右常在內左常在外不相合并秦始皇本紀及高祖本紀皆云秦王子嬰奉天子璽符降軹道旁蓋子嬰於降漢之時斂左符而并獻之秦璽入漢既為傳國之寶此符雖不復用亦必藏之故府為國重器合置既久中生鏽澀遂不可開否則右符既不常在外左符亦無入京師之理二符無自膠固矣此四證也或又謂此符長短與始皇本紀所云符法冠皆六寸者不合然六寸之符謂竹使符漢竹使符亦長六寸同於秦制若虎符則發兵之事貴於慎密短則易藏而難見故長僅四寸許此又求之事理而可通者也

李斯書存於今者。僅泰山十字耳。琅邪臺刻石則破碎不復成字。即以拓本言。泰山刻石亦僅存二十九字。琅邪臺雖有八十五字。而漫漶過半。此符乃秦重器。必相斯所書。而二十四字字字清晰。謹嚴渾厚。徑不過數分。而有尋丈之勢。當為秦書之冠。惜係錯金為之。不能拓墨耳。

此符甲字作甲。从古文甲。在字作十。亦猶用古文不用小篆。而會稽刻石數動甲兵之甲。嶧山刻石維初在昔之在。皆與今小篆同。殆兩刻皆在同一文字之後。此符之作尚在其前也。

行文平闕之式。古金文中無有也。惟琅邪臺殘石。則遇始皇帝成功盛德及制曰可等字。皆頂格書。此為平闕之始。此符左右各十二字。分為二行。皇帝二字適在第二行首。可知平闕之制。自秦以來然矣。

古代文字極難作偽。如嶧山刻石文雖不見於史記。然一讀其

文可決其為嬴氏物也此符雖寥寥十二言然如右在皇帝四字豈漢以後人所能作耶

記新莽四虎符

傳世新莽虎符四濰縣陳氏藏一符脊文曰新與河平□□連率為虎符脅文曰河平郡左二吳縣吳氏藏二符其一脊文曰新與壓戎□□連率為虎符脅文曰壓戎郡右二其二曰新與敦德廣桓連率為虎符脅文曰敦德郡左二吳縣蔣氏藏一符脊文曰新與武亭汩汩連率為虎符脅文僅武亭二字可辨皆錯金書與秦符同脊文半在他符故有不可辨之字河平符河平半字下為彐卣二半字案漢書地理志平原郡莽曰河平又其屬羽縣莽曰羽貞則彐卣乃羽貞二字之半也隴西郡莽曰厭戎又其屬西縣莽曰西次壓戎符脊文戎字下存畐亶二半字似西道二字之半此郡屬縣多以道名疑莽之西次亦名西

道也。敦煌郡。莽曰敦德。其屬廣至[illegible]。莽曰廣桓。吳氏第二符脊文廣字下仍木旁。則當是桓之半字也。惟武亭一郡。不見漢志。漢志載莽郡之以亭名者。有治亭。（東郡）有同亭。（牂牁郡）而東郡屬清縣下。莽曰清治。今武亭符脊文。亭下二字皆从水旁。疑清治二字之半。而武亭亦即治亭之初名。王莽之篡。成於東郡翟義之平。則名此郡為武亭。固其宜也。此諸符脊文但云河平郡。壓戎郡。敦德郡。武亭郡。而脊文言河平羽貞連率。壓戎西道連率。敦德廣桓連率。武亭清治連率。於郡下復綴一縣者。蓋莽以古之連率所統非一國。故於郡下復舉一縣。使若統二郡者。實則仍領一郡而已。王莽傳稱翼平連率田況。夙夜連率韓博。翼平故北海壽光縣。夙夜故東萊不夜縣。均非莽郡。疑其本名當云北海翼平連率。東萊夙夜連率。（漢志北海東萊不著莽所改名蓋均仍其故）而史畧之也。因跋此四符。遂并著之。

隋銅虎符跋

兵符之制。古者皆右在内而左在外。又左右之數各同。三代不可考。曲禮曰。獻粟者執右契。鄭注。契。券要也。右為尊。契以右為尊。符節可知。尊者在内。卑者在外。亦可知也。秦虎符右在皇帝左在陽陵。蓋用古制。漢則文帝二年初與郡國守相為銅虎符竹使符。師古曰。與郡守為符。右留京師。左以與之。則右内左外。與秦制同。顏注又引應劭曰。銅虎符第一至第五。國家當發兵遣使者至郡合符。乃聽受之。此藏於内者也。文選潘元茂冊魏公九錫文云。授君金虎符第一至第五。此頒於外者。是内外之數同也。今傳世漢以後諸符。如漢魏郡太守虎符（嘉定瞿氏藏）東萊太守虎符（濰縣陳氏藏）玄菟太守虎符（海豐吳氏藏）漁陽太守虎符（吳縣吳氏藏）長沙太守虎符（同上）及王莽壓戎敦德二符。背文皆云左二。漢常山太守虎符（濰縣陳氏藏）則云左三。晉上黨太守二符。一云右二。一云左二。是左右數同之證也。（左右各五）隋兵符亦然。吳縣蔣氏藏隋虎符八。吳氏藏隋符二。又有一符不知藏誰氏共十一枚。其中右符六。曰右禦衛相原四。曰右禦衛永昌二。曰右禦衛美政五。曰右翊衛天井一。曰右翊衛石橋二。左符五。曰右禦衛安昌四。曰右武衛白松二。曰右屯衛溫陽一。曰右屯衛清湖四。曰左屯衛赤城五。左右孰內孰外。雖不可考。然左右二符各有第四第五。則左右之數亦當相等。如秦漢以來制也。兵符之制。至唐始大變。大唐六典載銅魚符。王畿之內左三右一。王畿之外左五右一。左者進內。右者在外。不獨左內右外。左右之數亦各不同。宋符兼用古制與唐制二者。玉海（八十二）載康定元年八月二十四日端明殿學士李淑等言。參酌古制定銅符形制。上刻篆文曰某處發兵符。下鑄虎豹飾。而中分之。右符五。左旁作虎豹頭四。左符一。右旁為四竅。令可契合。又以篆文相向側刻十干字為號。右符留京

師樞密院左符降付諸處慶歷元年罷然則宋符右內左外與秦漢同而內五外一則用唐制自來兵符之制度即此可覩矣

偽周二龜符跋

吳縣吳窓齋中丞藏龜符二一曰太和門外左龍武軍二曰鷹揚衛左紫輝第四二符皆贗也案長安志云大明宮東面第一門曰太和門又曰太和門外從東第一曰左羽林軍第二曰左龍武軍第三曰左神策軍與此符合然此符作龜形當為武后時物而龍武軍置於元宗時舊唐書職官志云初太宗選飛騎之尤驍健者別署百騎以為翊衛之用天后初加置千騎中宗加置萬騎分為左右營置使以領之開元二十七年改為左右龍武軍新書兵志則云及元宗以萬騎平韋氏改為左右龍武軍唐會要七十一載開元二十六年十一月析左右羽林軍置龍武軍以左右萬騎隸馬注云或出開元二十七年三月廿七日此

龜符為武后時物時尚無左龍武軍之名又考唐六典成於開元二十四年而北軍只有左右羽林一軍無龍武軍杜甫曲江對雨詩龍武新軍深駐輦是詩作於至德之初而軍成於開元之末相距十六七載故曰新軍若偽周時已有龍武軍則不得云新矣此龜符蓋放九仙門外右神策軍魚符而作者而不知武后時無龍武軍也又鷹揚衛左紫輝第四一符乃左符六典言兵符王畿之內左三右一鷹揚衛近在皇城左符不得有四亦係偽作中丞博雅精鑒乃於此二符失之甚矣考古之不易也

元銅虎符跋

上虞羅氏藏銅牌一上端文隱起作虎首首下有孔以便繫佩孔下蒙古字一行兩面同余謂此即元史之虎符也元之虎符俗云虎頭牌汪元量水雲集湖州歌云文武官僚分二品還鄉

盡帶虎頭牌。關漢卿閨怨佳人拜月亭雜劇云。虎頭兜金牌腰內懸。則當時本謂之牌。不謂之符。雅言謂之虎符。名雖古制則非矣。往讀元史。竊怪元人受虎符之賜者極多。乃無一傳世者。今見此牌。并憶汪關詩詞語。可以知當時金銀諸符之制矣。

匈奴相邦印跋

匈奴相邦玉印。藏皖中黄氏。其形制文字。均類先秦古鉨。當是戰國訖秦漢間之物。考六國執政者均稱相邦。秦有相邦呂不韋。（見戈文）魏有相邦建信侯。（見劍文）今觀此印。知匈奴亦然矣。史家作相國者。蓋避漢高帝諱改。史記大將軍票騎列傳屢言獲匈奴相國都尉等。而匈奴列傳記匈奴官制。但著左右賢王以下二十四長。而不舉其目。又言二十四長亦各自置千長百長十長裨小王相封都尉當户且渠之屬。（漢書相下無封字）相封即相邦。古邦封二字形聲並相近。易邦為封。亦避高帝諱耳。惟匈奴傳之相封。謂左右賢王以下所置相。匈奴諸王各有分地。大畧如漢之諸侯王。其相亦當如漢之諸侯相。此匈奴相邦。則單于自置之相。畧如漢之丞相矣。匈奴遺物傳世者。惟漢所賜之匈奴官印。其形制文字自當與漢印同。此印年代較古。又為匈奴所自造。而制度文字並同先秦。可見匈奴與中國言語雖殊。尚未自制文字。即有文字。亦當在冒頓老上以後。非初葉之事矣。

漢王保卿買地券跋

漢王保卿買地券。近出洛陽。其券云。從河南河南街郵部男子袁叔威買睪門亭部什三陌西袁田三畝。睪即皋之別字。案文選潘安仁西征賦云。乃越平樂。過街郵。秣馬皋門。稅駕西周。又水經注瀍水云。河南縣北有潛亭。瀍水出其北梓澤中。水西有一原。其上平敞。即舊亭之處也。潘安仁西征賦所謂越街郵者也。又穀水注云。穀水東至千金堨。東合舊瀆。舊瀆又東。晉惠帝造石梁於水上。瀆口高三丈。謂之睪門橋。潘岳西征賦曰。秣馬睪門。即此處也。據此券。則漢時已有皋門亭。其橋亦當是漢時舊迹。酈注稱橋西門之南頰。文稱晉元康二年十一月二十日改治石巷。到三年三月十五日畢。而西征賦作於元康二年。已有睪門。且石刻云改治石巷。則非惠帝始築明矣。其地據酈注之說。當在今洛陽城。之東北。金墉城之西。金谷園故址之南。此券出土。必於是間矣。甲子重陽日記。

宋一貫背合同銅印跋

上虞羅氏藏一貫背合同銅印。此南宋會子印也。金人鈔幣亦有合同印。金史食貨志言。先是嘗行三合同交鈔。至泰和二年止行於民間。今傳世金大鈔銅板。闌外有中都合同南京合同平涼府合同三印。又太倉徐氏藏貞祐五貫銅板。闌外有京兆府合同平涼府合同二印。其印皆附於版上。此云壹貫背合同。

不著地名而著貫數與金制不同案宋史輿服志載行在都茶場會子庫每界給印二十五國用印三鈕各以三省戶房國用司會子印為文檢察印五鈕各以提領會子庫檢察印為文庫印五鈕各以會子庫印造會子印為文合同印十二鈕一貫文二鈕各以會子庫一貫文合同為文五百文二百文準此此云壹貫背合同亦著貫數乃宋制也宋志所云一貫文合同蓋印於會子面者與金鈔板所附合同印同此云背合同必印於會子之背明洪武一貫寶鈔背有印造寶鈔局印及一貫印當仍金元舊制以此推之則宋之會子紙背亦當有印又金之地名合同印皆與鈔板聯合者所以省重印之勞此印單行為印於紙背者無疑矣因宋志失記故詳著之

書宣和博古圖後

蔡條鐵圍山叢談載其所作古器說云太上皇帝即位憲章古

始及大觀初乃倣李公麟之考古圖作宣和殿博古圖凡所藏者為大小禮器則已五百有幾獨政和間為最盛尚方所貯至六千餘數百器時所重者三代之器而已若秦漢間非殊特蓋亦不收及宣和後則咸蒙貯錄且累數至萬餘若岐陽宣王之石鼓西蜀文翁禮殿之繪象凡所知名罔間鉅細遠近悉索入九禁而宣和殿後又創立保和殿者左右有稽古博古尚古等閣咸以古玉璽印諸鼎彝法書圖畫咸在云云案此說記徽宗一朝最為詳盡然亦有夸誕失實處如謂宣和博古圖之名取諸宣和殿又謂其書成於大觀之初而不在宣和之末其實不然翟耆年籀史謂政和癸巳秋獲兕敦於長安而博古圖中已著錄是敦又趙氏金石錄謂重和甲戌安州孝感縣民耕地得方鼎三圜鼎二甗一謂之安州六器而此圖中已著錄其四其二舊失其名諒亦必在圖中又趙氏謂宣和五年青州臨淄縣

民於齊故城耕地得古器物數十種。其間鐘十枚尤奇。而此圖已著錄其五。則此書之成。自當在宣和五年之後。不得在大觀初。而圖中所載古器僅五百餘。則政和六千餘器宣和萬餘器之說。亦不足信。或蔡氏并古玉璽印石刻書畫之數計之。然第如此圖所錄。已為古今大觀矣。至此圖中各器物。靖康之亂。已悉為金人輦之而北。然其十之一二。尚見於張掄紹興內府評中。蓋金人不甚重視古器。而宋之君臣方懸重值購之。故汴京內府及故家遺物。往往萃於榷場。如劉原父舊藏張仲簠劉炎於榷場得之。畢良史亦得古器十五種於盱眙榷場。上之祕府。其中八種。亦博古圖中物也。建炎以來繫年要錄云。紹興十五年。以畢良史知盱眙軍。案三朝北盟會編謂良史以買賣書畫古器得幸於思陵。則良史之知盱眙。當由高宗使之訪求榷場古器耳。此事前人未悟。故並著之。

齊魯封泥集存序

自宋人始為金石之學。歐趙黄洪各據古代遺文以證經考史。咸有創獲。然塗術雖啟。而流派未宏。近二百年始益光大。於是三古遺物應世而出。金石之出於邱隴窟穴者。既數十倍於往昔。此外如洹陰之甲骨。燕齊之陶器。西域之簡牘。巴蜀齊魯之封泥。皆出於近數十年間。而金石之名乃不足以該之矣之數者。其數量之多。年代之古。與金石同。其足以考經證史。亦與金石同。皆古人所不及見也。癸丑之歲。上虞羅叔言參事既印行敦煌古佚書及所藏洹陰甲骨文字。復以所藏古封泥拓本。足補濰縣陳氏海豐吳氏封泥考畧之闕者甚多。因屬國維就考畧所無者。據漢書表志為之編次。得四百餘種。付諸精印。以行於世。竊謂封泥與古璽印相表裏。而官印之種類。則較古璽印為尤夥。其足以考正古代官制地理者。為用至大。姑就此編所錄舉其犖犖大者以官制言之則漢諸侯王官屬與漢朝無異也漢書諸侯王表謂藩國宮室百官同制京師百官公卿表謂諸侯王羣大夫都官如漢朝賈誼書亦謂天子之於諸侯臣同御同宮牆門衛同初疑其為充類之說非盡實錄乃此編所載齊國屬官除丞相御史大夫外則大匠當漢之將作大匠長秋當漢之大長秋下至九卿所屬令丞如大祝祠祀園寢諸官為奉常之屬郎中為郎中令之屬中廄丞為太僕之屬內官丞為宗正之屬大倉大官樂府居室謁者御府宦者諸官為少府之屬武庫丞為中尉之屬食官為詹事之屬鍾官為水衡之屬屬官既備長吏可知始知賈生等齊之篇孟堅同制之說信而有徵此其關於官制者一也若夫扶風列表司馬續志成書較後頗有闕遺此篇所錄則漢朝官如雒陽宮丞宮司空私官丞中私官丞（漢書張安世傳雖有私官然百官表有私府無私官）王侯屬官如齊武士丞齊昌守丞齊中右

馬、齊中左馬、齊司空長、齊司宮丞、齊左工丞、菑川郎丞、載國大行、郡縣屬官如水丞、平丞、陶丞、餘官如司空、祠官、橘監、發弩、兵府、治府、皆班表、馬志所未載、餘如挏馬五丞中之有農丞、樂府之有鐘官、此樂府鑄鐘鎛之官非水衡掌鑄錢之鐘官也鐘官之有火丞、班表亦僅列官府之目、未詳分職之名、此關於官制者二也、至於考證地理、所裨尤多、以建置言之、則此編中郡守封泥有臨菑、濟北二郡、太守封泥有河間、即墨二郡、郡尉封泥有城陽一郡、皆漢志所無、案漢書高帝紀、以膠東、膠西、臨淄、濟北、博陽、城陽郡七十三縣立子肥為齊王、史記齊悼惠世家、以齊之城陽郡立朱虛侯為城陽王、以齊濟北郡立東牟侯為濟北王、則漢初及全齊之時、有臨淄、城陽、濟北三郡也、楚元王世家、取趙之河間郡立趙王遂弟辟彊為河間王、是趙國有河間郡也、且濟北建國、自興居國除之後、安都侯未封之前、中為漢郡者十一年、城陽則共王徙淮南後中為漢郡者四年皆在孝景時郡守為大守郡尉為都尉之前則濟北城陽守尉二印固所宜有也惟臨菑守一印則齊國既建之後當稱内史國除之後又當稱齊郡太守此印云臨菑守必在高帝初葉悼惠未封之時且臨菑二字猶當為秦郡之名也夫始皇既滅六國所置諸郡無即以其國名之者東郡不云衛郡潁川不云韓郡邯鄲不云趙郡何獨臨淄乃稱齊郡然則漢之初郡必襲秦名則班固以齊郡為秦郡而不云故秦臨淄郡者非也河間即墨二大守封泥皆孝景中二年以後物即墨乃膠東國屬縣而河間膠東二國自孝景以至孝平未有絶世光武中興乃并河間於信都以膠東封賈復然則此二郡大守之印當在亡新之後建武之初與封泥考畧之膠東太守膠西大守二印均足補漢志之闕者也此外縣邑封泥如盧邱丞梧里丞稷丞等前後二志均無此縣此關於地理之建置者一

也漢表稱列侯所食縣曰國皇大后皇后公主所食曰邑今此編中邑丞封泥二十有八除琅邪為魯元公主所食邑外餘皆列侯食邑惟載國大行一封泥乃稱國耳此關於地理之稱號者二也又縣邑之名往往岐誤如齊悼惠王子罷軍所封侯國史漢均作管今封泥有菅侯相印菅屬濟南時為齊縣王子所封當在境内則管侯乃菅侯之譌也齊哀王舅駟鈞所封國史記孝文紀作清郭漢書文帝紀作靖郭史表作清都漢表作鄔徐廣注史表又云一作梟今封泥有請郭邑丞請郭丞則知前五名皆請郭之譌也華毋害所封國史表作絳陽漢表作終陵今有絳陵邑丞封泥則史記陽字誤漢書終字誤也祕彭祖之國史漢二表並作戴索隱音再今有載國大行封泥則音不誤而字誤也餘如臨淄之為臨菑劇之為勮萊蕪之為來無不其之為茀其臨轅之為臨袁均字有通假形有增損非有實物孰

能知之。此關於地理者三也。至於二書違異。無所適從。如漢表洨夷侯周舍。史表洨作郊。郁根侯驕。史表郁根作郁狼。今封泥有郊侯邑丞及郁狼鄉印。左傳隱元年注亦云高平方與縣東南有郁郎亭。與此封泥字異音同。則史是而漢非也。濟南著縣。前後二志均為著字。韋昭讀為著龜之著。師古非之。然後魏濟南尚有著縣。今封泥又有著丞之印。則韋是而顏非也。東萊掖縣。二志皆從手旁。齊策兩云夜邑。今封泥有夜丞之印及夜印。則齊策是也。古地名有歷字者。字均作磿。如秦策及史記春申君列傳之濮磿。史記侯表之磿侯。樂毅列傳之磿室。今本皆轉譌作磨。今封泥有磿城丞印。足證上三磿字皆磨之譌。此關於地理者四也。凡此數端。皆足以存一代之故。發千載之覆。決聚訟之疑。正沿襲之誤。其於史學裨補非鮮。若夫書跡之妙。冶鑄之精。千里之潤。施及藝苑。則又此書之餘事。而無待贅言者也。

至封泥之由來與其運用。詳余簡牘檢署考。其出土源流。則參事序中詳之。並不贅云。

書齊魯封泥集存後

齊魯封泥集存中有清河大守河間大守即墨大守三印。文字精絕。自其形制觀之。當爲漢初之物。與中葉後印絕不同。余前序此書。以改郡守爲太守在景帝中二年七月。漢書景帝紀及百官公卿表具有明文。而河間國封有孝景前二年四月。膠東國治即墨。封於孝景中二年三月。自是訖於王莽之簒。未嘗爲漢郡。是前漢不得有此二郡大守。故定爲光武初年之物。然細觀之。其形制文字終不類東京。又考之後漢之初。亦無置即墨郡之理。即墨在前漢爲膠東國都。至王莽廢膠東國爲郡。改爲郁秩。以其屬縣之郁秩（莽曰郁秩亭）爲名。則莽時郁秩郡。當治郁秩。而不治即墨。光武但復膠東之名。而郡治仍之。故建武十三年封賈復為膠東侯。食郁秩壯武下密即墨挺胡觀陽六縣。以郁秩為首。至肅宗時。復孫敏有罪。國除。更封復小子邯為膠東侯。邯弟宗為即墨侯。各食一縣。以膠東與即墨為二縣。膠東前無此縣。蓋即郁秩。此又後漢之膠東不治即墨而治郁秩之一證也。故光武初年決無置即墨郡之理。而景帝中二年後。迄於孝平。膠東國又未嘗為漢郡。則此印非漢初之物。而何。蓋即墨自戰國時已為重地。與臨淄並。故張儀說齊王曰。臨淄即墨非王之有。田肯說漢高帝。亦曰齊東有琅邪即墨之饒。田市之王膠東。實都即墨。及高帝以膠東等郡立子肥為齊王。文帝分齊別郡置膠東國。亦仍其故治。而中間膠東郡之稱。或為即墨。猶菑川郡之或稱劇郡。東海郡之或稱郯郡。淮陽郡之或稱陳郡。各以所治之縣名之也。故即墨為漢初之郡。殆無可疑。漢書高五王傳謂齊悼惠王得自置二千石。此印猶當為悼惠王所鑄也。河間大守清河大守二印。形制相同。亦可因此而決其為漢初之物。至大守之稱。戰國時已有之。亦非自景帝中二年始。墨子號令篇云。操大守之節而使者。又云。勇士父母親戚妻子之舍必近大守。又云。望氣者舍必近大守。凡言大守者三。趙策。請以三萬户之都封大守。千户封縣令。史記趙世家亦引其文。則戰國時已有大守矣。即云墨子號令諸篇多秦漢間制度。或係漢時墨者所作。戰國策之文亦有後人增益。然上所述地理沿革上之證據。既明白如彼。則轉可由此封泥而證漢初郡守已名大守。至景帝中二年更名郡守為大守。不過以七國既平。大啟郡縣。具時領郡之官。或稱郡守。或稱大守。故整齊畫一之耳。同時又改郡尉為都尉。都尉之稱。漢初亦有之。均非至是創作也。

此編又有齊昌守丞封泥。殆亦齊悼惠王時物。案漢志無昌郡。則不得有守丞。惟琅邪郡有昌縣。又千乘郡博昌縣下注引應劭曰。昌水出東萊昌陽。皆在齊地。此當與即墨郡皆爲悼惠王所置。此昌守丞上冠以齊字。尤明示此事實矣。

南越黄腸木刻字跋

甲寅乙卯間。粤東南海人治地得南越文王故冢。有大木數十章。皆長丈餘。方尺餘。每章刻甫一甫二以至甫幾十。此木有甫十八三字。蓋其第十八枚。余謂此椁木也。古椁用木爲之。檀弓曰。天子柏椁。喪大記曰。君松椁。大夫柏椁。士雜木椁。是也。漢時謂之黄腸。漢書霍光傳。賜梓宫便房黄腸題湊。如淳引漢儀注曰。天子陵中明中高丈二尺四寸。周二丈。内梓宫。次楩椁。黄腸題湊。是黄腸題湊最在外也。水經湘水注引郭頒世語。魏黄初末。吴人發長沙王吴芮冢。取木。於縣立孫堅廟。墓中木可作廟材。其巨可知。南越墓中皆巨材。可見當時制度皆如此。黄腸之爲木固矣。然後世或兼以石爲之。周禮方相氏鄭注云。天子之楖柏。黄腸為裏。而表以石焉。鄭君之注。蓋以漢制說周禮。其所用之石。亦謂之黄腸。余曩見浭陽端氏藏一石。上刻三十三字曰。第九百二十五。廣三尺。厚尺五寸。長三尺九寸二分。熹平元年十月。吏黄腸掾王條主。按此種墓石。古代已有出土者。水經濟水注。漢靈帝建寧四年。於敖城西北壘石為門。以遏渠口。（浚儀渠）謂之石門。石銘曰。建寧四年十一月。黄腸石也。而主吏姓名磨滅不可復識云云。實則酈氏所見石門。乃後世發漢建寧舊墓石為之。酈氏誤以治石之年為作門之年。不悟水門之銘。不得稱黄腸石也。然則黄腸本用木。後代以石。端氏藏石所云吏黄腸者。吏者代也。其所云第九百二十五者。即此木之所記甫一甫二以至於甫幾十也。又曩見陽嘉元年一石。云第卅二。熹平三年一石。云第四百四十三。皆與此同。而此前於諸石者又數百年。可以見漢代文化南北畧同矣。

觀堂集林卷第十九　史林十一

海甯　王國維

王復齋鐘鼎款識中晉前尺跋

古尺存於今者。惟曲阜孔氏之後漢建初尺。濰縣某氏之新莽始建國銅尺耳。上虞羅氏藏古銅尺一。牙尺一。並與建初尺長短略等。然無銘識。以制度觀之。實漢物也。又有元延銅尺。不知藏誰氏。較建初尺弱二分許。其銘識乃仿元延銅為之。蓋非真物。蜀尺則上虞羅氏舊藏章武弩機。其望山上有金錯小尺。與建初尺長短略同。此弩機後為端忠敏公索去。載於陶齋吉金錄。圖中失摹其尺。殊可惜也。又藏魏正始弩機。亦有尺度。較建初尺微長。殆即隋書律歷志所謂杜夔尺也。晉尺未有傳者。世所謂晉前尺。拓本皆出於王復齋鐘鼎款識。國朝諸大家如沈果堂程易疇阮文達等。皆以是為真晉尺也。然其銘詞則曰周尺漢志鎦歆銅尺後漢建武銅尺晉前尺並同凡一十九字與隋志所載晉前尺銘不合（隋志祖沖之所傳銅尺其銘曰晉泰始十年中書考古器揆校今尺長四分半所校古法有七品一曰姑洗玉律二曰小呂玉律三曰西京銅望臬四曰金錯望臬五曰銅斛六曰古泉七曰建武銅尺姑洗微強西京望臬微弱其餘與此尺同凡八十二字）且此尺苟為荀勗所制尤無自稱晉前尺之理故羅叔言參事疑為宋人仿造余考之宋史律歷志知即宋高若訥所造隋志十五種尺之一也宋志謂若訥用漢貨泉度尺寸依隋書定尺十五種上之藏於太常寺一周尺與漢志劉歆銅斛尺後漢建武中銅尺晉前尺同云云與此尺銘辭只差三字則此尺為若訥所造甚明易疇先生乃謂以莽布校之豪髮不爽遂定為真晉前尺不知若訥此尺正用莽布所造則自無不合之理以易疇之聰明而尚為所欺殊不可解然復齋款識已收此拓本則南宋人已以此為真晉尺此亦猶政和禮器南渡後即以為劉宋器也然則晉前尺世間久無此物亦無拓本雖可以建初始建國二尺及錢布弩機等

推校之，亦僅能得其近似，若訥所造，復齋所收，亦所謂得其近似者，遽以是為眞晉尺，則大誤矣。

日本奈良正倉院藏六唐尺摹本跋

日本奈良正倉院藏唐尺六，乃彼國天平勝寶八年（當唐至德二載）孝謙天皇之母后獻於東大寺者，凡紅牙撥鏤尺二，綠牙撥鏤尺二，白牙尺二。曾影印於東瀛珠光中。余從沈乙庵先生借摹，以今工部營造尺度之，綠牙尺乙長九寸五分五釐，紅牙尺乙長九寸四分八釐，白牙尺二均長九寸三分，紅牙尺甲與綠牙尺甲均長九寸二分六釐。其最長者與余所製開元錢尺略同。其刻鏤傅色工麗絕倫。大唐六典中尚署令注：每年二月二日進鏤牙尺。此云紅牙撥鏤尺、綠牙撥鏤尺，並唐舊名。其制作之工亦非有唐盛時不辦。我國素無唐尺，此當為海內外所僅存者矣。（丙寅五月，烏程蔣穀孫寄余鏤牙尺拓本，其形製長短與正倉院所藏唐尺同，此尺即藏穀孫處，始知我國非無唐尺也。）唐尺舊史無述，亦不言其與前代尺之比例。余疑其即用周隋之尺。何以徵之。大唐六典金部郎中職言。凡度以北方秬黍中者。一黍之廣為一分。十分為寸。十寸為尺。十二寸為大尺。十尺為丈。又云。凡積秬黍為度量權衡者。調鐘律。測晷景。合湯藥。及冠冕之制則用之。內外官司悉用大者。而隋志謂開皇官尺即後周市尺。當後周鐵尺一尺二寸。周隋時以鐵尺調律。以市尺官尺供官私之用。唐之尺制全出於此。此一證也。開皇時。以古斗三升為一升。古秤三斤為一斤。唐亦以古三兩為一大兩。分明出於隋制。權衡如是。度亦宜然。此二證也。後周鐵尺。據達奚震牛弘校以上黨羊頭山大黍累百滿尺。謂為合古。則六典所云累黍之尺。雖語出漢志。而事本宇文。又周隋則累百滿尺。唐則一黍為分。事正相合。且達奚震等奏。謂許慎解秬黍體大。本異於常。疑今之大者。正是其中。是周隋所據大黍。與唐所云中黍本非有異。此三證也。宋史律歷志載翰林學士丁度議。今司天監表尺。和峴所謂西京銅望臬者。蓋以為洛都故物也。原注晉荀勗所用西京銅望臬蓋西漢之物和峴以洛陽為西京乃唐東都耳今以貨泉錯刀貨布大泉等校之。則景表尺長六分有奇。略合宋周隋之尺。由此論之。銅斛貨布等尺寸。昭然可驗。有唐享國三百年。其閒制作法度。雖未逮周漢。然亦可謂治安之世矣。今朝廷必欲尺之中。當依漢泉分寸。若以太祖膺圖受禪。嘗詔和峴用景表尺典修金石。七十年閒。薦之郊廟。稽合唐制。以示詒謀。則可且用景表舊尺云云。如是則丁度以宋司天監所用景表尺為唐尺。其尺當漢泉尺一尺六分有奇。故丁度等謂唐尺略合於周隋之尺。玉海謂其與後周鐵尺同。此四證也。宋司天監景表尺丁度等以為唐尺然宋史律歷志又謂今司天監圭表乃石晉時天文參謀趙延乂所造則實非唐物然五季未遑制作則亦當仍用唐尺也隋志言。開皇官尺當建武尺之一尺二寸八分一釐。今此六尺中之紅牙尺乙。正當建初尺之一尺二寸八分。二者比例相同。又唐書食貨志言。開元通寶錢徑八分。此錢鑄於高祖武德四年，必用隋尺。今累開元通寶錢十二有半，即唐之一尺，較此六尺中最長者僅長二分許，而寸寸而累之，又不能無稍羸餘，其相去實屬無幾，此五證也。故唐尺存而隋尺存，隋尺存而隋志之十四尺無不存，學者於此觀其略焉可也。

宋鉅鹿故城所出三木尺拓本跋

宋鉅鹿故城所出木尺三，藏上虞羅氏，以同時掘出之慶歷、政和二碑觀之，是北宋故物也。度以今工部營造尺，其一長九寸七分，與唐開元錢尺正同；其二又較長五分，蓋由製作麤精，非制度異也。以上尺寸均據拓本度之，拓本經裝背後縱每伸展，其實物當較短於此。以此三尺與唐尺比較觀之，知宋公私尺度仍用唐舊制。程文簡演繁露云：官尺者與浙尺同，僅比淮尺十八，而京尺又多淮尺十二，公私隨事致用。予嘗怪之，蓋見唐制而知其來久矣。金部定度以北方秬黍中者為則，凡橫度及百黍即為一尺，此尺既定，而尺加二寸別名大尺。唐帛每四丈為一匹。用大尺準之。蓋秬尺四十八尺也。今官帛亦以四丈為匹。而官帛乃今官尺四十八尺。准以淮尺。正其四丈也。國朝事多本唐。豈今之官尺。即用唐秬尺為定耶。不然。何為官府通用省尺。而繒帛特用淮尺也云云。今觀唐六寸尺與此三木尺。知程氏之言不誣。此三尺蓋即所謂淮尺。雖略長於唐大尺。而歲久差訛。與製法疏拙。略有異同。亦固其所。且唐有大小二尺。而官私用大尺。宋有淮浙二尺。而繒帛用淮尺。二尺之閒。其差皆十與八之比。則宋尺承用唐尺明矣。若程氏所云京尺長淮尺十二。此又地方特殊之尺。姑存而不論可也。

宋三司布帛尺摹本跋

宋三司布帛尺。藏曲阜孔氏。原尺世未得見。世所傳摹本。長工部營造尺八寸七分強。案玉海列三司布帛尺於皇祐古尺元祐樂尺之前。又元豐改官制後。更無三司使一名。則此尺乃宋初尺也。惟諸書所記三司尺長短頗有異同。程氏演繁露謂官尺省尺與浙尺同。趙與旹賓退錄謂省尺者三司布帛尺也。周尺當布帛尺七寸五分弱，於今浙尺為八寸四分。省尺七寸五分當浙尺之八寸四分，以比例求之，則省尺當浙尺之一尺一寸二分。浙尺當省尺之八寸九分四釐有奇，與程說不同。然徵之布帛尺摹本，則其八寸九分四釐（即浙尺之長）略同唐秬尺。浙尺比淮尺十八，淮尺自當略同唐大尺。則程氏謂浙尺淮尺出於唐尺，其說甚是。惟謂省尺與浙尺同，則未諦也。嘗攷尺度之制，由短而長，殆為定例。其增率之速，莫劇於西晉後魏之閒。三百年閒，幾增十分之三。求其原因，實由魏晉以後以絹布為調，官吏懼其短耗，又欲多取於民，故代有增益。此三司布帛尺之大於唐秬尺，亦不外此例。唐以大尺四丈為匹，宋以布帛尺四十八尺為匹，（據程氏說）增於唐者已踰十分之一，而民閒所用浙尺淮尺，則尚仍唐舊。知此可以明此尺與唐尺及宋淮浙二尺不同之故矣。

記現存歷代尺度

一劉歆銅斛尺（長工部營造尺七寸二分。九英寸又十二分之一）

新莽嘉量。今藏坤甯宮。其斛銘曰。方尺而圜其外。深尺。斗銘云。方尺而圜。其外深寸。此尺即據斛之周徑及深之所制也。隋書律歷志謂之劉歆銅斛尺。今從之。隋志謂周尺後漢建武銅尺晉泰始十年荀勗律尺（即晉前尺）並與此尺同。故列之第一種。其後復列自漢至隋十四種尺。並以第一種尺比較之。故此尺出。而隋志之十五種尺。無一不可再製矣。

王復齋鐘鼎款識中有晉前尺拓本。余曩已考定爲宋高若訥摹製之品。（見晉前尺跋）今原拓已亡。揚州阮氏及漢陽葉氏刊本均與此尺不合。然阮文達跋謂建初六年尺較此晉尺長二分强。（見復齋款識册及積古齋鐘鼎彝器款識中）則其拓本甚近此尺。但微弱耳。考高若訥造隋志十五種尺。本用漢泉（貨謂王莽錢布）尺寸。今用莽貨布四積為一尺。亦與此尺甚近而微弱。然終不如此尺之得其正也。

二漢牙尺（拓本長工部營造尺七寸二分六釐 九英寸又五分之一）

原尺現在西充白氏。分寸用金錯。

三後漢建初銅尺（長工部營造尺七寸三分七釐 九英寸又二十四分之七）

原尺藏曲阜衍聖公府。今未知存亡。世所傳拓本摹本及倣製品甚多。長短不同。均未可依據。癸亥年。鄞縣馬叔平（衡）見一銅尺。漢陽葉東卿（志詵）所仿以贈翁學士（方綱）者。其長如此。又上虞羅氏藏一未裝裱舊拓本。長短亦同。（裝裱後紙易伸展。恒較原器及原拓為長）原物既不可見。當以此本為最合矣。

四無款識銅尺（拓本長營造尺七寸三分五釐 九英寸又八分之七）

烏程蔣氏藏此建初尺。稍長。晉以前物也。

五唐鏤牙尺拓本　長營造尺九寸四分弱　十一英寸又四十八分之三十九

烏程蔣氏藏。刻鏤精絕。大唐六典中尚署令注云。每年二月二日進鏤牙尺。即此是也。中土素未聞有唐尺。余據日本奈良正倉院所藏紅綠牙尺。定爲唐開元以前之物。

六唐紅牙尺甲摹本　長營造尺九寸三分弱　十一英寸又四十八分之三十一

七唐紅牙尺乙摹本　長營造尺九寸五分　十一英寸又十二分之十一

八唐綠牙尺甲摹本　長營造尺九寸五分　十一英寸又十二分之十一

九唐綠牙尺乙摹本　長營造尺九寸二分強　十一英寸又四十八分之二十九

十唐白牙尺甲摹本　長營造尺九寸三分　十一英寸又四分之一

十一唐白牙尺乙摹本　長同上

右六尺。日本奈良正倉院藏。乃日本孝謙天皇天平勝寶八年。當唐至德二載其皇太后獻於東大寺者。后手書願文及獻物帳眞迹亦藏院中。帳中有紅牙撥鏤尺二。綠牙撥鏤尺二。白牙尺二。今並完好。觀其形制。必當時遣唐使所齎去也。此六尺曾影印於東瀛珠光第一册中。余從珠光摹出。

十二無款銅尺 拓本 長營造尺九寸四分強 十一英寸又六分之五

烏程蔣氏藏。宋以前物。

十三宋木尺甲 拓本 長營造尺一尺零二分 十二英寸又四分之一

十四宋木尺乙 拓本 長同上

十五宋木尺丙 拓本 長營造尺九寸七分 十二英寸強

藏上虞羅氏。辛酉年夏出於宋鉅鹿故城。同時所出磁器。有大觀政和紀年款。知此乃宋尺也。

十六明嘉靖牙尺 拓本 長營造尺一尺微弱 十二英寸又五分

武進袁氏藏。側有款曰大明嘉靖年製。

十七工部營造尺 長十二英寸又十二分之七

右所陳列之尺。合實物拓本摹本共十七種。自漢訖近世之尺度。略具於是。案尺之為物。不獨為人生日用所必需。其大者如調鐘律。測晷景。胥於尺度是賴。故歷代制作。不能不求精密。且須參考古制。晉荀勗造泰始律尺。即晉前尺實據古器七種參校定之。唐李淳風撰隋書律歷志。列自周至隋十五種尺。並以晉前尺校之。亦具比例。其所據者大半實物也。宋仁宗時。高若訥等議鍾律得失。乃用王莽錢幣尺寸。依隋書定尺十五種。上之。元明學者。罕有討論。大清康熙閒。曲阜孔東堂尚任得漢建初尺及宋三司布帛尺。其拓本摹本多傳於世。後人得資以考訂古物。又宋高若訥所造之晉前尺。其拓本尚存於王復齋鐘鼎款識冊中。沈果堂彤程易疇瑤田等亦據以考古代禮制。光緒甲午。吳清卿大澂撰權衡度量實驗考。復據古玉古器古錢以考歷代尺度。然。於唐以後之制。頗略。近時所見如劉歆銅斛尺。唐牙尺。宋木尺。明嘉靖尺。皆吳氏所未及見也。故尺度一事。比權量之研究

七

自爲簡易。然在十年或二十年以前。尚不能爲此比較之研究也。

據前比較之結果。則尺度之制。由短而長。殆成定例。然其增率之速。莫劇於東晉後魏之間。三百年間。幾增十分之三。今六朝之尺。雖無一存。然據隋書律曆志所載。則

魏尺比晉前尺一尺四分五釐。（長營造尺七寸五分强 九英寸又二分之一弱）

晉後尺比晉前尺一尺六分二釐。（長營造尺七寸六分强 九英寸又二十四分之十五）

宋氏尺比晉前尺一尺六分四釐。（長營造尺七寸六分五釐 九英寸又二十四分之十五强）

梁朝俗閒尺比晉前尺一尺七分一釐。（長營造尺七寸七分强 九英寸又四分之三）

後魏前尺比晉前尺一尺二寸七釐。（長營造尺八寸七分弱 十英寸又十二分之十一弱）

後魏中尺比晉前尺一尺二寸一分一釐。（長營造尺八寸七分强 十一英寸）

後魏後尺（後周市尺隋開皇官尺同）比晉前尺一尺二寸八分一釐。（長營造尺九寸二分弱 十一英寸又四十八分之三十一）

東魏尺比晉前尺一尺五寸八豪長營造尺一尺零八分強十三與十又二十四分之十五弱

此即自漢尺增至唐尺之徑路而自唐訖今則所增甚微宋後尤微求其原因實由魏晉以降以絹布為調而絹布之制率以二尺二寸為幅四丈為匹官吏懼其短耗又欲多取於民故尺度代有增益北朝尤甚自金元以後不課絹布故八百年來尺度猶仍唐宋之舊案隋書律歷志謂魏及周齊貪布帛長度故用土尺今徵之魏書高祖紀太和十九年詔改長尺大斗又楊津傳延昌末津為華州刺史先是受調絹匹度尺特長在事因緣共相進退百姓苦之津乃令依公尺度案自太和末至延昌不及二十年而其弊已如此又張普惠傳神龜中天下民調幅度長廣尚書計奏復徵綿麻普惠上疏曰絹布匹有丈尺之贏一猶不計其廣絲綿斤兼百銖之剩未聞依律罪州郡若一匹之濫一斤之惡則鞭户主連三長此所謂敎民以貪者也今百

觀十七

八

官請倖人樂長闊，并欲厚重，無復準極，得長闊厚重者，便云其州能調絹布，精闊且長，橫發美譽，不聞嫌長惡廣，求計還官者，此百官之所以仰負聖明也云云。尺度之由短而長，全由於此，且當時不獨增尺法，又增匹法，魏書盧同傳，熙平初轉尚書左丞，時相州刺史奚康生，徵民歲調，皆七八十尺，以要奉公之譽，部內患之，同於歲祿官給長絹，同乃舉案康生度外徵調，書奏，詔科康生之罪，北史崔暹傳，齊天保調絹以七丈為匹，暹言之，乃依舊焉，合此數事觀之，則尺度之驟增於後魏一代者，更不煩解說矣。

孔氏所藏宋三司布帛尺，未見有拓本傳世，世所傳仿製品，大率當工部營造尺之八寸七分許，其正確與否，所不敢知，要之短於唐尺，與上言尺度由短而長之定例不符，然細考唐宋尺制，則此尺不獨不能外此例，且足為此例作一佳證也，何則，唐之尺法。本有二種。大唐六典金部郎中條云。凡度以北方秬黍中者一黍之廣為一分。十分為寸。十寸為尺。十二寸為大尺。十尺為丈。又云。凡積秬黍為度量權衡者。調鐘律測晷景合湯藥。及冠冕之制則用之。內外官司悉用大者。案此制本出後周。而隋唐沿用之。宋仍唐制。亦用二種尺。具量布帛也。或用三司布帛尺。則以四十八尺為匹。或用淮尺。則以四十尺為匹。程大昌演繁露云。官尺者。與浙尺同。僅比淮尺十八。公私隨事致用。予嘗怪之。蓋見唐制而知其由來久矣。金部定制。以北方秬黍中者為則。凡橫度及百黍即為一尺。此尺既定。而尺加二寸。別名大尺。唐帛以四丈為匹。用大尺準之。蓋秬尺四十八尺也。今官帛乃今官尺四十八尺。準以淮尺。正其四丈也。國朝事多本唐。豈今之省尺即用唐秬尺為定耶。不然。何為官府通用省尺。而繒帛特用淮尺也云云。案程氏所云官尺省尺。即三司布帛尺。

（紹興時署遺錄云省尺者三司布帛尺也）雖較唐秬尺頗長，而宋人以之當唐秬尺，又以淮尺當唐大尺，其言固不誣也。而今傳摹之布帛尺長於唐秬尺者至今尺一寸許，則宋淮尺之大於唐大尺，又可見矣。故曰此尺不足破尺度由短而長之定例，且足爲此例之一佳證也。

新莽嘉量跋

右王莽嘉量，西清古鑑著錄，今藏坤甯宮，五量及銘辭並完。浭陽端氏尚有一殘量，僅存周圜小半，廣建初尺二尺三寸一分，高一尺一寸四分，上有後銘八十一字。海內未聞有第三器。至古籍所記，則魏晉武庫曾藏一具，鄭德注漢書律歷志、劉徽注九章算術商功篇並著其事。苻堅於長安市上亦得一具，語見高僧傳。唐初李淳風九章算術注載此量斛斗銘，出劉徽所記之外，疑出宋祖沖之所記。唐宋以後未見記錄。此器不知何時入內府，又未知得自何所，蓋又近代出土者矣。據銘辭云龍在己巳。歲次實沉。初班天下。萬國永遵。則王莽於始建國元年嘗以此量班行天下。案漢末郡國之數。凡百有三。莽制承之。則此量當時所鑄。必有百餘。而今僅存二器。又惟此獨完眞。可謂曠世瓌寶矣。升合籥五銘。李淳風已揩其不傳。而此器獨完。又晉荀勗造晉前尺。所校古尺有七品。五曰劉歆銅斛。即據晉初武庫所藏一器。而隋書律歷志校自周至隋十五種尺。並用晉前尺。而近世所傳晉前尺。實宋時高若訥仿製。未得其眞。今此器存。則晉前尺存。即隋志之十五種尺。無不具存。所裨於考古者大矣。古書記錄此器。頗有違失。如高僧傳言橫梁昂者爲升。低者爲合。梁一頭爲籥。其所謂梁者。即謂左右兩耳。今此器兩耳平行。初無低昂。傳語失之。九章李注言升居斛旁。合籥在斛耳上。區旁與耳爲二。尤非。蓋僧祐李淳風均未見此器也。九章注錄斗銘冪數爲後人肊改致誤。武英殿聚珍板本已校正 西清古鑑據此器錄銘

亦有誤釋已於釋文正之茲不贅云

諸書所記莽量事並錄於左

漢書律歷志量者龠合升斗斛也所以量多少也本起於黃鍾之龠用度數審其容㠯子穀秬黍中者千有二百實其龠以井水準其概合龠為合十合為升十升為斗十斗為斛而五量嘉矣其法用銅方尺而圜其外旁有庣焉其上為斛其下為斗左耳為升右耳為合龠其狀似爵以縻爵祿上三下二參天兩地圜而函方左一右二陰陽之象也其圜象規其重二鈞備氣物之數合萬有一千五百二十（孟康曰三十斤為鈞鈞萬一千五百二十銖）聲中黃鍾始於黃鍾而反覆焉君制器之象也龠者黃鍾律之實也躍微動氣而生物也合者合龠之量也升者登合之量也斗者聚升之量也斛者角斗平多少之量也夫量者躍於龠合於合登於升聚於斗角於斛也職在太倉大司農掌之

劉徽九章算術商功篇注。當今大司農斛。圓徑一尺三寸五分五釐。深一尺。積一千四百四十一寸十分之三。王莽銅斛於今尺為深九寸五分五釐。徑一尺三寸六分八釐七毫。案劉徽注九章算術在魏景元二年則當今云云者謂魏也

漢書律曆志注引鄭氏曰。今向方有王莽時銅斛。案顏師古漢書序例云鄭氏晉灼音義序云不知其名而臣瓚集解輒云鄭德既無所據今依晉灼但稱鄭氏案臣瓚晉灼並西晉初人已引鄭氏說則其人當在魏晉間矣

高僧傳。五 苻堅遣丕南攻襄陽。道安與朱序俱獲於堅。既至住長安五重寺。時有一人持一銅斛於市賣之。其形正圓。下向為斗。橫梁昂者為升。低者為合。梁一頭為籥。籥同黃鍾。容半合。邊有篆銘。堅以問安。安云。此王莽自言出自舜皇龍集戊辰。改正即真。以同律量布之四方。欲大小器鈞。令天下取平焉。具多聞廣識如此。

隋書律歷志。(王莽)斛銘曰。律嘉量斛。方尺而圜其外。庣旁

九氂五毫冪百六十二寸。深尺。積一千六百二十寸。容十斗。祖沖之以圓率考之。此斛當徑一尺四寸三分六氂一毫九秒三忽。庣旁一分九毫有奇。劉歆庣旁少一氂四豪有奇。歆數術不精之所致也。

李淳風九章算術注。晉武庫有漢時王莽所作銅斛。其篆書字題斛旁云。律嘉量斛。方一尺而圓其外。庣旁九氂五毫冪一百六十二寸。深一尺。積一千六百二十寸。容十斗。及斛底云。律嘉量斗。方尺而圓其外。庣旁九氂五毫冪一尺六寸二分。（當作一百六十二寸）深一寸。積一百六十二寸。容十升。升合龠皆有文字。升居斛旁。合龠在斛耳上。後有讚文。與今律歷志同。亦魏晉所常用。今祖疏王莽銅斛文字。尺寸分數。然不盡得升合龠之文。（案此條上雖無淳風案三字然實李注云後有讚文與今律歷志同者謂此量後銘與淳風所撰隋書律歷志中莽權銘云同也云今祖疏王莽銅斛文字尺寸分數者祖蓋謂祖沖之隋志載祖沖之以密率考此量具證之聚珍板本改祖為粗字失之云不盡得升合龠之文者祖謂沖之僅錄斛斗二銘及後銘不錄升合龠三銘也）

隋書律歷志。後魏景明中。并州人王顯達獻古銅權一枚。上銘八十一字。其銘云。律權石重四鈞。又云。黃帝初祖。德帀于虞。虞帝始祖。德帀于辛。歲在大梁。龍集戊辰。直定天命。有人據土德。受正號即眞。改正建丑。長壽隆崇。同律度量衡。稽當前人。龍在己巳。歲次實沈。初班天下。萬國永遵。子子孫孫。享傳億年。亦王莽所制也。

觀堂集林卷第二十　史林十二

海甯　王國維

魏石經考一

漢魏石經同立於大學。其時相接。其地又同。昔人所記往往互誤。故欲考魏石經之經數石數。必自漢石經始矣。漢石經經數。據後漢書靈帝紀盧植傳儒林傳序宦者傳皆云五經。蔡邕傳儒林傳張馴下則云六經。隋書經籍志云七經。其目則洛陽記（後漢書蔡邕傳注引）舉尚書周易公羊傳禮記論語五種。洛陽伽藍記舉周易尚書公羊禮記四種。隋志則有周易尚書魯詩儀禮春秋公羊傳論語七種。（據拓本）宋時存詩書儀禮公羊傳論語五種。（據殘石）此先儒所謂五六七經之不同。不同不可得而詳者也。其石數則西征記（太平御覽卷五百八十九引）云四十枚。洛陽記云四十六枚。洛陽伽藍記云四十八碑。

水經注穀水篇復以四十八碑為魏三字石經。北齊書文宣帝紀云五十二枚。此亦先儒所謂不可得而詳者也。余謂欲知漢石經之經數石數，當以二者參伍定之。今用此法互相參校，則經數莫確於隋志，石數莫確於洛陽記。記云：大學在洛城南開陽門外，講堂長十丈，廣二丈，堂前石經四部，本碑四十六枚，西行尚書、周易、公羊傳十六碑，存十二碑，毀。南行禮記十五碑，悉崩壞。東行論語三碑，二碑毀。後漢書蔡邕傳注引此，但云洛陽記，而光武紀注引首三語，云陸機洛陽記，則全文亦當為機語。然陸機時漢石經當未崩毀，（魏志王肅傳注引魏略：黃初後，補除大學之灰炭，補舊石經之缺壞。是漢石經雖經董卓之亂，已修補完具。自是訖晉初，洛陽初無兵火，自無崩壞之理。）則所引疑非機書。（考隋志載洛陽記四卷，無撰人姓名；洛陽記一卷，陸機撰；洛陽圖一卷，晉懷州刺史楊佺期撰。佺期曾為龍驤將軍，後書儒林傳注引楊龍驤洛陽記，是佺期圖亦有記。稱元和郡縣圖志又引華延儁洛陽記，新舊兩唐書志皆有戴延之洛陽記一卷，是洛陽記共有四五種。）然其記碑之方位存毀，較水經注、洛陽伽藍記為詳，固當在酈道元、楊衒之二書前矣。惟所記經數則不無舛誤，記於西行二十八碑中失記魯詩及春秋二經。

又南行十五碑之禮記。實指儀禮言。皆得以諸經字數證之。漢石經。據傳世宋拓本尚書論語。大率每行七十三四字。因古本今本字數不同故不能決其每行若干字他經當準之。又據洛陽記載朱超石與兄書石經高丈許。廣四尺。則縱得七十餘字者。横當得三十餘字。今以一碑卅五行。行七十五字計。則每碑得二千六百二十五字。又漢魏石經皆表裏刻字。則每碑得五千二百五十字。二十八碑當得十有四萬七千字。而洛陽記謂西行尚書周易公羊傳十六碑存。十二碑毀。似此二十八碑止書三經。今據唐石經字數。則周易二萬四千四百三十七字。尚書二萬七千一百三十四字。而漢石經無僞古文二十五篇並孔安國序。僅得一萬八千六百五十字。又唐石經公羊傳四萬四千七百四十八字。漢石經公羊傳無經文并何休序。僅得二萬七千五百八十三字。三經共七萬六百七十字。則十五碑已足容之。無須二十八碑。惟加以詩四萬八百四十八字。據唐石經毛詩字數，魯詩字數未必與毛同，然當不甚相遠，他經放此。春秋經一萬六千五百七十二字。據宋李燾春秋古經後序所計。癸亥季冬雒陽新出漢石經春秋僖公昭公經，足證余說之不謬。共十有二萬八千又九十字。約需二十有六碑。而據隸釋所載漢石經殘字，則魯詩每章之首與公羊傳每年之首皆空一格。又經後各有校記題名。恐正需二十八碑。此西行二十八碑，於易書公羊傳外當有詩春秋二經之證也。記又云南行禮記十五碑。魏晉以前亦以今之儀禮為禮記。鄭君詩采蘩箋引少牢饋食禮，郭璞爾雅釋詁注引士相見禮，釋言注引有司徹，釋草注引喪服傳，皆云禮記。非指小戴記之四十九篇。以經字證之，禮記九萬八千九百九十九字。據唐石經。非漢石十五碑所能容。以漢石經每碑字數計，須十有九碑。惟儀禮五萬七千一百一十一字，則需十一碑。其餘當為校記題名。此南行十五碑之禮記實為儀禮之證也。又案儀禮經文僅需十一碑，加以校記亦不過十二碑，而有十五碑者，疑他三碑乃表奏之屬。後漢書注引陸機洛陽記云：禮記碑上有馬日磾、蔡邕名。今洛陽所出殘石有一石有劉寬、堂谿典諸人名，其裏面又有諸經博士郎中姓名，其文甚長，或占一碑所能容，當在十五碑中也。其所云東行論語三碑。原作二碑，顧氏石經考引改為三碑，以碑數計之，顧改是也。與論語字數正合。然則以碑數與經文字數互校，漢石經經數當為易書詩禮（儀禮）春秋一經并公羊論語二傳故漢時謂之五經或謂之六經隋志謂之七經除論語為專經者所兼習不特置博士外其餘皆當時博士之所教授也其石數當為四十六碑而洛陽伽藍記所舉之禮記（後魏時專謂四十九篇者謂禮記）隋志注之梁時鄭氏尚書八卷毛詩二卷既非博士所業又增此三種則與石數不能相符此皆可決其必無者漢石經之經數石數既明然後魏石經之經數石數可得而考矣

魏石經考二

魏石經所刊經數據西征記洛陽伽藍記為尚書春秋二部隋書經籍志所載亦僅有三字石經尚書九卷（梁有十三卷）三字石經尚書五卷三字石經春秋三卷（梁有十二卷）惟舊唐書經籍志乃有三字石經尚書古篆三卷三字石經左傳古篆書十三卷（唐書藝文志同惟左傳十三卷作十二卷）是於尚書春秋二經外又有左氏傳隸續錄洛陽蘇望所刊魏

石經遺字除尚書春秋外亦有左氏桓七年傳九字桓十七年傳二十六字然以古書所記魏石經石數參證之則疑竇不一而足案魏石經石數據水經注穀水篇則四十八碑據西征記御覽卷五百八十九引則三十五碑據洛陽伽藍記則二十五碑而無論二十五碑三十五碑四十八碑均不足以容尚書春秋左傳三書字數考唐石經尚書二萬七千一百三十四字春秋左氏傳十九萬八千九百四十五字共得二十二萬六千又七十九字除偽古文二十五篇并孔安國序八千四百八十四字杜預序一千六百又七字共一萬又九十一字計得二十一萬五千九百八十八字每字三體當得六十四萬七千九百六十四字而魏石經每石字數僅四千有奇余就黃縣丁氏所藏魏石經殘石此石光緒間出洛陽潍縣估人范某得之洛陽某村路旁茶肆其面已遭椎擊范估見其似有字迹而不存筆畫摸索石背則字迹顯然乃以五千錢購歸售諸黄縣丁氏此范估親為羅叔言參事言者以經文排比之則每行得六十字更以此行款排比隸續所錄魏石經尚書

春秋殘字，亦無一不合。知每石皆每行六十字。又量其字之長短，則每八字當漢建初尺一尺弱，六十字當得建初尺七尺有半，碑之上下當有餘地，則與西征記及水經注所云石長八尺者合矣。水經注復云：石長八尺，廣四尺。八尺之長，除上下餘地得六十字，則四尺之廣，不止容三十字，以各石相接，故左右不須有空處。當得三十四五字。今以每碑三十五行，行六十字計之，則每碑得二千一百字，加以表裏刻字，洛陽伽藍記所云如是。今丁氏殘石雖僅存一面，然其他面尚隱隱有字迹。則得四千二百字。故尚書、春秋、左傳三經字數，須一百五十五石乃能容之。此不獨與古書所記石數無一相合，亦恐非正始數年中所能辦。且考之隋以前紀載，不及左傳；核之石數，又不能容三經。疑當時所刊左傳，實未得全書十之二三。隸續所錄左傳文，乃桓公末年事。案左氏隱、桓二公傳，共九千三百三十九字，加以尚書一萬八千六百五十字，春秋一萬六千五百七十二字，篇題字未計。共四萬四千五百六十一字。每字三體得十有三萬三千六百八十三字。今依西征記三十五碑字數計之。得十有四萬七千字。蓋所刊左氏傳當至莊公中葉而止。若如洛陽伽藍記所云二十五碑。則尚不足容尚書春秋二經字數。（如上所計以二十五碑字數校二經字數之三倍尚不足六百六十六字）而水經注之四十八碑。實為漢石經石數。故魏石經石數。當以西征記為最確也。其經數則尚書春秋外。左傳本未刊成。故六朝及唐初人紀載均未之及。唐宋以後。蒐求殘石及遺拓始及之。而新舊二志十二卷或十三卷之數。殆兼春秋經言之。且未必遽為全卷。固非可據以難上文所論述也。

魏石經考三

漢一字石經。為周易尚書詩儀禮春秋公羊傳論語七種。除論語不在經數。不立博士外。餘皆立於學官之經。博士之所講授者也。且漢石經後各有校記。蓋盡列學官所立諸家異同。隸釋謂石經有一段二十餘字零落不成文惟有叔于田一章及女曰雞八字可讀其閒有齊韓字蓋敘二家異同之説是漢石經用魯詩本而兼存齊韓二家異字也又隸釋所錄公羊哀十四年傳後有三行皆有顏氏有無語是漢石經公羊用嚴氏本而兼存顏氏異字也論語後有包周及盍毛包周字是論語亦用某本而兼存盍毛包周諸本異字也以上詩之魯齊韓公羊之嚴顏皆立於學官之書石經以一本為主而復著他本異同於後則當時學官所立諸家經本已悉具於碑是蔡邕等是正六經文字之本旨而後儒所以咸取正於是者也由是推之漢石經易書禮三經其校記雖不存一字然後漢博士易有施孟梁邱京氏四家書有歐陽大小夏侯三家禮有大小戴二家石經本亦必以一家為主而於後著諸家之異同如魯詩公羊傳例蓋可斷也蓋漢自石渠虎觀二議已立講五經同異之幟嗣是

章帝令賈逵撰歐陽大小夏侯尚書與古文同異。又撰齊魯韓詩與毛氏異同。馬融亦著三傳異同。鄭玄注周官。存古書字。又著杜子春讀為某。鄭大夫鄭司農讀為某。是亦著杜鄭二家之異同。注禮經則著古今文之異同。注論語則存魯讀。當時學風已可概見。況石經之刊。為萬世定本。既不能盡刊諸家。又不可專據一家。則用一家之本。而於後復列學官所立諸家之異同。固其所也。然漢學官所立皆今文。無古文。故石經但列今文諸經異同。至今文與古文之異同。則未及也。而自後漢以來。民閒古文學漸盛。至與官學抗行。逮魏初復立大學。暨於正始。古文諸經蓋已盡立於學官。此事史傳雖無明文。然可得而徵證也。考魏略言。黃初中。太學初立。有博士十餘人。（後漢書儒林傳注及魏志杜畿傳注引）魏志文帝紀言。黃初五年夏四月。立大學。制五經課試之法。置春秋穀梁博士。似魏初博士之數。與後漢略同。但增置春秋穀梁一家。

然考其實際則魏學官所立諸經乃與後漢絕異齊王芳紀正始六年十二月辛亥詔故司徒王朗所作易傳令學者得以課試（即博士課試五經所用）王肅傳肅為尚書詩論語三禮左氏解及撰定父朗所作易傳皆立於學官又高貴鄉公紀載其幸太學之問所問之易則鄭玄注也所講之書則馬融鄭玄王肅之注也所講之禮則小戴記蓋亦鄭玄王肅注也是魏時學官所立諸經已為為賈馬鄭王之學其時博士可考者亦多古文家且或為鄭氏弟子也（詳見余漢魏博士考）當時學官所立者既為古學而太學舊立石經猶是漢代今文之學故刊古文經傳以補之隋志載梁有三字石經尚書十三卷三字石經春秋十二卷此蓋魏石經二經足本十三卷者後來偽孔傳之卷數與馬融王肅注本之十一卷鄭玄注本之九卷分卷略同而與歐陽大小夏侯之二十九卷或三十一卷及壁中書之五十八篇為四十六卷者絕異乃漢魏

閒分卷之法。具春秋十二卷。則猶是漢志春秋古經之篇數。亦
即賈逵三家經本訓詁之卷數。（賈以左氏經為底本）與漢志公穀二家經各十
一卷者不同。蓋漢魏以前左氏所傳春秋經皆如是也。魏時學
官所立尚書既為馬王鄭三家。則石經亦當用三家之本。三家
雖同為古文尚書。然其本已改今字。陸氏釋文所引馬鄭本經
文絕非壁中書。王肅本亦然。敦煌本未改字尚書釋文云此篇
既是王注。應作今文。相承以續孔傳。故亦為古字。（今本為宋時陳鄂輩刪去）是王
肅本亦作今字。而此具古篆隸三體者。壁中本古文尚書。後漢
時尚在祕府。許慎見之。鄭玄亦見之。中更董卓之亂。雖未必存。
然當時未必無傳寫之本。隋志謂晉世祕府所存有古文尚書
經文。尚書正義引束晳云。盤庚序將治亳殷。孔子壁中書作將
始宅殷。晳所據壁中書。蓋即晉祕府之古文尚書。雖未必為壁
中原書。亦當自壁中本出矣。且漢魏閒除祕府本外。尚有民閒

傳寫之本。衛恆四體書勢。謂其祖敬侯（即衛覬）嘗寫邯鄲淳尚書以示淳。而淳不別案淳雖以傳古文書法名。然書法與書體亦不能彊別。且魏略言淳於黃初中為博士。是淳蓋亦傳古文尚書而為書博士者。其本宜有所受之。是魏時尚書古文。固有祕府本及民閒本矣。至古文春秋經及左氏傳。至魏時尚存否。雖不可考。然周禮小宗伯注引古文春秋經公即位為公即立。是鄭君猶及見之。正始距鄭君之卒不過數十年。或當時尚有傳寫之本矣。且漢魏之閒。字指之學大興。魏時博士如邯鄲淳如蘇林如張揖。皆通古今字指者也。（王粲傳注引魏略邯鄲淳善蒼雅蟲篆許氏字指又劉劭傳注引魏略蘇林通古今字指隋志張揖有古今字詁三卷字指舊唐志作字詁或謂字義之學然隋志有雜字指一卷後漢太子中庶子郭顯卿撰又字指二卷晉朝議大夫李彤撰汗簡多引郭顯卿字指李彤集字其字皆古文是字指殆謂古今字之學其體例當如漢志之八體六技及衛宏古文官書也）又魏略儒宗傳序。謂太和青龍中。太學課試臺閣舉格太高。加不念統其大義。而問字指墨法點注之閒。是課試諸生亦用字指。魏之石經古文。果壁中本若其子本。抑用當時字指學家自定之本均不可知。然即令出於字指學家之手。而字指學家之所據。亦不外壁中古文。因漢時除壁中書及張蒼所傳春秋左氏傳外。別無古文故也。（說文序雖言郡國山川所出彝器與古文相似，然實未引一字）今就魏石經遺字中古文觀之。多與說文所載壁中古文及篆文合。（說文篆文中本多古文）且有與殷周古文（謂殷虛書契文字及古金文至壁中書則多先秦文字也）合而為許書所未載者。然則謂魏石經古文出於壁中本。或其三寫四寫之本。當無大誤。即謂出於當時字指學家之手。然雖非壁中之本。猶當用壁中之字。固不能以杜撰譏之矣。至其與壁中本相異者。亦可得而言。壁中尚書五十八篇。為四十六卷。而魏石經據隋志注僅十三卷。且壁中本尚有逸書十六篇。（建武時亡武成一篇為十五篇）而魏石經若數逸篇則三十五碑。不能刊至左傳桓莊閒。是其篇數當與馬鄭本同。是卷數篇數均異於壁中本也。又石經尚書十三卷。雖若與梅賾本卷數同。然無梅本所增之二十五篇。此亦可以石數字數證之。又梅本書序分冠各篇之首。而石經殘字中。呂刑與文侯之命相接處。除文侯之命篇題外。無容書序之餘地。故知石經書序亦自為一卷。與馬鄭本同。而與梅本絕異也。要之。漢魏石經皆取立於學官者刊之。漢博士所授者皆今文。故刊今文經。魏學官所立尚書為馬鄭王三家。故但刊三家所注之三十四篇。其逸篇絕無師說。又不立學官。且當時亦未必存。故不復刊。亦猶尚書逸禮春秋左氏傳同為古文。逸禮絕無師說。又不立學官。故僅刊古文尚書及春秋左氏傳也。其刊此三經者。以漢世所未刊。其不刊逸書及逸禮者。以學官所不立。至費氏易毛詩周官禮記穀梁春秋。魏時亦已立學官。而石經無之者。蓋禮記穀梁傳均為今學。費易毛詩雖為古學。或已無古文之本。而魏石經必具三體。故未之及。或欲刊而未果。與左傳之未畢工者同。（隋志一字石經魯詩六卷下注梁有毛詩二卷亡案漢時毛詩未立學官決無刊毛詩之理如果有毛詩或出魏時所刊後人以用一字與漢石經同遂附之魯詩下耳）然則漢魏石經皆刊當時立於學官之經。為最顯著之事實矣。

魏石經考四

拓石之事。未識始於何時。然拓本之始見於紀載者。實自石經始。後漢書蔡邕傳。碑始立。其觀視及摹寫者。車乘日千餘兩。晉書趙至傳。至游太學。遇嵇康於學寫石經。石季龍載記。遣國子博士詣洛陽寫石經。是自漢至晉之中葉。尚無拓墨之法。隋志注。載梁有一字石經。三字石經。其為拓本或寫本。蓋無可考。惟隋志著錄之二種石經。確為拓本。志與封氏聞見記均明言之。觀其所存卷數。梁時所有魏石經尚書春秋均係完帙。當是後魏初年之物。唐初所藏。則為遷鄴前後之物矣。隋志所錄魏石經拓本。為尚書九卷。又五卷。（即九卷中之複本）春秋三卷。舊唐書經籍志又有三字石經尚書古篆三卷。三字石經左傳古篆書十三卷。（新志作十二卷）既云三字石經。復云古篆書。疑唐人就三字石經拓本中專錄其古篆二體。未必即是拓本。且左傳有十三卷之多。非六朝人所記魏石經碑數所能容。其中當有春秋而誤視為左傳者。猶宋蘇望所刊尚書春秋殘字。自臧氏琳以前均謂之左傳遺字也。又唐初春秋拓本僅存三卷。不應中葉以後并春秋左傳乃得十三卷。然則唐志所錄。殆不能視為拓本也。大唐六典國子監書學博士掌教國子以石經說文字林為業石經三體三年業成說文二年字林一年石經業成年限多於說文字林則存字當必不少然六朝舊拓唐中葉後蓋已無存偶有殘拓珍重與鍾王真迹等則書學博士所用以教校者亦當為寫本而非拓本且唐初脩隋志時現存之拓本至中睿以後均已散佚。徐浩古迹記載中宗時以內府真跡賜安樂公主太平公主下之卒相駙馬等自此內庫真跡散入諸家隋志所錄石經拓本之散佚亦當在此時至開元時僅得十三紙。郭忠恕汗簡略敘目錄云。開元時得三字石經春秋。臣儀縫。葉縫上當有押字石經面題云。臣鍾紹京一十三紙。又有開元字印翰林院印。後有許公蘇頲梁公姚崇昭文學士馬懷素崇文學士褚无量左金吾長史魏哲左驍衛兵曹陸元悌左司禦錄事劉懷信直祕書監王昭遠陪戎副尉張善裝。墨池編卷十四盛元卿跋尾記載齋高帝書一卷後有開元五年十一月五日諸臣列名與此同惟多宋璟一人其諸臣列名次第首張善終宋璟與此適相反又張善作張善慶王昭遠作

（王知遠魏石作魏晳魏陸劉王四人名下皆有監字）至建中二年，知書樓直官賀幽奇、劉逸己等檢校，內侍伯宋游瓌、掖庭令茹蘭芳跋狀尾焉。其眞本即太子賓客致仕馬胤孫家藏之。周顯德中，嗣太子借其本傳寫，在焉。句中正三字孝經序（見墨池編）所記略同。竇泉述書賦注云：今見三字石經打本四紙。石既尋毀，其本最希。唐中葉後，魏石經拓本見於紀載者惟此而已。宋皇祐癸巳，洛陽蘇望得搨本於故相王文康家，刊以行世。歐陽棐集古錄目謂其莫辨眞僞。余疑其即開元內府之十三紙。何則？隸續所錄蘇氏刊本，今詳加分析，則尚書六段，春秋七段，左傳一段，共十四段，與開元之十三紙止差一紙，其中當有兩段在一紙上者。且開元十三紙，後周時尚在馬胤孫家，至宋初尚存，郭忠恕見之，句中正亦見之（中正三字孝經序云：永泰中相國馬胤孫藏竹搨本數紙，今所書文字悉準之）。王文康家之本，當即馬本。蘇氏刊之而遺其跋尾，遂使人昧其所出耳。厥後胡宗愈復據蘇本刊之錦官西樓，洪适於會稽蓬萊閣亦刊數十字。今蘇胡洪三刻皆不可見。惟隸續所錄者尚無恙。然則魏石經拓本自開元以後訖於有宋之初。除賓泉所見四紙外。只此十三紙。郭忠恕汗簡引魏石經一百二十二字。其見於蘇刻者七十四字。夏竦古文四聲韻引一百十四字。其見於蘇刻者六十三字。餘皆出汗簡。其在蘇刻及汗簡外者僅十二字。而郭夏二書中蘇刻所無之字。頗有蘇刻所遺者。（蘇跋謂取其完者刻之。則十三紙中磨泐及不完之字。蘇未盡刊。郭夏二氏或能辨而錄之也。）亦有尚書春秋左傳三書中本無此字者。則亦未必盡出石經。郭夏所見未必遂多於此矣。宋以後蘇胡諸刻盡亡。魏石經一綫之傳。惟存於隸續。若存若亡者又六百年。今辛周書殘石出於洛陽。我輩始得見正始原刻。固足傲歐洪諸君於千載之上矣。

魏石經考五

孔壁汲冢古文之書法。吾不得而見之矣。說文中古文。其作法皆本壁中書。其書法在唐代寫本與篆文體勢無別。雍熙刊板則古篆迥異。案宋初校刊說文，篆文當出徐鉉手。古籀二體當出句中正與王惟恭二人之手。宋史儒林傳句中正與徐鉉重校定說文摹印說文後附進書表亦並列王惟恭葛湍句中正徐鉉四人名中正有三字孝經惟恭有黃庭經亦以古文書之夏竦進古文四聲韻表云翰林少府監丞王惟恭篤論古文專力尤善是句王皆以古文名說文中古籀二體必句王二人所書明矣此種書體在唐以前不能徵之。自宋以後，則郭忠恕之汗簡，夏竦之古文四聲韻，呂大臨王楚王俅薛尚功輩所摹之三代彝器，皆其一系。洎近世古器大出，拓本流行，然後知三代文字決無此體。惟吳縣潘氏藏不知名古銅器一筆意近之而結體復異乃六國時物也今溯此體之源，當自三字石經始矣。衛恆四體書勢謂魏初傳古文者出於邯鄲淳。至正始中立三字石經，轉失淳法，因科斗之名，遂效其形。然則魏石經殘字之豐中銳末或豐上銳下者，乃依傍科斗之名而為之。前無此也。自此以後，所謂古文者，殆專用此體。郭忠恕輩之所集，決非其所自創，而當為六朝以來相傳之舊體也。自宋以後，句中正輩用以書說文古文，呂大臨輩用以摹古彝器。至國朝西清古鑑等書所摹古款識。猶用是體。蓋行於世者幾二千年。源其體勢。不得不以魏石經為濫觴矣。

蜀石經殘拓本跋

孟蜀石經。存周禮卷九（前闕存三十八葉）卷十（後闕存三十七葉）卷十二（前後闕存二十三葉）春秋左氏傳卷十五（全共五十三葉）卷二十。（存中間三葉）公羊傳卷二。（前後闕存十九葉）穀梁傳卷六（僅存首半葉）卷八（存首三葉半）卷九。（存中間二葉又二葉）現均在廬江劉氏。其中周禮卷九卷十。左氏傳卷十五。穀梁傳卷九前二葉。並漢軍楊幼雲（繼振）舊藏。周禮卷十二。公羊傳卷二。則陳頌南舊藏。左氏傳卷二十。則陳芳林舊藏。穀梁傳卷六卷八及卷九後二葉。則新自內閣大庫出者也。孟氏刻經。宋晁子止郡齋讀書志曾宏父石刻鋪敘著錄最詳。然元明以來罕見紀錄。蓋碑石毀於蒙古寇蜀之役。故拓本傳世甚希。惟明內閣藏有全拓。文淵閣書目（卷十三）辰字號第一廚有石刻周易三冊尚書三冊毛詩八冊周禮八冊儀禮八冊禮記十四冊左氏傳三十冊公羊傳七冊穀梁傳七冊論語三冊孝經一冊孟子三冊爾雅三冊石刻考異（據內閣圖書目錄當作石經考異）一冊共百有一冊下皆注完全字別有石刻春秋經傳二十九冊完全蓋即左氏傳之副本凡此諸經每經上但冠以石刻字不明著其爲蜀刻然有孟子及石經考異而無五經文字九經字樣其爲蜀刻而非唐刻明矣至萬歷三十三年張萱等撰內閣圖書目錄始注明成都石刻所錄諸經冊數並與文淵目同惟闕書出之春秋經傳二十九冊萱所撰疑耀（卷一）亦云余承乏西省校閱祕閣藏書及見蜀本石經周易三冊尚書三冊毛詩八冊左氏春秋三十冊公羊七冊穀梁七冊禮記十四冊周禮八冊儀禮十冊孝經一冊論語三冊孟子三冊爾雅三冊完好如故其紙墨之精拓法之妙眞希世寶也把翫一月不忍釋手云云是

萬歷時。閣書雖多殘缺。而此拓獨完。而光緒中所編内閣大庫存書檔册。則已無一册。嗣後長白某君於内閣廢紙中檢得穀梁傳卷八卷九殘葉。上虞羅叔言參事亦於所購内閣廢紙中檢得穀梁傳卷六首半葉。卷首並有篆書東宮書府方印。而楊幼雲舊藏左氏傳卷十五首葉亦有此印。如左傳亦早自内閣流出者。其餘殘卷並闕首葉。惟周禮卷十首葉尚存。却無此印。但此卷本與卷九合爲一册。（原裝如此）故其印當在卷九之首。蓋與黄松石黄蕘圃所藏之毛詩殘卷。陳頌南所藏之周禮左傳殘卷。並出内閣。此外別無他拓也。即明末徐惟和謝在杭所遞藏之左氏傳。亦疑係内閣副本。故文淵閣書目。左氏傳有二十九册三十册二部。而萬歷内閣書目止存三十册一部。疑徐謝所藏。即二十九册者。是蜀石經一綫之傳。皆出於明内閣也。東宮書府一印。於古經籍書畫中俱未經見。惟宋人所編南唐二主詞。

其阮郎歸一闋下注呈鄭王十二弟。後有隸書東宮府書印。案隸書當是篆書。東宮府書當是東宮書府之譌。考南唐二主詞一書。係宋人從總集及眞迹輯錄。於應天長下注云。後主云先皇御製歌詞墨迹在晁公留家。陳振孫直齋書錄解題云南唐二主詞卷首四闋應天長望遠行各一浣溪沙二中主作作重九書之於麥光紙上作撥鐙書墨迹在盱江晁氏於浪淘沙下注云。傳自池州夏氏。於采桑子下注云。二詞墨迹在王季宮判院家。於玉樓春下注云。已後二詞傳自曹功顯節度家。於謝新恩下注云。已下六首眞迹在孟郡王家。案王季宮未詳其名。曹功顯即曹勛。孟郡王即孟忠厚。宋史曹勛傳勛以紹興二十九年拜昭信軍節度使。孝宗朝加太尉。提舉皇城司。開府儀同三司。淳熙元年卒。贈少保。又外戚傳。孟忠厚以紹興七年封信安郡王。二十七年卒。以此推之。則編輯者當在紹興之季。曹功顯已拜節度之後。未加太尉之前也。而其所見後主眞迹已有東宮書府印。則此印必是東都之物。而蜀石經公穀二傳成於仁宗皇祐二年。孟子成於宣和六年。則東宮書府一印。當是欽宗青宮之物。然內閣所藏。又有孝宗乾道二年所刻之石經考異。此一冊在經文一百冊外。或係後來增入。今考異一冊已亡。無由徵其有此印與否矣。果爾。則內閣蜀十三經。均係北宋末舊拓。或於靖康之亂。已爲金人輦至燕山。後復以石經考異足之。今南宋拓本皆亡。而此拓獨存殘卷。則祕府保存古物之功。誠不可沒矣。丙寅仲冬朔。

劉平國治□谷關頌跋

劉平國治□谷關頌刻石。在新疆溫宿州拜城縣東北百八十里山中。其文曰。龜茲左將軍劉平國以七月廿六日發家 從秦人孟伯山狄虎賁趙當卑萬□羌 石當卑程阿羌等六人共來作（下闕三四字）（上闕三字）谷關八月一日始斷山石作孔至七日 □堅固萬歲人民喜長壽億年宜 子孫永壽四年八月甲戌朔十二日 丁酉

直建紀此東烏累關城□□將軍所作也佐披京兆長安淳于
伯□作此誦云云案龜兹左將軍者漢書西域傳龜兹有左右
將左右都尉後漢書班超傳超擊莎車龜兹王遣左將軍發溫
宿姑墨尉頭合五萬人救之是左將軍者龜兹官也劉平國亦
龜兹人龜兹在前漢已慕漢俗故其王姓白氏具臣亦用漢姓
名秦人謂漢人史記大宛列傳言宛城中新得秦人知穿井漢
書匈奴傳言衛律為單于謀穿井築城治樓以藏穀與秦人守
之西域傳言匈奴縛馬前後足置城下馳言秦人我匄若馬是
匈奴西域皆謂漢人為秦人孟伯山等六人稱秦人知劉平國
非秦人矣□谷關谷上數字磨滅不可讀遂不能知所作關城
之名至下云東烏累關城□□將軍所作也云云則又別記一
事蓋治關之誦本至紀此二字而止東烏累以下因作此關而
旁記前作他關事非此關又名東烏累也烏累即烏壘本前漢

都護治所。後漢罷都護官。而烏壘一地復為龜茲所有。後漢書西域傳。莎車王賢分龜茲為烏壘國是也。烏壘在龜茲東三百五十里。而此關在龜茲西北。自此關言之。則烏壘在東。故曰東烏累關城。城下所闕。當是亦左或並左二字。蓋云東烏累關城亦左將軍所作也。以同為左將軍作。故并記之。或云此關即名東烏累。則何以前有□谷關之稱。且烏壘城在此關東。即今兩地皆名烏累。此亦宜名西烏累。不得云東烏累。曩亦抱此疑。今定其句讀。乃始豁然。後人讀此。可無疑於漢書西域傳所記方位之確實矣。

魏毋邱儉丸都山紀功石刻跋

魏毋邱儉丸都山紀功殘石。光緒丙午。署奉天輯安縣事吳大令光國。於縣西北九十里之板石嶺開道得之。石藏吳君所。石存左方一角五十字。隸書。其文曰。正始三年高句驪反（下闕）督七牙門討句驪五（下闕）復遣寇六年五月旋（下闕）討寇將軍魏烏丸單于（下闕）威寇將軍都亭侯（下闕）行裨將軍領玄（下闕）□裨將軍（下闕）云云。

案魏志毋邱儉傳。正始中。儉以高句驪數侵叛。督諸軍步騎萬人出玄菟。從諸道討之。句驪王宮將步騎二萬人。進軍沸流水上。大戰梁口。（原注梁音渴）宮連破走。遂東馬縣車以登丸都。屠句驪所都。斬獲首虜以千數。宮將妻子逃竄。儉引兵還。六年復征之。宮遂奔買溝。儉遣玄菟太守王頎追之。過沃沮千有餘里。至肅慎氏南界。刻石紀功。刊丸都之山。銘不耐之城。又北史高麗傳。正始三年。高麗位宮寇遼西安平。（當作遼東西安平西安平縣名屬遼東郡）五年。幽州刺史毋邱儉將萬人出玄菟。討位宮。大戰於沸流。敗走。儉追至䞇峴。縣車束馬。屠其所都。位宮單將妻息遠竄。六年。儉復討之。位宮輕將諸加奔沃沮。儉使將軍王頎追之。絶沃沮千餘里。到肅慎南。刻石紀功。又刊丸都山。銘不耐城而還。此二書所紀。互有詳略。北史所紀歲月較詳。當本之魚豢魏略。據此二書。則毋邱儉刻石凡三處。一肅慎南界。二不耐城。三丸都山也。肅慎南界在今朝鮮吉林之境。不耐城在今朝鮮東海岸。丸都山無可考。曩見吳大令跋此刻。謂此刻出土之板石嶺高六百餘丈。車馬不通。疑即古之丸都山。案魏志北史。皆言儉征句驪。兵出玄菟。魏玄菟郡治（治高句驪縣）在今鐵嶺左右。自是而東南有小遼水。（今渾河）蓋即魏志之沸流水。又東南則有大梁水。（今太子河）即魏志之梁口。又東則至今輯安縣境。吳氏以輯安西北之板石嶺為丸都。以此刻為丸都之銘。其說近是。而北史以儉懸車處為靚峴者。蓋丸都為輯安以東諸山之大名。而靚峴則其支嶺也。魏志高句驪傳。謂高句驪都於丸都之下。蓋謂山之東麓。儉傳及北史高麗傳所紀甚明。而丸都之山。句驪之都。胥待此刻始得知之。可謂人間瓌寶矣。

毌邱儉征句驪歲月。傳聞異辭。魏書少帝紀正始七年春二月。幽州刺史毌邱儉討高句驪。夏五月。討濊貊。皆破之。高句驪傳則云。正始三年。宮寇西安平。其五年。為幽州刺史毌邱儉所破。儉傳則於儉初討句驪。但渾言正始中。而於復討則云六年。北史則以初討在五年。復討在六年。今據此殘刻。則第一行云正始三年高句驪反。以下當闕毌邱儉銜名。第二行督七牙門討句驪六。六下所闕當是年字。第三行復遺寇六年五月旋。復上所闕當是無字。(此字在上行末)旋下所闕當是師字。據此則儉伐句驪實以四年會師。五年出兵。六年旋師。而無復遺寇之文繫於五年。則魏志高句驪傳所紀。獨得其實。少帝紀繫之正始七年二月。儉傳及北史以為六年復伐。皆失之。殘石第四行以下。皆諸將題名。首討寇將軍魏烏丸單于者。即右北平烏丸單于寇婁敦。毌邱儉傳。青龍中。儉為幽州刺史。右北平烏丸單于寇婁敦降。

討寇將軍者其所受魏官後漢以來常與外夷以中國位號後漢書西域傳光武帝建武中賜莎車王賢以漢大將軍印綬順帝永建二年拜疏勒王臣磐為漢大都尉魏略西戎傳魏賜車師後部王壹多雜守魏侍中號大都尉受魏王印又晉時鄯善焉耆龜茲疎勒于闐諸王皆稱晉守侍中大都尉流沙墜簡補遺是也漢時匈奴單于印無漢字諸王以下乃有漢字此烏丸單于上冠以魏字者寇婁敦降虜又弱小非匈奴比也其名在諸將首者毋丘儉之東征蓋即以寇婁自副也儉名不列諸將首者以儉為主將其名當已見前毋庸再出也弟六行威寇將軍都亭侯不知何人弟六行行裨將軍領玄下所闕當是菟大守三字行裨將軍領玄菟大守乃王頎結銜魏志稱玄菟大守王頎北史稱將軍王頎其證也據魏志濊傳樂浪太守劉茂帶方太守弓遵亦與是役弟七行以下或有其銜名然殘缺不可考矣

高昌寧朔將軍麴斌造寺碑跋

高昌寧朔將軍麴斌造寺記。新出土魯番。為考高昌麴氏事者第一史料。既詳見於上虞羅叔言參事跋矣。碑陰高昌王麴寶茂結銜中有希□寺多淨跌无亥希利發十一字。高昌令尹麴乾固結銜中有多波鍮屯發五字。皆蕃夷語。參事疑為高昌尊號以施之國中者。余謂此皆突厥官號也。周書突厥傳。言突厥有葉護。次設。次特勤。次俟利發。次吐屯發。（隋書突厥傳文同）此希利發即俟利發。鍮屯發即吐屯發。自突厥崛起。高昌常為所役屬。故其君相皆受突厥官號。唐書突厥傳謂統葉護可汗徙庭石國之千泉。遂霸西域諸國。悉授以頡利發。按頡利發即俟利發。舊唐書突厥傳。其大官有屈律啜。次阿波。次頡利發。次吐屯。次俟斤。頡利發班次正當周隋二書之俟利發。蓋一語之異譯。新書載突厥官有俟利發。又有頡利發。蓋失之。徵之此碑。則突厥先世已用此制。不自西突厥始。故唐初諸外國酋長。多稱頡利發或俟利發。如回紇首領稱活頡利發菩薩及胡祿俟利發吐迷度。拔野古首領稱大俟利發屈利失。僕骨首領稱娑匐俟利發歌濫拔延。同羅首領稱俟利發時健啜。渾首領稱俟利發阿貪支大俟利發渾汪。黠戞斯首領稱俟利發失鉢屈阿棧。即龜茲王訶黎伐失畢。訶黎伐。亦俟利發或頡利發之音變也。凡此諸王或首領。皆有俟利發或頡利發號。蓋突厥於其所屬之國。皆授其王或首領以己國官職。故唐滅東西突厥。即於其故地及屬國置羈縻州。並命其王為都督刺史。蓋即用突厥舊制也。然俟利發一語。疑本出蠕蠕。突厥主稱可汗。后稱可賀敦。皆襲蠕蠕舊號。俟利發亦然。魏書蠕蠕傳。阿那瓌族兄有俟力發示發。從父兄有俟力發婆羅門。突厥後起。故沿以為官號。其上冠以希□寺多浮跌九亥八字者。則官號上所加之美稱。如某某可汗某某可敦之類。日本大谷伯爵藏高昌延昌卌年所寫大品般若經。其跋尾高昌王結銜。為使持節（缺）跋彌磓伊離地（缺四五字）陁豆（缺三四字）利發。伊離即伊利。陁豆即達頭之異譯。皆突厥可汗之美名也。北方種族。於君長名稱上。率加以美名。唐代諸帝之有尊號。亦當為對外族而設也。鍮屯發。高昌所寫大品般若經徑作吐屯發。則本監察之義。唐書突厥傳。統葉護可汗悉授西域諸國以頡利發。而命一吐屯監統。以督賦入。是吐屯本監統之官。太平廣記（二百五十）引唐御史臺記。謂突厥謂御史為吐屯。是吐屯職掌與唐御史略同。御史亦以監察為職者也。惟唐時突厥命其國人為吐屯。以監統屬國。此則以高昌國相為之。其上所冠多波二字。亦美名也。至此碑立於麴寶茂建昌元年。碑中所云與突厥同盟結婚。蓋猶其先世事。其後二國世為婚姻。隋書高昌傳言麴伯雅大母本突厥可汗女。慈恩三藏法師傳言西突厥葉護

可汗長子吧度設是高昌王麴文泰妹婿蓋終高昌之亡嘗附庸於突厥隋書稱其臣屬鐵勒蓋屬一時之事矣乙未九月

九姓迴鶻可汗碑跋

和林九姓回鶻可汗碑自來金石家皆未著錄光緒中葉俄人始訪得之拉特祿夫蒙古圖誌中始揭其影本光緒十九年俄使喀西尼以拉氏書送總理各國事務衙門屬為考釋時嘉興沈乙庵先生方在譯署作闕特勤碑苾伽可汗碑及此碑三跋以覆俄使俄人譯以行世西人書中屢引其說所謂總理衙門書者也時志文貞（銳）方為烏里雅蘇臺將軍亦拓闕特勤碑以遺宗室伯羲祭酒（盛昱）祭酒跋之沈先生復書其後於是世人始知有闕特勤碑尚未知有他碑也順德李仲約侍郎（文田）始錄拉氏書中各碑之文為和林金石錄元和江建霞編修（標）刊之長沙由是世知有回鶻碑然終無由致拓本光宣閒此碑中二段

為俄國某大佐取去，致之聖彼得堡博物館。故近來拓本乃少五六兩段。己未夏日，偶讀法國伯希和教授所撰摩尼教考，見所引此碑文三行，與李錄殊異，乃假沈先生所藏拉氏原書以校李錄。李錄此碑分為五段，實則此碑共碎為八段，前三段拉氏書中已聯合為一。李錄從之。其後德人休列額爾、法人沙畹並考此碑。德人年列爾又通碑陰所刊窣利文之讀。伯氏所引，蓋用諸氏釐定之本。余據伯氏所引聯合四五兩段，則全碑文義皆可貫通。又自以行款文義定第六段之位置。（四五兩段即李錄之第三第四兩片，第六段則李錄之第五片。）又第七第八兩段（一內宰相以下兩行十二字，一羅教逆德兩行四字。）李錄失載。以行款求之，當在首二行。然文字太少，迄不能定其在此二行之第幾格矣。又新拓本別一段，亦此碑之文，則并其在何行亦不可知。茲別附於後。余既為碑圖，以明全碑之形狀及碑文之次序，於是碑文略可通讀。前沈先生跋此碑時，僅據前三段及第七八段，今得通讀全碑。自有前跋所不能盡者。先生因命書其後。凡前跋所已詳者。茲不贅焉。碑題之愛登里囉汩沒蜜施合毗伽可汗。此兩唐書之保義可汗也。舊書憲宗紀元和三年五月丙午。正衙冊九姓回紇可汗為登里囉汩蜜施合毗伽保義可汗。回紇傳作藹德里祿沒弭施合蜜毗迦可汗。新書回鶻傳作愛登里囉汩蜜施合毗伽保義可汗。校以此碑。則舊紀奪愛字。舊傳奪汩字。衍蜜字。新傳奪沒字。此碑無保義二字者。中國封號不行於其國中故也。保義可汗立於憲宗元和三年。卒於穆宗長慶元年。在位凡十四年。為回鶻極盛之世。此碑之立。蓋在其卒後矣。碑題下列內宰相頡于伽思等若干人。蓋如漢碑陰側之題名。頡于伽思。新書作頡干伽斯。於貞元二年已主兵事。旋執國柄。至是已三十六年。又武宗會昌時。亦有大臣頡于伽思首尾五六十年。恐非一人。伊難主。新舊書均作伊難珠。考回鶻有內宰相云人外宰相三人此二行題名之人或均宰相矣碑首云□國於北方之陽建都於嗢昆之野此指回鶻開國者言新舊書記回鶻事自時健俟斤始此碑以下文所記二世事推之蓋亦指時健下云子□□□□嗣位又云□□汗在位者此二世蓋指菩薩與吐迷度新書回鶻傳時健俟斤長子曰菩薩菩薩死其酋曰胡祿俟利發吐迷度知如是者碑云□史那革命數歲之閒復我舊國案史那上所闕當為阿字阿史那者突厥姓也新書言突厥已亡惟回紇與薛延陀為最雄彊及吐迷度與諸部攻薛延陀殘之并有其地孜自突厥之亡至薛延陀之亡纔十六年薛延陀建牙鬱督軍山去嗢昆河不遠至是為回紇所并所謂阿史那革命數歲之閒復我舊國者也史稱吐迷度雖歸唐拜為懷化大將軍瀚海都督然私自號可汗官吏一似突厥下云九姓回鶻卌姓拔悉蜜三姓□□諸異姓僉曰云云當

為上可汗尊號之事。三姓下所闕二字，當是葛祿。新書稱葛邏祿有三族，一謀祿，或為謀剌，二熾俟，或為婆匐，三踏實力，故其酋亦號三姓葉護。又回鶻於九姓外，兼有拔悉蜜、葛邏祿，總十一姓，並置都督，號十一部落。故知所闕二字為葛祿也。闕毗伽可汗者，吐迷度之七世孫，名骨力裴羅，天寶三年，自稱骨咄祿毗伽闕可汗，天子以為奉義王，後拜為骨咄祿毗伽闕懷仁可汗者也。此下四世，具如沈先生說。汨咄祿毗伽可汗者，新書之阿啜，唐冊為奉誠可汗者，登里囉羽錄沒蜜施合汨咄祿胡祿毗伽可汗者，則新書之骨咄祿，唐冊為愛滕里囉羽錄沒蜜施合胡祿毗伽懷信可汗者也。第十二行之□合毗伽可汗，則保義可汗，即碑題之愛登里囉汨沒蜜施合毗伽可汗，自懷仁可汗以下，至此凡九世，中間惟闕懷信可汗子滕里野合俱祿毗伽可汗一世。此可汗以永貞元年立，元和三年卒，在位四年，殆保義可汗兄弟行。豈以享國不久。故闕而不書。抑其名在碑下截斷處。而今亡之歟。保義可汗。史不紀為何人之子。當懷信時蓋已為宰相。碑所謂當龍潛之時。於諸王中最長。又所謂□□汗宰衡之時。與諸相殊異者也。回鶻可汗多自宰相出。如頓莫賀達干骨咄祿皆是也。其記破堅昆事上有初字。蓋猶在懷信之世。堅昆者。即黠戛斯。新書。黠戛斯。古堅昆國也。保義可汗破黠戛斯。殺其可汗。諸書皆不載。惟見此碑。云復葛祿與吐蕃連□者。德宗以後。葛祿時離回鶻而與吐蕃連和。吐蕃之取北庭。陷安西。皆由葛祿為之犄角。此碑所記匀曷戶之戰。史既失記。地亦不詳。至云□□庭半收半圍之次天可汗親統大軍討滅元兇。却復城邑者。庭上所闕。當是北字。自貞元六年吐蕃攻陷北庭後。至是始為回鶻所復。碑云天可汗親統大軍。則在保義嗣位以後矣。云遂□□□□媚磧者。磧名上闕數字。宋初王延

德使高昌記謂高昌納職城在大患鬼魅磧之東南此大患鬼
魅磧即唐初人所謂莫賀延磧魅與媚音同是□□□媚磧或
即大患鬼魅磧矣蓋吐蕃陷北庭後此磧實為吐蕃北庭閉之
通道及回鶻既復北庭磧北無吐蕃蹤跡此道遂開故下云凡
諸行人及於畜產□□□□蓋回鶻至此得自由往來天山南
北路矣云復吐蕃大軍攻圍龜茲天可汗領兵救援吐蕃□□
奔入于術者于術地名新書地理志自焉耆西五十里過鐵門
關又五十里至于術守捉城自是西至安西都護府(即龜茲)凡五百
六十里蓋吐蕃之兵自龜茲退至于術為回鶻所圍也云□□
百姓與狂寇合從有虧職貢者百姓亦西北種族如三姓九姓
十姓卅姓卌姓之比惜上有闕字不能知為何族矣云追奔逐
北至眞珠河者眞珠河即今之那林河其下流為葉葉河又一
支流為藥殺水新書地理志度拔達嶺五十里至頓多城烏孫

所治赤山城也。又三十里渡眞珠河。又西域傳。石國西南有藥
殺水。入中國謂之眞珠河。是皆以此河之上游爲眞珠河。新書
西域傳。寧遠都眞珠河之北。杜環經營行記。石國中有二水。一
名眞珠河。一名質河。則并其下流亦謂之眞珠河也。云□廂沓
實力者沓實力者。三姓葛祿之一也。云攻伐葛祿吐蕃搴旗斬
馘追奔逐北。西至拔賀那國者。新書謂至德後葛邏祿浸盛徙
十姓可汗故地。盡有碎葉怛羅斯諸城。拔賀那國。即新書之判
汗怖悍及寧遠都眞珠河之北。與葛祿爲鄰。故假道於此國。云
葉護爲不受敎令。離其土壤。此葉護即謂拔賀那王自突厥西
徙以後。西域諸國王多稱葉護者。下云册眞珠智惠葉□□王。
當因前王不受敎令。故別立一人。此時回鶻南破吐蕃北服葛
祿。兵力直至葱嶺以西。而其事史皆不書。異時回鶻西徙之事。
惟由此碑始得解之。旣釐正其文。復攷釋之如左。因書以質沇

先生庶匡其不逮焉

書虞道園高昌王世勳碑後

道園撰此碑自云據高昌王世家蓋畏吾兒舊譜諜也所紀回鶻源流可與唐書回鶻傳相發明碑云畏吾而之地有和林山二水出焉曰禿忽剌曰薛靈哥禿忽剌即唐書回鶻傳之獨樂水地理志謂之獨邏河志云嗢昆河獨邏河皆屈曲東北流至回鶻衙帳北五百里合流案嗢昆河下流雖入獨邏河然出和林山者實嗢昆而非獨邏碑獨言禿忽剌者舉委以該其源也薛靈哥即回鶻傳之娑陵水地理志謂之仙娥河所謂回鶻牙帳北六七百里至仙娥河是也嗢昆仙娥二河均出杭愛山唐人謂之烏德鞬山或鬱督軍山此碑云和林山則以地名名之也碑紀回鶻始祖曰卜古可罕元史巴爾朮阿而忒的斤傳引作不可汗歐陽玄高昌偰氏家傳作普鞠可汗則兩唐書所未

載以世次計之尚在六朝之初不能求其人以實之矣碑又言卜古可罕傳三十餘君至玉倫的斤數與唐人相攻戰久之乃議和親於是唐以金蓮公主妻玉倫之子葛勵的斤案玉倫即唐書之護輸唐書回鶻傳回鶻承宗立涼州都督王君㚟誣暴其罪流死瀼州族子瀚海府司馬護輸衆怨共殺君㚟梗絶安西諸國貢道久之奔突厥死子骨力裴羅立案護玉聲之轉輸輪字之誤設輸殆本作護輪轉爲玉倫其子葛勵的斤即骨力裴羅[illegible][illegible]亦骨力之聲轉也金蓮公主即寧國公主以唐乾元元年嫁骨力裴羅時骨力嗣位已久不得如碑所云在玉倫的斤之世也碑又云唐嫁公主取福山石後七日而玉倫的斤薨自是國多災異民弗安居傳位者數亡乃遷諸交州而居焉交州今火州也此事全與史不合蓋回鶻西徙以後已不能紀遠其所記多荒忽不足信不如兩唐書之得事實矣

于闐公主供養地藏菩薩畫像跋

南林蔣氏藏敦煌千佛洞所出古畫一。上畫菩薩象。題曰南无地藏菩薩。下有四小字曰忌日畫施。菩薩旁立武士一、僧一。題曰五道將軍、曰道明和尚。下層畫一女子，盛服持香爐，作頂禮狀。題曰故大朝大于闐金玉國天公主李氏供養。余謂此于闐國王李聖天之女，若女孫，嫁爲敦煌曹氏婦者所作也。于闐爲唐安西四鎮之一。宋史又謂李聖天自稱唐之宗屬，則此畫所云故大朝者，當指唐朝。大于闐金玉國，則李氏王于闐後所自名。五代史四裔附錄晉天福三年，冊李聖天爲大寶于闐國王，蓋即以寶字代金玉二字，亦仍其自名，非後世大寶法王之比也。天公主者，本外國稱唐公主之詞。五代史謂回鶻可汗之妻號天公主，蓋回鶻盛時每取唐公主爲可敦，後雖不娶於唐，猶號其可敦爲天公主，因之其旁小國之女亦號天公主。此大于闐金玉國天公主李氏即聖天之女或其女孫其所造畫象出於敦煌者此公主嫁敦煌曹氏故也法國伯希和教授所得敦煌雜文書中有曹夫人讚其述夫人將死時事云辭天公主囑託偏照於孤遺別男司空何世再逢於玉眷又云辭天公主偏照孤孀執司空手永別戚光此曹夫人即歸義軍節度使曹元忠之妻延恭延祿等之母續資治通鑑長編載太平興國五年閏三月歸義軍節度使曹元忠卒其子延祿自稱留後遣使修貢四月詔贈元忠敦煌郡王授延祿歸義軍節度使(宋史及文獻通考同)然據英國倫敦博物館藏開寶八年歸義軍節度使曹延恭施舍疏則元忠延祿之閒尚有延恭一世且元忠卒於開寶以前非太平興國中也又據乾德六年曹氏繪觀音菩薩功德記有慈母娘子有男司空有小娘子陰氏慈母娘子即曹夫人男司空即延恭小娘子陰氏即延恭妻蓋陰氏卒後乃娶于闐公主後延

恭卒。其母亦旋卒。時延祿嗣為留後。亦稱司空。故曹夫人讚曰。辭天公主。偏照孤孀。執司空手。永別威光天公主。即此于闐公主。因延恭已卒。故曰孤孀。司空則延祿也。先訣已寡之冢婦而次訣其嗣統之次子。於事宜然。是此公主既嫁而寡。此畫云忌日畫施。蓋公主於延恭忌日施以為功德者也。又考延祿之妻亦姓李氏。亦于闐公主。千佛洞壁畫題字有大朝大于闐國天册皇帝第三女天公主。為新授太傅曹延祿姬供養云云。續資治通鑑長編。載太平興國五年封延祿妻為隴西郡夫人。隴西者。李氏望也。

于闐李氏有國始末。史無可考。當唐之初。葉尉遲氏世王于闐。貞觀末入朝於唐。改其國為毗沙都督府。即以其王兼都督。及至德初。安祿山反。于闐王尉遲勝率兵赴難。以其弟曜攝國事。後勝請留宿衛。乃以曜為王。德宗時。吐蕃攻陷安西四鎮。與唐隔絕。終唐之世。遂不復知于闐事。北夢瑣言裴相國休毋發願世世爲國王宏護佛法後于闐國王生一子手文有相國姓字聞於中朝其子弟欲迎之彼國敕旨不允也案裴休卒於咸通初是咸通後唐與于闐有交通之跡然迄未入貢故其王姓氏不詳李氏代尉遲氏王于闐。不知始於何時。考高居誨使于闐。在晉天福三年。以七年歸。其所記李聖天年號爲同慶二十九年。是聖天嗣位尚在後梁之初。又聖天至宋建隆三年尚遣使入貢。則在位幾六十年。必以沖齡即位。當非開國之主。李氏有國。自在唐之季世矣。爾時回鶻實雄長西域。東自甘州。西訖龜茲。皆爲其部落所據。西沙州西于闐東之仲雲族。其官有宰相都督等。亦與回鶻同俗。疑李氏得國本藉回鶻之助。且疑聖天亦回鶻人。聖天之名。本出譯語。册府元龜九百七十九載開元二年。突厥可汗遣使上表求婚。自稱曰乾和永清大駙馬天上得果報天男突厥聖天骨咄祿可汗。唐賢力毗伽公主阿史那公主墓志。紀突厥默啜之號亦同。突厥回鶻言語略同。則李聖天名。必回鶻語之漢譯也。故聖天雖奉佛教。亦兼亭摩尼。宋史記建隆三年。聖天遣使貢圭一玉枕一。本國摩尼師貢玻璃瓶二。胡錦一段。國中摩尼得與國王並自通於中國。全用回鶻故事。又大中祥符以後。于闐入貢時。皆稱黑汗王或黑韓王。皆可汗之異譯。其貢使亦皆回鶻。疑李氏本出回鶻。特以于闐佛教根柢至深。又自尉遲氏以來。世效忠於唐室。故稱唐族。奉象教以安集其國。百年之閒。國基既定。仍復其故俗。然則李氏殆回鶻之別歟。抑李氏得于闐後旋為回鶻所并。宋史所稱黑韓王黑汗王者。非李氏之後歟。此亦不能質言之矣。

曹夫人繪觀音菩薩象跋

南林蔣氏藏敦煌千佛洞所出古畫。上層畫觀世音菩薩象。下層中央寫繪象功德記。左繪男子一。幞頭黑衣。署曰節度行軍司馬（中缺）校司空兼（中缺）曹延（下缺）女子一。署曰女小娘子□□持花一心供養。記右繪女子二。一署曰慈母娘子□氏一心供養。一署曰小娘子陰氏一心供養。記末署乾德六年歲次戊辰五月癸未朔十五日丁酉題記。按乾德六年即開寶元年。是歲以十一月癸卯冬至改元。故五月尚稱乾德六年。據記文。此象乃慈母娘子為男司空新婦小娘子難月而作。難月蓋謂産難之月。慈母娘子為歸義軍節度使曹元忠之妻。男司空則延恭也。時元忠已卒。延恭以節度行軍司馬知留後事。故具結銜中有校司空字樣。司空。三公之初階。自曹義金以檢校司空為歸義軍節度使。元忠加至檢校太傅。時元忠初卒。延恭知留後事。未受朝命。所稱檢校司空。實自署也。後延祿知留後時。亦假此官。宋史續資治通鑑長編均謂元忠卒於太平興國五年。上虞羅叔言參事作沙州曹氏年表。始據英倫所藏開寶八年歸義軍節度使曹延恭施物疏。謂元忠已先卒。今觀此畫。知開寶元年延恭已知留後事。又記中於慈母娘子男司空外。兼及小娘子女小娘子郎君等。而無一語及元忠。知元忠已卒矣。又日本西本願寺藏大般若波羅蜜經卷二百七十四。末有寫經記。署乾德四年五月。乃元忠子延晟所造。記中有大王遐壽寶位堅於邱山等語。大王亦指元忠。是此時元忠尚存。然則元忠之卒。當在乾德四年五月之後。六年五月之前。或在乾德五年矣。元忠卒年與延恭嗣位之歲。均得由此畫定之。上虞羅叔言參事作瓜沙曹氏年表。未得元忠卒年。當由此畫補之矣。

觀堂集林卷第二十一　史林十三

海甯　王國維

唐寫本殘職官書跋

唐寫本殘職官書。英國倫敦博物館所藏。日本狩野博士直喜所錄。共二十八行。前後闕。存親王國三師三公府親王府上柱國以下帶文武職事府官屬。其體蓋唐時所謂令。六典云令以設範立制而此殘卷則職官令之一也。所以知非隋制者。隋有上開府儀同三司開府儀同三司上儀同三司儀同三司三司四級。而此卷惟開府儀同三司一級。與唐制合。又隋時上柱國柱國。不問帶文武職事興否。均置府屬。而此則帶職事者始得置之。又隋制上柱國在三師三公上。此則在三師三公下。與隋制不合故也。然猶當為唐初之制。故與六典及新舊兩書志又大不同。六典謂三師為贈官。其或親王拜者，但存其名。又謂自隋文帝罷三公府，皇朝因之。通典亦云：大唐三師三公府並無官屬，而此有三師三公府官屬。蓋六典、通典以事實言，則唐初除親王外，無拜三師三公者。親王自有王府官屬，故不別開府。此以立制言，容親王外有拜三師三公者，故為之制府屬。（唐中葉後多有以庶姓拜三師三公者，然多為他職事官崇階，亦不開府）猶此卷及六典皆有王國官屬，實則唐世親王均未就國，則亦未嘗置此種官也。至開府儀同三司上柱國以下帶文武職事官屬，亦六典及兩唐志所未載。而親王府官屬亦有異同。六典王府官屬尚有錄事、倉曹、戶曹、騎曹、士曹參軍各一人，親事府及帳內府典軍各一人，副典軍二人，此皆無之。又記室參軍此一人，六典二人。親事此三十九人，彼三十六人。帳內此六十人，彼六百六十七人。蓋六典為唐開元二十四年制，此則開元以前制也。案六典、唐令，自武德、貞觀、麟德、儀鳳、垂拱、神龍、太極凡七脩，開元初兩修舊唐書經籍志又有永徽令別出九者之外此卷當即其一觀其開府儀同三司官屬準三師三公而上柱國以下帶職事者皆得開府大與隋制近則此殘卷或武德令斷片歟

唐寫本食療本草殘卷跋

唐寫本本草英倫博物館藏狩野博士所錄存藥名二十四惟木瓜胡桃下有注餘未錄其木瓜胡桃二注以政和本草所引食療本草校之皆合惟語有詳略耳案唐書藝文志有孟詵食療本草三卷嘉祐補注本草所引書傳有食療本草云唐同州刺史孟詵撰張鼎又補其不足者八十九種并舊為二百二十七條凡三卷云云今存二十四條則僅得十之一矣其藥名皆朱書余所見唐寫本周易釋文之卦名唐韻之部首皆然但用以與餘文識別更無他義其藥性冷熱皆用小字旁注案唐寫本陶隱居本草集注序錄云有毒無毒易知惟冷熱須明今以

朱點為熱，墨點為冷，無點者是平。而證類本草所引陶氏序錄，則云惟冷熱須明，今依本經別錄注於本條之下。是唐慎微所見陶本草已與原本異。蓋後人緣朱墨點與其有無易於舛錯，故以冷熱平等字旁注之。而又恐與序錄抵牾，遂并改序錄原文。此卷藥名朱書，而冷熱用旁注，知陶本草於藥性易朱墨點而為旁注，亦自唐已來然矣。

唐寫本靈棋經殘卷跋

此殘卷亦狩野博士所錄。存卦象三。其卦作上（下）（下上）（下上）（下）下（上下）（上下）。其辭作四言韻語。即靈棋經鬼災空亡不諧三卦辭也。今本靈棋經卦作一上四下，二上一下，二上二下，不同古本。又第一卦象云家有惡鬼，兩兩對坐，天地高卑莫（下闕）今本作家有惡鬼，兩相對坐，伺候過失，斷水絕火，天神地祇，專察人過。又第三卦象云兩女無夫鬬爭別居入異路分別宅處廬今本作兩女無夫鬬爭各居出入異路分別室廬象下各有注曰云云今本所無其顏淵曰云云則與今本所載晉駕部郎中顏幼明注大同古本作顏淵曰則又因其同為顏氏而依託也

唐寫本失名殘書跋

失名殘書亦狩野博士所錄前後闕存開元九年至天寶十三載紀每年大事然每年下紀甲子名及所屬五行蓋占家所用歷以驗禍福者非史家編年書也其所紀甲子亦較史家先一年如開元九年本辛酉而此云壬戌十年壬戌而此云癸亥以下仿此故其中紀事亦與史家參錯如新舊兩唐書皆云十二年廢王皇后為庶人而此云十一年舊書玄宗紀開元十三年五月庚寅妖賊劉定高率其黨夜犯通洛門盡擒斬之而此則云十四年五月十五日劉五郎反據長術十三年五月十五日為丁酉十四年是日為壬辰十三日為庚寅疑此書十五日乃十三日之訛繫年則是

兩書皆言十四年四月丁卯岐王範薨。而此則云五月十九日岐王卒。據長術則十四年五月十九日為丙午彼繫月誤此繫年誤也新書言二十四年五月丙午劉志誠反。舊書言六月丙午。此則云廿三年五月四日劉志成反。兩書皆言天寶三載正月丙辰朔改年為載。而此則繫之二載。大抵彼是此非。術數之家於國故甚疎。固自不足怪也。

唐寫本太公家教跋

宣統己酉歲。法國伯希和教授言其所得敦煌書籍有太公家教一卷。其書已寄巴黎。未之見也。去歲伯君郵寄敦煌古籍景本數百枚。亦無此書。頃於羅叔言參事唐風樓中見此卷。蓋同出敦煌千佛洞。為斯坦因伯希和二氏所遺。又石室遺書未歸京師圖書館時流出人間者也。此書。史志與宋人書目均未著錄。惟李習之答朱載言書云。義不深不至於理。而辭句怪麗者有之矣。揚雄美新王褒僮約是也。其理往往有是者。而辭章不能工者有之矣。王氏中說俗傳太公家教是也。是習之時已有此書。王明清玉照新志三亦云。世傳太公家教其書極淺陋鄙俚。然見之唐李習之文集。至以文中子為一律。觀其中猶引周漢以來事。當是有唐村落閒老校書為之。太公者。猶曾高祖之類。非渭濱之師臣明矣。胡仔漁隱叢話十五引嚴有翼藝苑雌黃云。杜荀鶴唐風集中詩極低下。如要知前路事。不及在家時。不覺裏衣成大漢。初看騎馬作兒童。前輩方之太公家教。張淏雲谷雜記二亦著此語。陶九成輟耕錄二十五所載金八院本名目亦有太公家教。蓋衍此書為之。則此書至宋元閒尚存。特以淺陋鄙俚。故館閣與私家均未著錄。今觀其書多作四字韻語。語多鄙俗。且失倫次。與上諸書所言一一符合。且今日俗諺猶多見其中。設非見唐人寫本。必疑為後世假託矣。書為楮紙卷本。前題存一卷字。篇首闕五字。餘均完好。共一百二十七行。每行自十八九字至廿四五字不等。行書拙率。似出中唐以後。不知視伯君所得者如何也。辛亥六月記。

卷中有云。太公未遇。釣魚水。（水上脫渭字）相如未達。賣卜於市。□天居山。魯連海水。孔鳴盤桓。候時而起。書中所使古人事止此。或後人因是取太公二字冠其書。未必如王仲言曾高祖之說也。

唐寫本兔園册府殘卷跋

右唐杜嗣先兔園册府殘卷。僅存序文之半。案此書舊唐書經籍志與唐書藝文志均未著錄。惟宋史藝文志有杜嗣先兔園册府三十卷。五代史劉岳傳云。宰相馮道世本田家。狀貌質野。朝士多笑其陋。道旦入朝。兵部侍郎任贊與岳在其後。道行數反顧。贊問岳。道反顧何為。岳曰。遺下兔園册耳。兔園册者。鄉校俚儒教田夫牧子之所誦也。困學紀聞云。兔園册府三十卷。唐蔣王惲令僚佐杜嗣先倣應科目策。自設問對。引經史為訓注。

惲。太宗子。故用梁王兔園名其書。馮道兔園册謂此也。則此書盛行於五代或至宋季尚存。故深甯尚能言之歟。然宋時藏書家罕有是書。惟晁氏郡齋讀書志有兔園册十卷。云唐虞世南奉王命纂古今事爲四十八門。皆偶儷之語。五代時行於民間村塾以授學童。故有遺下兔園册之誚。據此。五代村塾盛行之書爲虞爲杜。殊未可知。竊疑世南入唐。太宗引爲記室。即與房元齡對掌文翰。未必令撰此等書。豈此書盛行之際。或并三十卷爲十卷。又以世南有北堂書鈔。故嫁名於彼歟。此本雖僅存卷首。然猶是貞觀時寫本。序中劉君詔問皆願治之言。治字未闕筆。知尚在太宗時。又案舊唐書太宗諸子列傳。蔣王惲以貞觀七年爲安州都督。至永徽三年除梁州都督。在安州凡十六年。則成書當在安州。而此本乃書成後即傳寫者。雖斷璣尺羽。亦人間瓌寶也。

唐寫本大雲經疏跋

此卷亦狩野博士所錄。前後闕。以文義觀之。蓋武后載初元年所作大雲經疏也。卷中所引經曰及經記曰云云。均見後涼曇無讖所譯大方等無想經。此經又有竺法念譯本。名大雲無想經。（此本已佚。上虞羅氏藏六朝人所書一卷。係第九卷。亦闕前半。）曇公譯本中亦屢見大雲字。故知此為大雲經疏也。案舊唐書則天皇后本紀。載初元年。有沙門十人偽撰大雲經。表上之。盛言神皇受命之事。制頒於天下。令諸州各置大雲寺。總度僧千人。又薛懷義傳。懷義與法明等造大雲經。陳符命。言則天是彌勒下生。作閻浮提主。唐氏合微。故則天革命稱周。具偽大雲經頒於天下。寺各藏一本。令昇高座講說。新唐書后妃傳所紀略同。宋次道長安志記大雲經寺亦云。武太后初。光明寺沙門宣政進大雲經。經中有女主之符。因改為大雲寺。皆以此經為武后時偽造。然後涼譯本之末。固詳說黑河女主之事。故贊寧僧史略謂此經晉代已譯。舊本便曰女王。於時豈有天后云云。頗以唐書之說為非。志磐佛祖統紀從之。故於武后載初元年書敕沙門法朗九人重譯大雲經。不云偽造。今觀此卷所引經文。皆與涼譯無甚差池。豈符命之說皆在疏中。經文但稍加緣飾。不盡偽託歟。又此疏之成。蓋與偽經同頒天下。故敦煌寺中尚藏此殘卷。第一段中歷釋廣武銘。具文完具。蓋亦洛水寶圖之類。中有千秋不移宗語。案唐書宗楚客傳載中宗時右補闕趙延禧陳符命。引讖曰百代不移宗。宣室志言上元初。部城縣民得寇謙之銘曰。李代代不可移宗。蓋即指此第二段云。神皇臨馭天下。頻得舍利。前開祥於光宅。案長安志云。光宅坊橫街之北光宅寺。儀鳳二年。望氣者言此坊有興氣。敕令掘得石函。函中有佛舍利骨萬餘粒。遂立光宅寺。所謂開祥光宅者指此。第三段引孔子讖及衛元嵩讖。案周書藝術傳。

有蜀郡衛元嵩者。天和中著詩。預論周隋興廢及皇家受命。並有徵驗。此所引八句即是也。通觀此卷。附會穿鑿。無所不至。懷義等所修。自應如此。贊寧於法朗（即法明）輩尚有恕詞。蓋未見僞經及此卷歟。嘉興沈乙庵先生初見此卷。告余內典中自有黑河女主之事。因贊寧之言。遂檢得之。並論次之如此。

唐寫本老子化胡經殘卷跋

巴黎國民圖書館藏老子化胡經卷一卷十兩卷。卷一首殘闕數行。此英倫博物館所藏化胡經卷一。較彼本多十一行。而首行老子化胡經序下。紀撰人姓名處尚存一魏字。案趙希弁郡齋讀書後志載老子化胡經十卷。魏明帝爲之序。此卷序題下尚存一魏字。則下所闕當是明帝二字。即希弁所見本矣。序作四言韻語。爲他書序所未見。巴黎本卷首有闕佚。得此本校補。序文略可讀矣。

唐寫本韋莊秦婦吟跋

此詩前後殘闕無篇題及撰人姓名亦英倫博物館所藏狩野博士所錄案北夢瑣言蜀相韋莊應舉時遇黃寇犯闕著秦婦吟一篇云內庫燒為錦繡灰天街踏盡公卿骨此詩中有此二語則為韋莊秦婦吟審矣瑣言又云爾後公卿頗多垂訝莊乃諱之時人號為秦婦吟秀才他日撰家戒內不許垂秦婦吟障子以此止謗亦無及也云云是莊貴後諱言此詩故弟藹編浣花集不以入集遂不傳於世然此詩當時製為障子則風行一時可知伯希和教授巴黎國民圖書館敦煌書目亦有秦婦吟下署右補闕韋莊彼本有前題殆較此為完善歟

又跋

余曩考日本狩野博士所錄倫敦博物館殘本據北夢瑣言定為韋莊秦婦吟後閱巴黎國民圖書館敦煌書目有秦婦吟一

卷。署右補闕韋莊撰。因移書伯希和教授。屬為寫寄。甲子正月。教授手錄巴黎所藏天復五年張龜寫本以至。復以倫敦別藏梁貞明五年安友盛寫本校之。二本並首尾完具。凡千三百八十六字。其首云中和癸卯春三月。則此詩乃中和三年所作。其末云。適聞有客金陵至。見說江南風景異。又云。願君舉棹東復東。詠此長歌獻相公。則此詩乃上江南某帥者。考是時。周寶以鎭海軍節度使同平章事鎭潤州。則相公蓋謂周寶也。莊遇黃寇之亂。初居洛中。旋客江南。浣花集四有江上逢史館李學士詩云。關河自此為征壘。城闕於今陷戰鼙。自注云。時巢寇未平則中和三年三月。莊已由洛渡江。其後有陪金陵府相中堂夜宴詩。觀浙西府相畋游詩。又有官莊詩。自注云。江南富民悉以犯酒沒家產。因以此詩諷之。浙帥遂改酒法。不入財產。是莊曾為周寶客。此詩當即其初至江南贄寶之作矣。此時莊尚未第。

其署右補闕者。乃莊在唐所終之官。考莊自巢亂後。自洛而吳而越而贛而楚。至景福二年癸丑始還京應舉。其投寄舊知詩所謂萬里有家留百越十年無路到三秦者也。是年下第。至次年乾寧改元。始成進士。其入蜀之歲。則弟藹作浣花集序云庚申(光化三年)夏以中諫□□□□。辛酉(天復元年)春應聘為蜀奏記。而浣花集十有過樊川舊居詩。自注云。時在華州駕前奉使入蜀作。考昭宗以乾寧三年丙辰七月幸華州。至光化元年戊午八月始還京師。則莊奉使入蜀。當在丙丁戊三年中。而唐書隱逸陸龜蒙傳云。光化中。韋莊表龜蒙及孟郊等十人皆贈右補闕(北夢瑣言記此事在光化元年容齋三筆卷七謂在光化三年十二月)則莊使蜀後仍自還朝。至庚申乃復入蜀。辛酉始委質王氏。則庚申之中諫。(唐人呼拾遺補闕二官為中諫見北夢瑣言八)乃其在唐所終之官也。瑣言載右補闕韋莊為陸龜蒙誄文。與此詩結銜。均以其在唐最後一官稱之。而此詩書於天復五年。尤宜書此官也。甲子二月。

唐寫本云謠集雜曲子跋

此卷首題云謠集雜曲子共三十首。其目為鳳歸雲四首。天仙子二首。竹枝子洞仙歌破陣子換沙溪柳青娘傾杯樂則不著首數。其詞為狩野博士錄出者。鳳歸雲二首天仙子一首而已。案此八調名均見崔令欽教坊記所載曲名中。唐書宰相世系表有國子司業崔令欽。為隋宏農太守宣度之五世孫。則其人當生玄肅二宗時。教坊記記事訖於開元。亦足推其時代。則此八曲固開元教坊舊物矣。郭茂倩樂府詩集。近代曲辭中有滕潛鳳歸雲二首。皆七言絕句。此則為長短句。此猶唐人樂府見於各家文集樂府詩集者多近體詩。而同調之見於花閒尊前者則多為長短句。蓋詩家務尊其體。而樂家只倚其聲。故不同也。天仙子。唐人皇甫松所作者不疊。此則有二疊。鳳歸雲二首。句法與用韻各自不同。然大體相似。可見唐人詞律之寬。天仙子詞特深峭隱秀，堪與飛卿、端己抗行，惜其餘二十餘篇不可見也。癸亥冬羅叔言參事寄巴黎寫本至，存十八首，惟傾杯樂有目而佚其詞，三十首中但佚十二首耳。

唐寫本春秋後語背記跋

上虞羅氏藏唐寫本春秋後語，有背記凡八條，中有西番書一行，餘漢字七條，皆以木筆書之，内有咸通皇帝、判官王文瑀語，蓋唐咸通間人所書。末有詞三闋，前二闋不著調名，觀其句法，知為望江南，後一闋則菩薩蠻也。案段安節樂府雜錄云：望江南始自朱崖李太尉鎮浙西日，為亡伎謝秋娘所撰，本名謝秋娘，後改此名，亦曰夢江南。考德裕鎮浙西在長慶四年至太和三年，入朝凡六年，嗣是白居易、劉禹錫、温庭筠、皇甫松並為此詞，白詞名憶江南，見長慶後集卷三，乃太和八九年間所作。劉詞有多謝洛城人語，必居洛陽時作，殆與白詞同時作。温、皇甫二詞則又在其後。前則未聞。又菩薩蠻據蘇鶚杜陽雜編，亦以為宣宗大中初製，然世所傳小說煬帝海山記已有煬帝所作望江南八首，宋初所編尊前集及李白古風集。見相山野錄均有白所作菩薩蠻詞。海山記僞書。固不足信。白詞世亦有疑之者。顧唐宋說部所謂某調創於某時某人者。尤多附會。考崔令欽敎坊記所載教坊曲名三百六十五中。有望江南菩薩蠻二調。令欽時代雖不可考。然唐書宰相世系表有國子司業崔令欽。乃隋恆農太守宣度之五世孫。唐高祖至玄宗五世。宣度與高祖同時。則其五世孫令欽當在玄肅二宗之世。其書記事訖於開元。亦足略推其時代。據此則望江南菩薩蠻二詞。開元敎坊固已有之。惟望江南因贊皇首塡此詞。劉白諸公相繼而作。菩薩蠻則因宣宗所喜。宰相令狐綯曾令溫庭筠撰。密進之。見唐詩紀事故樂府雜錄與杜陽雜編遂以此二詞之創作。傅之德裕與宣宗。語雖失實。然其風行實始於此。此背記書於咸通間。距太和末廿餘年。距大中不過數年。已有此二調。雖別字聲病滿紙。皆是可見沙州一隅。自大中內屬後。又頗接中原最新之文化也。至此背記中之與沙州時事相關者，已見於羅叔言參事所補唐書張義潮傳，茲不贅云。癸丑五月。

唐寫本殘小說跋

右唐人小說斷片，亦狩野博士所錄英倫博物館本。記太宗入冥事。又記判官姓名為崔子玉。狩野博士曾於藝文雜誌中考此斷片，引太平廣記一百四十六所引朝野僉載紀太宗入冥事，謂唐初已有此傳說。然僉載不著冥判姓名。近代鄭烺作崔府君祠錄，引府君神異錄，正與僉載同。惟以冥判為崔府君，攷費袞梁溪漫志載宋仁宗景祐二年，加崔眞君封號詔曰：惠存滏邑，恩結蒲人，生著令猷，沒司幽府。已以崔真君為司幽府之神。而樓鑰顯應觀碑記言：宣和三年，磁守韓景作記，言唐太宗嘗夢得之，詔入覲，刺蒲州河北採訪使，則徑以太宗所見冥判為即眞君。今觀此殘卷，知唐人已有此說矣。太宗入冥與崔判官事，傳世西游記演義亦載之。其語誕妄不足詰。朝野僉載則謂冥中問六月四日事。案太宗誅建成元吉事在武德九年六月四日。張鷟不言建成元吉事者。唐人記先皇事。特微其詞耳。僉載及府君神異錄二事。茲比錄之。以備參考。可知後世傳說其所由來遠矣。

唐太宗極康豫。太史令李淳風見上流淚無言。上問之。對曰。陛下夕當晏駕。太宗曰。人生有命。亦何憂也。留淳風宿。太宗至夜半上奄然入定。見一人云。陛下蹔合來。還即去也。帝問君是何人。對曰。臣是生人判冥事。太宗入見判官。問六月四日事。即令還。向見者又迎送引導出。淳風即觀乾象。不許哭泣。須臾乃寤。至曙。求昨所見者。令所司與一官。遂注蜀道一丞。（朝野僉載）

神異錄滏陽八事之一曰。一日。府君忽奉東岳聖帝旨。敕斷隱巢等獄。府君令二青衣引太宗至。時魏徵已卒。迎太宗屬曰。隱巢等冤訴。不可與辯。帝功大。但稱述。神必祐也。帝頷之。及對質。帝惟以功上陳。不與辯。府君判曰。帝治世安民之功甚偉。隱巢等淫亂。帝誅除之。亦正家之義也。即不名正其罪恐為擅誅促壽而已。今且君臨天下。為蒼生主也。敕二青衣送帝回。隱巢等惶恐去。帝行復與府君別。府君曰。毋泄也。後帝令傳府君像。與判獄神無異。益信府君之德通於神明矣。

崔府君祠錄

唐寫本敦煌縣戶籍跋

此狩野博士所錄。英倫博物館所藏。唐大歷四年沙州燉煌縣戶籍也。唐六典戶部尚書職。每一歲一造計帳。三年一造戶籍。凡定戶以仲年。子卯午酉造籍以季年。丑辰未戌大歷四年。歲在己酉。正定戶之年也。云戶主者。通典引開元二十五年戶令云。凡戶主皆以家長為之是也云戶主索思禮年六十五歲老男者六典凡男女始生為黃四歲為小十六為中二十有一為丁六十為老唐志天寶三載更民十八以上為中二十三以上成丁廣德元年詔男子二十五為成丁五十五為老又六典凡給田之制丁男中男以一頃老男篤疾廢疾以四十畝寡妻妾以三十畝若為戶者主戶則減丁之半此索思禮年六十五故云老男必書此者以與授田之事相關故也此下或書寡或書小男或書廢疾或書小女中女皆放此云昭武校尉前行右金吾衛靈州武略府別將上柱國者昭武都尉武散官正六品上別將則唐制上府別將職事官正七品下中府從七品上下府從七品下云前行者六典凡任官階高而擬卑曰行此以六品散官任七品職事官故曰行又時已罷職故曰前行也上柱國者勳官第十二轉云甲頭某某者唐制授官有團甲過甲之制授散官與勳亦然

言甲頭某某者。猶唐以來言某某下及第某某牓下進士矣。云下中户者。六典。天下之户量其資產。分為九等。下中則第八等也。云不課户者。通典。户内有課口者為課户。無課口者為不課户。諸視流内九品以上官皆為不課户是也。云母氾氏上元二年帳後死者。謂上元二年計帳上有其名。其後即死。已死而猶列於籍者。造籍者之失也。云男游鸞丹州通化府折衝者。案唐志。丹州府名有同化。無通化。然唐袁秀巖墓志云遷左威衛丹州通化府折衝。正與此合。折衝者。折衝都尉之略。唐制。上府折衝都尉職事官。正四品上。中府正四品下。下府從四品上。不知通化府居何等矣。上索思禮名下。具散官職事官勳官三種。此僅具職事官勳官。而不著散官者。因勳官自上柱國以下授田各有差。而散官則與授田無涉故也。云鸞男齊岳年一十二歲大歷二年帳後編附者。謂至大歷計帳後。具名始編入也。云沙州燉煌縣懸泉鄉宜禾里大歷四年□□手實者唐會要八十五開元十八年敕諸戶籍三年一造起正月上旬縣司責手實計帳赴州依式勘造鄉别為卷總寫三通其縫皆注某州某縣某年籍州名用州印縣名用縣印三月三十日納訖此行連用四印即是也手實者文獻通考載宋熙寧七年呂惠卿議引戶令云手實者令人戶具其丁口田宅之實也宋史呂惠卿傳亦云自供手實是前後所具丁口田宅皆出人戶自供矣云乾元三年籍者乾元三年歲在庚子亦定戶籍之年六典注諸造籍起正月畢三月故戶籍以定籍之年名之不以造籍之年名之也云合應受田陸拾壹頃伍拾叁畝者唐制上柱國受田三十頃思禮父子二人勳皆上柱國合受田六十頃又思禮以老男為戶主合受田五十畝游鸞為丁合受百畝又園宅地三畝故合受田六十一頃五十三畝下安游璟戶云應受田三十一頃頃一

畝。亦上柱國勳田三十頃。丁田一頃。園宅一畝。與此同例也云貳佰肆拾畝。已受卌畝。永業一十九畝。勳田一十四畝。買田一百六十七畝。口分三畝。居住園宅五十九頃一十畝未受者案從上應受田數中。除去勳田六十頃園宅三畝外。只餘百五十畝。為永業口分之田。其中卌畝為永業百一十一畝為口分。（唐志丁中人一頃其八十畝為口分二十畝為永業老及篤疾廢疾寡妻妾皆以二十畝為永業餘為口分）而此口分得六十七畝者此亦有說。蓋思禮已老。游鸞又為他州四品職事官。均未必能躬耕。為之耕者二奴也。二奴之年正在丁中。例得受田百畝。意其初以二奴之名受田二頃。然唐制奴婢無受田之文。於是即以思禮游鸞之名受田百五十畝。然實際已受二百七畝。有司以其家勳田未受者尚多。又以游鸞官稍高。遂不復致詰。即據以定籍。故有此參池也。勳田六十頃。僅受一十九畝。蓋唐時職事官田與勳官田皆有名無實。下安游璟勳亦上柱國。而勳田未受半畝。

亦其證也田畝皆注所在地及四至者為授受田也瓜渠地在
城東十五里疑即唐沙州圖經之北府渠孟授渠亦見圖經云
長二十里西涼錄云燉煌太守趙郡孟敏於州西南十八里甘
泉鄉鄉斗門上開渠溉田百姓蒙賴因以為號今城東一里尚
有此渠知此渠自城西南迤至城東矣
又安游璟年伍拾參歲上柱國開元二十五年九月五日授甲
頭王斛斯考舊書玄宗紀開元二十九年北州刺史王斛斯為
幽州節度使當即其人游璟於大歷四年年五十三歲上溯至
開元二十五年僅二十歲上柱國勳官第一自白丁十二轉乃
得之游璟此時似無遽得上柱國之理疑游璟是歲代叔承戶
其叔本有上柱國勳游璟因而書之唐制勳無襲法又職事官
田及勳官田未請受而身亡者子孫不得追請六典注游璟不知國
故因舊籍書之有司以當時勳田本是虛名故亦不復致詰可

知唐時帳籍固未能核實也。

宋初寫本燉煌縣戶籍跋

右雍熙二年至道元年戶籍殘卷。當沙州曹延祿之世。雍熙二年籍。鄧永興戶下尚注妻與弟姓名。而不注年歲。至道元年籍則但有戶主姓名。蓋沙州此時純就田課稅。不就丁課稅矣。所請之田。亦無定制。鄧永興受二十畝。何石住受一頃十畝。高安三受七十五畝。蓋視力之所能耕者受之。至是而後周隋唐以來之舊制。并其名而亦亡之矣。

覆五代刊本爾雅跋

日本室町氏重刊舊本爾雅。每半葉八行。行大十六字。小二十一字。卷末有將仕郎守國子四門博士臣李鶚書一行。案趙德甫金石錄後唐汾陽王真堂記。李鶚書。鶚五代時仕至國子丞九經印板多出其所書。前輩多貴重之。王仲言揮麈錄。後唐平蜀明宗命太學博士李鶚（原訛作愕）書五經刊板於國子監是此書尚出五代監本考五代刊九經三傳經始於長興三年其中五經三傳與五經文字九經字樣先成舊五代史漢書隱帝紀乾祐二年國子監奏周禮儀禮公羊穀梁四經未有印板則五經與孝經論語爾雅時當已刊畢而五經文字九經字樣有開運丙午田敏序則五經三傳亦當成於石晉之世矣此八種皆李鶚一人書王仲言云家有李鶚書五經玉海言景德二年九月國子監言尚書孝經論語爾雅四經字體訛外請以李鶚本別雕則此八種皆出鶚手其二禮二傳則鄉貢三禮郭嵠所書（見容齋續筆及玉海）至廣順三年乃竣經典釋文太廟室長朱延熙書（見容齋續筆）顯德六年乃竣此五代寫刊經典之大略也此本有李鶚書款自出五代監本惟釋草椵木槿注或呼日及不作白及（五代監本作白及見宋史儒林田敏傳）則已經宋人校正又高宗嫌名遘字或闕筆則又宋南渡後遞翻

之本矣案玉海紹興九年九月七日詔下州郡索國子監元頒善本校對鏤板又二十一年五月詔令國子監訪尋五經三館舊監本鏤板則此本實紹興後重刊舊監本其行款大小與唐人書諸經卷子一一相近自是五代舊式當時所刊諸經今無一存者惟賴此遞翻本足窺五代北宋監本面目耳凡諸經與此本同行款者如吳門黃氏所藏周禮秋官二卷虞山張氏所藏禮記殘卷內府所藏孟子十四卷蓋亦宋監本若翻監中之本前人皆誤以此為蜀大字本故聊復辨之

揮麈錄言毋昭裔貧賤時嘗借文選於交游閒其人有難色發憤異日若貴當板以鏤之遺學者後仕王蜀為宰相遂踐其言後唐平蜀明宗命太學博士李鶚傚其製作刊板於國子監云云案後唐始刊九經據冊府元龜所載馮道李愚等奏固發端於吳蜀印板文字然以為傚蜀毋昭裔文選製作則大不然考

昭裔相蜀。在孟昶明德二年。（後唐清泰二年）至廣政十六七年尚在相位。仲言謂其相王蜀已非事實。其刊文選在相蜀後。自不得在長興之前。孔平仲珩璜新論云。周廣順中。蜀相毋昭裔請刊印板九經。通鑑載昭裔開學館刻九經。（即蜀大字本九經與蜀石經無涉）在廣政十六年。即周廣順三年。正田敏九經板成之歲。昭裔所刊。當倣其製。近人或廣王仲言之說。謂蜀本九經先於監本者。尤乖事實也。

宋刊本爾雅疏跋

烏程蔣氏藏宋刊爾雅疏十卷。每半葉十五行。行三十字。明文淵閣舊藏。即吾鄉陳仲魚先生經籍跋文中所著錄者也。案宋刊諸經單疏存於今日者。臨清徐氏有周易正義。日本楓山官庫有尚書正義。竹添氏有毛詩正義。近藤氏有景鈔左傳正義。前吳門黃氏有儀禮疏。蔣氏復有殘公羊疏。并此爾雅疏而七。爾雅疏舊又有吳門黃氏歸安陸氏二本。今黃本已佚。陸本又流出海外。惟此為碩果矣。諸疏行款。除易疏未見外。書疏每行二十四字。詩疏與左傳疏每行二十五字。儀禮疏二十七字。公羊疏二十五六七字。爾雅疏三十字。其半葉十五行。則諸疏皆同。此亦六朝以來義疏舊式。考日本早稻田大學所藏六朝人書禮記子本疏義每行二十八九字至三十字不等。富岡君撝所藏唐人書毛詩疏殘卷。每行自二十二字至二十六字不等。狩谷望之藏古鈔禮記單疏殘卷。每行二十六七字。巴黎國民圖書館藏唐人書老子道德經義疏亦每行二十四五字至三十字不等。其餘唐人所書佛經疏亦無不然。是五代刊九經用大字。宋初刊經疏用小字。皆仍唐人卷子舊式也。宋初刊五經正義成於淳化五年。七經正義成於咸平四年。此本猶是咸平舊式。然於欽宗嫌名亶字。高宗嫌名媾字。皆闕一筆。又多元明補刊之葉。乃南渡後重刊北宋監本。又經元明修補者也。考北宋監本靖康中爲金人輦之而北。故南渡後即有重刊經疏者。如竹添氏所藏詩疏，乃紹興九年九月十九日紹興府重雕。又玉海載紹興十五年博士王之望請群經義疏未有板者令臨安府雕造。（建炎以來朝野雜記亦記此事）則高宗末年群經義疏當已盡有印板矣。此種州郡刊板，當時即入監中。故魏華父岳倦翁並謂南渡監本盡取諸江南諸州。蓋南渡初監中不自刻板，悉令臨安府及他州郡刻之，而以其板入監。此即南宋監本也。明黃佐南雍志經籍考所載舊板有周易註疏十三卷、儀禮註疏五十卷、春秋正義三十六卷、春秋公羊傳疏三十卷、春秋穀梁傳疏十二卷、爾雅註疏十卷。其書雖或稱正義，或稱疏，或稱註疏，而其卷數無不與北宋單疏本合，而與南雍之十行本註疏不合。當即南宋所刊單疏舊板也。以其板久闕不印，又明人但知有註疏，不知有單疏，故即以註疏目之。此本用洪武中公牘紙印，又有明初補板。乃明南雍印本可知南雍志之爾雅註疏十卷。即是此本。而其他周易儀禮三傳諸疏卷數同於單疏本而不同於南雍註疏本者。其為南宋單疏舊板蓋可識矣。南雍十行本註疏向無儀禮爾雅二種。故元明閒尚補綴單疏本以彌十三經之闕。是以二疏後世猶有傳本。餘疏自元以後殆已不多印行矣。

宋越州本禮記正義跋

南海潘氏藏禮記正義七十卷。每半葉八行。行大十五六字。小二十二字。卷末有紹熙壬子三山黃唐跋。并校正官銜名十二行。其黃唐結銜。為朝請郎提舉兩浙東路茶鹽常平公事。餘亦多浙東官屬。乃浙東漕司所刊。即岳倦翁所謂越中舊本注疏也。此書舊藏吳中吳企晉舍人家。惠定宇先生曾取以校汲古閣本。一時頗多傳錄。阮文達校勘記所據即是也。然惠氏校本未錄黃唐跋及校正諸人銜名。日本人所撰七經孟子考文並經籍訪古志雖載黄跋而未錄銜名。故世無知爲越本者。案黄跋云。六經疏義。自京監蜀本皆省正文及注。又篇章散亂。覽者病焉。本司舊刊易書周禮正義注疏萃見一書。紹熙辛亥仲冬。唐備員司庾。遂取禮記毛詩疏義如前三經編彙。精加讎校。用鋟諸木云云。又慶元庚申越帥沈作賓作春秋正義後序云。諸經正義既刊於倉臺。而此書復刊於郡治。合五爲六。炳乎相輝。余曩讀黄沈二跋。見沈跋倉臺五經云云。與黄跋語合。又檢寶慶會稽續志提舉題名。知黄唐以紹熙二年十一月任浙東提舉。因定黄唐所刊書爲越州本。今見此本校正銜名。足證余說之不謬矣。又據黄沈二跋。則越本注疏首刊易書周禮三種。黄唐益以毛詩禮記二疏。沈氏又益以左傳疏。共得六種。而黄刊禮記與沈刊左傳行款全同。今傳世宋刊注疏本與此本同行款者。如常熟瞿氏所藏周易注疏十三卷。日本足利學校所藏尚書注疏二十卷。皆即越本。余又見江安傅氏所藏周禮注疏僅存春官大司樂職一葉。行款亦與此同。其經文大字下接以釋經之疏。小字雙行。乃以一大注字間之。其下爲注文。亦小字雙行。注文後空一格。乃爲釋注之疏。其體例與他注疏異。亦與越本他經注疏異。而行款則同。蓋亦越州本也。（聞江右李氏有全書惜未見）京師圖書館藏論語注疏解經殘卷。潘氏又藏孟子注疏解經殘卷。存卷二卷三。行款全與此本同。此又在六經之外。蓋刊於慶元庚申以後。是越本殆具十三經矣。其書皆每半葉八行。用監中經注本行款。分卷則從單疏本。與建十行本絕不相同。目錄家知有越本注疏。自今日始。然非此本題跋銜名具存。亦無以推知之矣。又宋元間別有一種注疏。與越本行款略同。如日本森立之留眞譜所摹周易兼義烏程張氏所藏尚書注疏。吾鄉陳氏士鄉堂所藏毛詩注疏。皆半葉八行。行大十八字。小二十五字。

板心八小亦同越本。然張氏尚書疏分卷與建本同。陳氏毛詩疏并附釋音。疑用越本行款重刊建本者。不知刊於何時何地也。附記於此。

舊刊本毛詩注疏殘葉跋

江安傅氏藏舊刊毛詩注疏卷二第十六葉。每半葉十三行。行大二十四字。小三十一字。刊刻精雅。與宋越本建本均不同。案常熟瞿氏有尚書注疏二十卷。每半葉十三行。行大二十六字至二十九字。小三十五字。正義序後別附纂圖。其地理圖題平水劉敏仲編。蓋即平陽刊本。貴池劉氏藏元元貞丙申平陽梁氏刊論語注疏解經十卷。亦每半葉十三行。行大二十四五字。小三十一字。此殘葉行款並與之近。當亦平水刊本。岳倦翁舉注疏本。有越本。有蜀本。有建本。越本八行。建本十行。蜀本世未有傳者。此十三行者殆即蜀本。元人平蜀遠在得江南之先。故

平陽所刊書多蜀本尚書論語二疏蓋亦自蜀本出歟

殘宋本三國志跋

殘本魏志卷二十八存十三葉每半葉十行行大十九字小二十一字避諱至完搆二字止而孝宗諱慎字不避此宋南渡初衢州刊本也明南雍舊板有宋衢州刊三國志卷末有右職修郎衢州錄事參軍蔡宙校正兼監鏤板右迪功郎衢州州學教授陸俊民校正二行其板式行款正與此本同乃元明後修補此本者則此即衢州本也其板在南宋時當已入胄監自是而入元西湖書院而入明南雍觀南宋監本史記兩漢書用兩淮江東漕司刊本唐書五代史用湖州刊本則三國志用衢本可知故明南雍有其殘板（今所見明中葉後印本雖無宋刊一葉為元明以來修改易盡可知）則此又南宋監本也然求其淵源實出北宋監本考宋初監本諸史惟有十行十九字一種余所見江安傅氏所藏北宋刊史記與諸家所藏福唐

重刊淳化本兩漢書。皆十行十九字也。國志初刊於咸平。其行款自當與前三史同。然世訖未見有北宋刊本。惟黃蕘圃所藏吳志後歸歸安陸氏者。前有咸平六年中書門下省牒及咸平三年校勘經進諸臣銜名。每半葉十四行。行二十三字。昔人多以此為咸平祖刻。實則書中避欽宗諱桓字。又銜名中句當字皆改作幹當。亦避高宗嫌名。為南宋重刊無疑。又據竹汀日記。謂吳志卷首銜名外。卷末別有校正姓名。其署銜云辟雍正。（卷末銜名）（陸氏藏書志失載）考宋史選舉志徽宗崇寧元年始立辟雍置博士正錄等官。與大學同。宣和三年罷。則辟雍正一官惟徽宗時有之。然則黃藏吳志。乃南渡後重刊徽宗朝本。謂之咸平祖刻。鶻突殊甚。此本行款獨與宋初所刊諸史同。則咸平本面目自當於此本求之矣。又紹興中。兩淮江東漕司分刊前三史。今傳世者尚有淮南漕司所刊史記及残本兩漢書。皆半葉九行。行十六字。此本刊於同時。乃用舊監本行款。蓋南渡後諸史於各州郡分刊。其板式自不能畫一也。至半葉十四行之本。諸史多有之。證以單行吳志。則當出於北宋末監本。然尚未能證實。惟咸平祖刻面目。不存於單行吳志。而存於此本。則固目錄家所當首肯也。

庚申中秋。

兩浙古刊本考序

雕板之興。遠在唐代。其初見於紀載者。吳蜀也。而吾浙為尤先。元微之作白氏長慶集序。自注曰。揚越間多作書摹勒樂天及予雜詩。賣於市肆之中。夫刻石亦可云摹勒。而作書鬻賣。自非雕板不可。則唐之中葉。吾浙已有刊板矣。册府元龜載後唐長興中馮道李愚奏云。嘗見吳蜀之人。鬻印板文字。色類繁多。則五季之頃。其行轉盛。及宋有天下。南并吳越。嗣後國子監刊書。若七經正義。若史漢三史。若南北朝七史。若唐書。若資治通鑑。

若諸醫書皆下杭州鏤板北宋監本刊於杭者殆居泰半南渡以後臨安為行都胄監在焉書板之所萃集宋亡廢為西湖書院而書庫未燬明初移入南京國子監而吾浙之寶藏俄空焉又元代官書若宋遼金三史私書若文獻通考若國朝文類亦皆於杭州刊刻蓋良工之所萃故鋟板必於是也至私家刊刻在北宋時已亘四部而宋季臨安書肆若陳氏父子徧刊唐宋人詩集有功於古籍甚鉅至諸州刊板天水以後公庫郡庠仍世刊刻而紹興為監司安撫駐所刊書之多幾與臨安埒元時一代大著述如胡氏通鑑音注王氏玉海皆於其鄉學刊行又四部以外湖之思谿杭之南山均有大藏全板元初刊西夏字全藏亦於杭州開局自古刊板之盛未有如吾浙者閩蜀二方方之褊矣宋元人所撰方志若寶慶四明志若新定續志若至正四明續志頗記郡中板刻而他郡闕如今最錄世有傳本及

見於紀載者。為兩浙古刊本考。分郡羅列。釐為二卷。雖可考見者十不得四五。然大略可覩矣。壬戌二月。

元刊本資治通鑑音注跋

此本世謂之興文署本。緣印本首有王磐序。云興文署刊諸書以資治通鑑為首云云。案興文署之立。未知何年。然祕書監志云。至元十年十一月十七日。大保大司農奏過事內一件。興文署掌雕印文書。交屬祕書監呵。是至元十年已有興文署。且是年署中已有雕字匠花名四十名。印匠一十六名。則刻印通鑑自當在此前後。而胡梅磵通鑑注成於至元二十三年。遠在設興文署之後。又王磐致仕在至元二十一年以前。亦無從為胡注作序。且王氏序中無一語及於梅磵。則王氏所序。興文署所刊。自為溫公原書。非胡注也。又梅磵自序。謂初撰通鑑廣注九十七卷。本用陸氏經典釋文例。與本書別行。丙子避地越之新昌失其書。亂定反室。復購得他本為之注。始以考異及所注者散入通鑑各文之下云云。案丙子即宋亡之歲。梅磵丙子後所得之他本。蓋即興文署刊本。因注於此本之上。後來刊注時。遂并王序刊之。實則與胡注無與也。明黃溥簡籍遺聞。謂是書刊於臨海。洪武初取其板入國子監。此語得之。臨海為梅磵鄉里。其刊此書。與樂平州刊文獻通考慶元路刊玉海事同。當在梅磵身後矣。袁桷師友淵源錄云胡三省釋通鑑三十年兵難稿三失乙酉歲留袁氏塾手鈔定注已丑寇作以書藏窖中得免定注今在家是清容作淵源錄時其書尚未印行可為今本非興文署所刊之鐵證矣

顯德刊本寶篋印陀羅尼經跋

刻本一切如來心祕密全身舍利寶篋印陀羅尼經一卷。高工部營造尺二寸五分。板心高一寸九分半。每行八字或九字。經文共三百三十八行。後空一行。題寶篋印陀羅尼經并前後題共三百四十二行。經前有畫。作人禮塔狀。廣二寸有奇。畫前有題記四行。曰。天下都元帥吳越國王錢弘俶印寶篋印經八萬

四千部在寶塔內供養。顯德二年丙辰歲記。近出湖州天寧寺塔中。今歸烏程張氏。案吳越忠懿王所造金塗塔。塔裏有題記四行云。吳越國王錢弘俶敬造八萬四千寶塔。乙卯歲記。此卷刊於丙辰。即在造塔後一年。所印部數亦與塔數同。殆即塔中物矣。考大唐西域記摩揭陀國條云。印度之俗。香抹為塗。作小窣堵波。高五六寸。書寫經文以置其中。謂之法舍利。數漸盈積。建大窣堵波。總聚於內。常脩供養。又日本神護景雲四年（當唐大歷三年）所造百萬木塔。其中各有刻本無垢淨光經中陀羅尼一卷。（所見有根本陀羅尼相輪陀羅尼自心印陀羅尼六度陀羅尼凡四種）此小卷畫人禮塔象。又刊於造塔之後一年。當亦金塗塔中物。故卷軸極小。正與塔身合。日本百萬塔中所有刻本陀羅尼大小亦與此略同。其制當出於唐。是唐大歷以前必已有此種印本。而世無傳者。小經卷刊本傳世者以此卷為最古。即吾浙古刻之存者。亦以此卷為最古矣。（或云此卷本置於天寧寺石幢下象鼻中。與有石欄。迺石欄脫）

落乃得此卷未知信否姑記之以廣異聞

甲子八月杭州雷峯塔傾其磚中空各藏寶篋印陀羅尼經一卷其前題云天下兵馬大元帥吳越國王錢俶造此經八萬四千卷捨入西關磚塔永充供養乙亥八月日紀經卷大小與顯德刊本略同則顯德本出於石象鼻中之說殆信

元刊本西夏文華嚴經殘卷跋

上虞羅氏仁和邵氏並藏西夏字經摺本每半番六行行十七字首行題大方廣佛華嚴經卷第ム次行題唐于闐三藏實叉難陀譯又次行題奉天顯道耀武宣文神謀睿智制義去邪惇睦懿恭天子神飜（原本皆西夏字據上虞羅君楚譯）奉天顯道二十字初不知為何帝尊號嗣考宋史西夏傳西夏仁宗上尊號曰制義去邪則此經乃仁宗所譯也亦無由知為何時所刊而相其書跡紙墨並與西夏所刻掌中珠殊余謂此元刊本也日本善福寺藏元平江

路磧砂延聖寺刊大宗地玄文本論卷三。後有大德十年松江府僧錄管主八願文。中云。欽覩聖旨。於江南浙西道杭州路大萬壽寺彫刻河西字大藏經三千六百二十餘卷。華嚴諸經懺板。至大德六年完備。管主八欽此勝緣印造三十餘藏。及華嚴大經梁皇寶懺華嚴道場懺儀各百餘部。焰口施食儀軌千有餘部。施於寧夏等路寺院。永遠流通。又云。裝印西番字乾陀般若大傘三十餘件。經呪各千餘部。散施土蕃等處云云。觀其施河西字經於甯夏。施西番字經於吐蕃。可知河西字即西夏字。西番字即西藏字。又法國伯希和教授於燉煌得一西夏文經卷。末有漢字印記云。僧錄廣福大師管主八施大藏經於沙州文殊舍利塔寺。永遠流通供養。蓋即管主八所施河西字大藏經三十餘藏之一。可證元人呼西夏字為河西字也。然則元初自有重刊西夏字大藏。此華嚴經殘卷。即元刊大藏中物。非西夏原刊也。元史成宗紀至元三十一年。罷宣政院所刻河西藏經板。則此經世祖時已刊刻。成宗初即位。雖罷其役。然未幾仍復續刊。至大德六年告成。

劉氏金石苑稿本跋

諸城劉燕庭方伯金石苑稿本。共六十一册。今在上海涵芬樓。計長安獲古編一册。昭陵復古錄五册。洛陽存古錄十七册。鼓山題名二册。烏石山題名二册。雜碑無書題者二十三册。寫錄之式並行格。往往不同。閒錄前人及同時諸家跋尾。或附方伯自跋。又有大興徐星伯編修校籤。餘為跋尾草稿二册。目錄九册。其目錄存造像題名石幢墓誌雜碑五種。又有嘉蔭簃金石目金石補編目洛陽存古錄目凡八種。嗣涵芬樓又得仁和胡次瑤孝廉所編金石苑序目手稿二册。其子目亦凡八種。一長安獲古編。二劉氏古泉苑。三泥封印古錄。四嘉蔭簃蒐古彙編五洛陽存古錄。六、造像觀古錄。七、昭陵復古錄。八、三巴孴古志。頫與原目相出入。繼又見江都宣氏所藏胡目別稿。又有海東擷古志、貞珉闡古錄、佛幢證古錄、題名集古錄四種。序目皆具。并前爲十二種。案方伯之爲此書。孝廉實佐之。孝廉序嘉蔭簃蒐古彙編目云。壬子之秋。余爲方伯編金石苑目次。凡得十種。將畢。方伯謂余曰。余尚有六種。蒐而未成。其體例標目已定矣。序中復列舉其目。曰東武懷古錄。曰造象觀古錄。曰寶甓翫古錄。曰捫槃說古錄。曰要言汲古錄。曰奇觚抉古錄。余合原目及胡目觀之。知方伯此書。兼用以地分類及以物分類二法。其以地分類者。若長安獲古編。若昭陵復古錄。若洛陽存古錄。若三巴孴古志。若海東擷古志。而未成之東武懷古錄與焉。其以物分類者。若劉氏古泉苑。若泥封印古錄。若造象觀古錄。若佛幢證古錄。若題名集古錄。若貞珉闡古錄。而未成之寶甓翫古錄與焉。其爲二類所不能攝者。爲數至夥頤。則編爲嘉蔭簃龜古彙編。其捫槃說古錄。要言汲古錄。奇觚扶古錄。則又方伯治金石所得之一家言。此金石苑編纂之大略也。方伯所錄金石文字。至爲浩博。中間蓋欲刪王氏金石萃編所已錄者。而存其所未收者。於是有金石補編之目。其嘉蔭簃金石目。又當爲最初之目。此皆編纂時所旁出。而與本書無涉者也。考方伯之卒在咸豐癸丑春日。壬子秋之目。當爲最後所定。其時金石苑已得十種。而涵芬樓所藏胡目存八種。其造像觀古錄又爲後六種之一。故僅得七種。其餘三種即劉氏原目之墓誌題名石幢。而宣氏胡目所題爲貞珉闡古錄題名集古錄佛幢證古錄者。此與造象觀古錄命名最後。蓋在壬癸之間矣。又海東金石苑初擬別行。後題爲海東擷古志。則又入金石苑全書中。此又編纂時改定之大略也。近者上虞羅叔言參事欲編刊其所藏金石拓本。而病其繁重。乃先後為以時分類以地分類以器物分類之書各若干種。復以無可歸類之小品別為一書。而全書之成殊非易易。方伯之書亦視此矣。此書各種。惟三巴孴古志已刊行。長安獲古編板裹在京師。丹徒劉鐵雲觀察為補刊器名。印行於世。其他諸種。惟有此稿本而稿本中亦惟昭陵復古錄碑二十六通具全。餘並有闕佚。然尚可得十之五六。臨桂況夔笙太守編為昭陵復古錄十卷。洛陽存古錄三十二卷鼓山題名六卷烏石山題名三卷。嘉蔭簃蒐古彙編七十卷。闕佚之餘。不能盡如原目。亦固其所。辛劉胡二目具存。可以見當時蒐討之勤且富矣。胡氏名琨。一字美中。仁和人。道光甲辰舉人。殉咸豐庚申之難。余藏其致勞季言手札。述校說文繫傳事語極精確。其編次金石。亦頗有法學問淹雅。當時無赫赫名。今更罕知其姓氏矣。咸豐後第一庚申十二月二十七日。是日立春。

書宋舊宮人詩詞湖山類稿水雲集後

周密浩然齋雅談載南宋王夫人所作滿江紅詞，及文文山鄧中甫和作。其詞人人能道之，獨不詳夫人為何如人。案世傳宋舊宮人詩詞一卷，云昭儀王清惠字沖華。汪大有水雲集及湖山類稿多與昭儀酬唱之作，其人宋史后妃傳失載。惟江萬里傳云：帝在講筵，每問經史疑義及古人姓名，賈似道不能對，萬里從旁代對。時王夫人頗知書，帝常語夫人以為笑。則夫人乃度宗嬪御。陳世崇隨隱漫錄云：會寧郡夫人昭儀王秋兒、順安兪修容新興胡美人、資陽朱春兒、高安朱夏兒、南平朱端兒、東陽周冬兒（中略）皆上所幸也。初在東宮，以春夏秋冬四夫人直書閣為最親。王能屬文，為尤親。雖鶴骨癯貌，但上即位後，批答畫聞，式克欽承，皆出其手。然則王非以色事主，度皇亦悅德者也。是夫人在度宗朝已主批答。及少帝嗣位，謝后臨朝，老病不能視事。夫人與聞國政亦可想見。故入元之後。元人待遇有加。水雲集湖州歌云。萬里修途似夢中。天家賜予意無窮。昭儀別館香雲暖。手把詩書授國公。禮遇之隆。亞於謝全二后。厥後全太后為尼。昭儀亦為女道士。亦以其與宋室至親故也。

宋舊宮人詩詞。乃王夫人以下十四人送汪水雲南歸。以勸君更盡一杯酒西出陽關無故人十四字分韻賦詩。其實皆偽作也。水雲湖山類稿卷三有女道士王昭儀仙游詞。在南歸諸詩之前。則水雲南歸時。昭儀已死。不得作詩送之也。謝皐羽續琴操序。謂水雲之歸。舊宮人會者十八人。釃酒城隅與之別。人數亦不與舊宮人詩詞合。且十四絕句若出一手。疑元明間人據謝皐羽續琴操序有舊宮人送水雲事而偽撰者也。

南宋帝后北狩後事。宋史不詳。惟汪水雲湖山類稿尚紀一二。足補史乘之闕。元史世祖紀。至元十九年十二月乙未。中書省臣言。平原郡公趙與芮瀛國公趙㬎翰林直學士趙與票宜並居上都。帝曰。與芮老矣。當留大都。餘如所言。繼有旨給瀛國公衣糧發遣。惟與票不行。案是時謝全二太后尚留大都。時謝太后年已七十。若中書有北遣之議。則世祖於福王與芮尚憐其老。不容於謝后無辭。蓋不在遣中。全太后為尼正智寺而終。亦當在大都。惟據湖山類稿。則水雲與王昭儀實從少帝北行。類稿卷二有出居庸關一首。長城外一首。寰州道中一首。李陵臺一首。蘇武洲氈房夜坐一首。居延一首。昭君墓一首。開平雲霽一首。天山觀雪王昭儀相邀割駝肉一首。草地一首。開平一首。草地寒甚氈帳中讀杜詩一首。陰山觀獵和趙待制回文一首。皆塞外之作。中有王昭儀相邀割駝肉云云。是昭儀亦在遣中。時少帝年方十二歲。謝全二后未行。昭儀自不能不往觀於香雲別館手授詩書。則少帝教養之職。昭儀實任之。其從少帝北行。自不待言。又水雲塞外詩中有和趙待制回文。此趙待制即趙與㬚。元史世祖紀謂惟與㬚不行。與㬚當是與芮之訛。世祖憐與芮年老。而於與㬚無言。不應反遣與芮而留與㬚。且其官稱翰林直學士。或稱待制。皆入元後之官。元閻復撰趙與㬚墓誌銘云。至元十四年。公以驛來朝。自是入翰林為待制。為直學士。則待制直學士皆與㬚所歷官。又水雲集別有酬方塘趙待制見贈一首。末云吾曹猶未化。爛醉且穹廬。亦係塞外之作。合此數詩觀之。則在上都者實為與㬚。福王蓋未嘗行也。此為至元十九年事。至二十二年。而謝太后殂。二十五年。而少帝學佛法於吐番。惟全太后為尼。昭儀為女道士。與福王及昭儀之卒。其時皆無可考。要皆在水雲南歸之前。故均有詩在集中。至水雲南歸。則在至元二十五年。其南歸對客詩所謂北征十三載是也。由是觀之。不獨宋舊宮人詩詞為僞書。即瞿佑歸田詩話載少帝送水雲南歸詩。所謂黃金臺下客。底事不思家。歸問林和靖。寒梅幾度花。一若少帝此時尚在大都者。可謂拙於作僞矣。

少帝入吐番後事。史無所言。惟元明間盛傳元順帝為宋少帝之子。至國朝全謝山先生猶主此說。初疑此語乃南宋遺民不忘故國者所為。後讀釋念常佛祖通載。乃知其不然。通載紀至治三年四月。賜瀛國公合尊死於河西。案元人之待南宋。較遇金人為優。少帝入元。歷世祖成宗武宗仁宗英宗五世。其降元之歲為至元十三年。年六歲。十九年徙上都。年十二歲。二十五年學佛法於吐番。年始十八。至至治三年賜死於河西。年五十三。而順帝之生適前於此三年。元人不忌之於在大都之時。而忌之於入吐番為僧之後。又不忌之於少壯之時。而忌之於衰老之後。此事均非人情。以事理推之。當由周王既取順帝母子。

藉他事殺之以滅口耳。又順帝之母乃邁迪氏。生順帝後亦未幾而殂。其中消息可推而知。時周王以武宗嫡長。失職居邊。以順帝之生有天子瑞。因取爲己子。正如魏豹欺薄姬故事。亦不足怪。瀛國公之禍。正微示此事實。念常之書。謝山未見。他人亦從未引及。此事足爲謝山諸人添一佐證。不獨示宋室三百二十年之結局而已。

汪水雲以宋室小臣。國亡北徙。侍三宮於燕邸。從幼主於龍荒。其時大臣如留夢炎輩。當爲媿死。後世多以完人目之。然中閒亦爲元官。且供奉翰林。其詩具在。不必諱也。湖山類稿二有萬安殿夜直詩云。金闕早朝天子聖。玉堂夜直月光寒。水雲集中有送初庵傅學士歸田里一首云。燕臺同看雪花天。别後音書雁不傳。紫閣笑談爲縣長。彤闈剸議在班前。稱嚴爲縣長。則汪亦曾爲翰林院官。又有南歸後答徐雪江一首曰。十載高居白玉堂陳情一表乞還鄉。孤雲落日渡遼水。匹馬西風上太行。行囊尚留官裏俸。賜衣猶帶御前香。只今對客難爲說。千古中原話柄長。所云高居白玉堂。亦指翰苑也。又湖山類稿北岳降香以下二十五首。皆水雲奉勅降香途中所作。案元史世祖紀每歲以正月遣使代祀岳瀆后土。惟至元二十一年所紀獨詳。云遣蒙古官及翰林官各一人祠岳瀆后土。則代祀例遣翰林官。巖爲學士。即翰林官。水雲或以屬官同行。然觀其詩意不似屬官之詞。殆是歲所遣二人皆出翰苑。水雲與巖同奉使歟。故其詩曰。同君遠使山頭去。如朕親行岳頂來。則水雲在元頗爲貴顯。故得囊留官俸。衣帶御香。即黃冠之請。亦非羇旅小臣所能後世乃以宋遺民稱之。與謝翱方鳳等同列。殊爲失實。然水雲本以琴師出入宮禁。乃倡優卜祝之流。與委質爲臣者有別。其仕元亦別有用意。與方謝諸賢蹤異心同。有宋近臣一人而已

書績谿胡氏西京博士考昭文張氏兩漢博士考後

丙辰春，余撰魏石經考，怪漢石經諸經皆用今文本，而魏太學石經全用古文經，因思學官今古文之代謝，實以三國為樞紐，乃考自漢以來諸經立學之沿革，為漢魏博士考。憶前人先我為之者，有績谿胡氏秉虔之西京博士考、常熟張氏金吾之兩漢五經博士考，客居乏書，未之見也。屬稿已半，而得張氏之書，既又假得胡氏之書，思二家書如可取者，則但以余所研鑽者附二書之後，補其未備足矣。然張氏書徵引雖博，而苦無鑒裁，又前後往往失次；胡氏之書，至不知博士與博士弟子之別，其於六藝流別及兩漢制度均有所未究，不獨於諸經立學之事茫然無可考也。乃別寫漢魏博士之沿革為一卷，并附訂胡張二書之灼然誤者，覽者詳焉。一，以博士弟子為博士也。胡書博士有息夫躬、終軍、伏湛、王咸、郭路、杜參六人，張書有王遵、秦景二人，然。據兩漢書論衡世說新語注。此八人皆博士弟子。未嘗爲博士。而均列之博士中。其失一也。一。以他人之姓名爲博士之姓名也。史記三王世家。諫大夫博士臣安等。又列侯吏二千石諫大夫博士臣慶等。漢書元帝紀諫大夫博士賞等。成帝紀光祿大夫博士嘉等。案古書例。凡上列數官而下僅列一人名者。其名乃首舉之官之名。而非後舉之官之名。如史記之安。乃諫大夫之名。慶乃列侯之名。漢書之賞亦諫大夫之名。嘉則光祿大夫之名。此事甚明。斷無舉下遺上之理。乃張氏於博士中列安慶賞嘉等四人。胡氏列賞嘉等二人。皆緣誤讀古書之故。其失二也。一。以一人而誤爲二人也。如漢書律歷志之博士賜即魯賜。霍光傳之博士臣霸臣蒼即孔霸后蒼。胡書雖疑賜即魯賜。而孔霸臣霸后蒼臣蒼。二人複出。張書亦然。又如漢書儒林傳之乘弘。通志氏族略譌爲乘和。蓋弘古或作弘。弘和形相近。其為譌字無疑。而張書既有來弘。復出來和。漢書儒林傳之許晏。與後漢書獨行傳之許晃。俱習魯詩。又晏晃二字相似。自是一人。而張書既出許晏。又出許晃。漢書韋玄成傳之左咸。荀悅漢紀譌作左丞。而紀事全同。張氏既出左咸。又出左丞。漢書薛宣傳之申咸。北堂書鈔四十四引漢雜事誤作申威。而其下有以怒增刑語。此正薛宣傳所載廷尉論申咸獄之文。則威自為咸之譌字。而張書既出申咸。復出申威。後漢書曹襃傳之曹充。北堂書鈔六十七引司馬彪續漢書誤作魯充。而事實全同。張氏既出曹充復出魯充。後漢書獨行傳之魯平。乃魯丕之譌。漢人書丕作平。與平字相似。而張氏不悟為一人。後漢書鄭興傳注引東觀漢記鄭興從博士金子嚴為左氏春秋。案鄭興本事劉歆受左氏金子嚴實劉子駿之壞。字又歆實未嘗為博士。張氏亦不知訂正。其失三也。一誤以徵試博士為博士也。後漢書卓茂傳。哀平開。以儒學顯。徵試博士對策。陳災異。以高等擢拜議郎。案議郎雖與博士同秩。然班在博士之次。故有從議郎為博士者。無以博士高等為議郎者。是徵試博士者。徵而令博士試之。非謂試守博士也。又儒林傳。戴憑年十六。郡舉明經。徵試博士。拜郎中。案漢制博士弟子歲課甲科。為郎中。憑徵試博士。乃以明經視博士弟子例。令博士試之。其拜郎中。亦視博士弟子射策甲科例授官。非先守博士而左降郎中也。又儒林周澤。建武末辟大司馬府署議曹祭酒。數月徵試博士。中元元年遷黽池令。案後漢博士皆出為守相刺史。無為縣令者。是澤亦以大司馬議曹祭酒徵受博士策試。次年乃由議曹祭酒遷黽池令也。金石錄會稽東部都尉路君闕銘。其一曰。君故豫州刺史。溫令。元城令。公車司馬□開陽□謁者議郎。徵試博士。其紀所歷之官。皆先尊後卑。而徵試博士在議郎後。則亦試之博士乃授議郎。與戴憑同。餘如水經注文穆碑之文穆，金石錄仲定碑之仲定，皆云徵試博士。當同是例。而張氏并列之於篇，其失四也。一、博士之徵而不至者，與已至任職者無別也。如後漢書之寒朗、申屠蟠、襄楷、鍾皓、檀敷（皆有傳），周黃徐姜申屠傳序之閔仲叔，郎顗傳之郎宗，儒林傳之任安、張匡，逸民傳之韓康，方術傳之樊英，謝承後漢書之賀純（後漢書李固傳注引），袁宏後漢紀之荀爽、鄭玄、韓融、陳紀、李楷，風俗通義之范顯，益部耆舊傳之董扶（蜀志二牧傳注引），先賢行狀之繆斐（魏志封劭傳注引），華陽國志之景鸞，抱朴子之法眞，蔡中郎集之圉典，皆以博士徵而不至，具載諸書。而張書盡列之博士中，並沒其未至之事。又古書及石刻所云博士徵者，皆徵而不至者也。如婁壽碑壽之祖某，劉寬碑之劉寬，膠東令王君廟碑之王喑，曹全碑之李儒，皆是。而張書並列之，其失五也。一、誤從古書，以列儒林文苑之人泛稱博士也。如風俗通之於龍邱萇、隱臺恭，高士傳之於井丹。會稽典錄之於杜撫。汝南先賢傳之於王良王隱。晉書之於侯瑾。宋書符瑞志之於睢弘。類林之於楊震。儀禮疏之於高堂生。元和姓纂之於隨何。鮭陽鴻范滂。古今姓名書考證之於許慎。通志氏族略之於邴丹。東家雜記之於孔忠孔武孔騑孔仁。姓氏遙華之於巢堪。皆稱為漢博士。然核之史傳。諸人均未嘗為此官。又如宋書武帝紀之劉宏。齊書高帝紀之蕭閎。七錄之侍其生。唐書宰相世系表之高承。李君況。陸駿。通志氏族略之護廣。弦詡。氏族大全之魯勝。皆稱漢博士。大抵據私家譜牒書之。而譜牒之疏誤。尤不可究詰。張氏並取以入書。胡氏并取偽家語後序之孔衍。俱不足徵信。其失六也。故胡書西京博士一百十四人中。其不可信者十七人。張書兩漢博士二百四十二人。其不可信者八十三人。二書既行於世。故附正之於此

觀堂集林卷第二十二　史林十四

海寧　王國維

胡服考

胡服之入中國，始於趙武靈王。

史記六國表：趙武靈王十九年，初胡服。（趙世家同）

其制冠則惠文。

蔡邕獨斷：武冠或曰繁冠，今謂之大冠，武官服之。侍中、中常侍加黃金附蟬貂鼠尾飾之。太傅胡公說曰：趙武靈王效胡服，始施貂蟬之飾。秦滅趙，以其君冠賜侍中。

司馬彪續漢書輿服志：武冠，一曰武弁大冠，諸武官服之。侍中、中常侍加黃金璫，附蟬為文，貂尾為飾，謂之趙惠文冠。（劉昭補注）（又名鵕鸃冠）胡廣說曰：趙武靈王效胡服，以金貂飾首，前插貂尾為

貴職秦滅趙以其君冠賜近臣

又武冠俗謂之大冠環纓無蕤以青絲為緄加雙鶡尾為鶡冠云（中略）鶡者勇雉也其鬬對一死乃止故趙武靈王以表勇士秦施安焉

案胡服之冠漢世謂之武弁又謂之繁冠古弁字讀若盤繁讀亦如之疑或用周世之弁若插貂蟬及鶡尾則確出胡俗也其插貂蟬者謂之趙惠文冠惠文者趙武靈王子何之謚武靈王服胡服惠文王亦服之後世失其傳因以惠文名之矣其加雙鶡尾者謂之鶡冠亦謂之鵕鸃冠淮南主術訓趙武靈王貝帶鵕鸃而朝趙國化之高誘注鵕鸃讀曰私鈚頭兩字三音蓋以鵕鸃為帶鉤之師比然史記佞幸傳云孝惠時郎中皆冠鵕鸃貝帶說文解字鳥部亦云秦漢之初侍中冠鵕鸃則淮南書之鵕鸃確為鵕鸃

之誤。又冠名而非帶鉤名也。如是胡服冠飾。既有貂蟬鳥羽之殊。而鳥羽中又有鶡與鵕鸃之異。然用武冠則同。其插鵕鸃武貂蟬。蓋無定制。恐自趙時已然。漢初侍中插鵕鸃。中葉以後易以貂蟬。（漢書武五子傳燕王旦郎中侍從者著貂羽黃金附蟬號為侍中則侍臣之易貂蟬自武帝時已然矣）而以插鵕鸃者為武臣冠。故續漢志分別言之。至鵕鸃與鶡同為雉屬。說文解字。鵕鸃。鷩也。鷩。赤雉也。鶡似雉出上黨。二者相似。故得互言之。貝冠。漢時有武冠武弁繁冠大冠諸名。晉宋以後又謂之建冠。又謂之籠冠。（晉隋二志）蓋比餘冠為高大矣。

貝帶貝帶。

趙策。趙武靈王賜周紹胡服衣冠。貝帶。黃金師比。以傅王子也。

淮南主術訓。趙武靈王貝帶鵕鸃而朝。

案具帶貝帶國策淮南互異史記及漢書匈奴傳皆云黃金飾具帶一（姚宏戰國策注引漢書作貝帶）賈誼新書匈奴篇云繡衣具帶而史漢佞幸傳及今本穆天子傳均作貝帶（太平御覽卷六百九十六引穆天子傳作貝帶）二字形相近故傳寫多訛顏師古注漢書佞幸傳云貝帶海貝飾帶然此帶本出胡制胡地乏水得貝綦難且以黃金飾不容更以貝飾當以作具為是具帶者黃金具帶之略猶漢書雋不疑傳之云櫑具劍王莽傳之云玉具劍也古大帶革帶皆無飾有飾者胡帶也後世以其飾名之或謂之校飾革帶（吳志諸葛恪傳）或謂之鞍飾革帶（御覽引吳錄）或謂之金環參鏤帶（同引鄴中記）或謂之金梁絡帶（金樓子）或謂之起梁帶（新舊兩唐書輿服志說見後）凡此皆漢名胡名則謂之郭洛帶高誘淮南主術訓注私鈚頭郭洛帶係銚鏑也顏師古漢書匈奴傳注引張晏曰鮮卑郭洛帶瑞獸也東胡好服之魚豢典略謂之廓落帶（御覽引）

吳志諸葛恪傳謂之鉤絡帶。（御覽引吳志及吳錄皆作鉤絡帶）宋書禮志袴褶服之絡帶。即郭洛帶鉤絡帶之省也。黃金師比者具帶之鉤。亦本胡名。楚辭大招作鮮卑。王逸注鮮卑。緄帶頭也。史記匈奴傳作胥紕。漢書作犀毗。高誘淮南注作私鈚頭。皆鮮卑一語之轉。延篤所謂胡革帶鉤是也。古有大帶有革帶。玉藻記大帶之制曰。并紐約用組三寸。是大帶無鉤也。左氏昭十一年傳云。衣有襘。帶有結。此不明言其為大帶革帶。有結則亦無鉤矣。然古革帶當用鉤。左氏僖二十四年傳。齊桓公置射鉤而使管仲相。史記齊太公世家云。管仲射中小白帶鉤。荀子禮論篇。縉紳而無鉤帶。紳為大帶。則鉤帶或指革帶。皆古帶用鉤之證。然其制無考。其用黃金師比為帶鉤。當自趙武靈王始矣。

其履鞾。

廣韻八戈引釋名鞾本胡服趙武靈王所服

太平御覽卷六百九十八引釋名鞾本胡名也趙武靈王始服之

案今本釋名云鞾跨也兩足各以一跨騎也鞣𩍐鞾之缺前壅者胡中所名也無趙武靈王始服事蓋今本訛脫廣韻與御覽所引亦非原文皆隱括其意疑趙武靈王始服之一語釋名本繫於鞣𩍐鞾之缺前壅者胡中所名也下

具服上褶下袴

史記趙世家當道者謁簡子曰及君之後嗣且有革政而胡服張守節正義胡服謂今時服也廢除裘裳也

案胡服之衣趙策及趙世家皆無文自來亦無質言之者惟張守節正義以唐之時服當之唐之時服有常服袴褶二種謂日常所服者今定以為上褶下袴即以後世所謂袴褶服當之者由胡服之冠帶履知之也漢書武五子傳故昌邑王

衣短衣大袴冠惠文冠則惠文者袴褶服之冠也晉書輿服志宋書禮志皆云袴褶之服腰有絡帶以代鞶革絡帶者具帶之胡名則具帶者袴褶服之帶也隋書禮儀志履則諸服皆用惟褶服以靺則鞾者袴褶服之履也趙武靈王所服胡服冠褶服之冠束褶服之帶履褶服之履則其服為袴褶可知此可由制度推之者也褶者上衣士喪禮襚者以褶則必有裳褶與裳對文言之釋名褶襲也覆上之言也又留幕冀州人所名大褶下至膝者也大褶至膝則小者較膝為短矣顏師古注急就篇云褶重衣之最在上者也其形若袍短身而廣袖皆褶為上衣之證也案褶字古亦通作襲士喪禮襚者以褶鄭注古文褶為襲說文解字衣部有襲與褶蓋用禮經古文然鄭玄於喪禮之商祝襲祭服乃襲三稱乃聘禮之裼襲鄉射禮大射禮士喪禮之袒襲諸襲字皆作襲獨於士喪禮襚者以褶从今文作褶不从古文者是鄭以褶襲為二字也且鄭於禮經諸襲字下不云今文襲為褶是今文本有褶襲二字又喪大記於君褶衣褶衾作褶於凡斂者袒遷尸者襲作襲是今文禮家皆以褶襲為二字也二字音義皆近褶謂一衣自有表裏襲則數衣相為表裏褶為衣名襲乃加衣之名然今文禮家分別用之雖微之意也又細論之則褶字又有二義玉藻禪為絅帛為褶褶謂袷衣對單衣之絅言之士喪禮襚者以褶則必有裳褶謂上衣對下衣之裳言之漢以後褶字亦兼

二義又古者高低謂之上下衣裳亦謂之上下釋名履上之訓及顏師古云重衣之最在上者皆據二義為說也袴者。說文云。絝。脛衣也。釋名云。袴。跨也。兩股各跨別也。蓋特舉其異於裳者言之。案絝袴一字絝與今時袴制無異古無異說但段氏玉裁說文解字注謂今之套褲古之絝也今之滿襠褲古之褌也蓋據說文脛衣釋名跨別之訓以為言然二書但就袴跨言之以別於無跨之犢鼻褌非必謂袴之兩跨各別為一物也漢書上官皇后傳為窮絝多其帶服虔曰窮絝有前後當不得交通也師古曰窮絝即今之緄襠袴也方言無㡇之袴謂之襣郭璞注袴無跨者今之犢鼻褌也是漢時下衣之有前後當及無跨者通謂之袴段氏以今之套褲當之非也上短衣而下跨別。此古服所無也。古之褻衣亦有襦袴。內則衣不帛。襦袴。左氏傳徵褰與襦。褰亦袴也。然其外必有裳若深衣以覆之。雖有襦袴。不見於外。以袴為外服。自袴褶服始。然此服之起。本於乘馬之俗。蓋古之裳衣本乘車之服。至易車而騎。則端衣之聯諸幅為裳者。與深衣之連衣裳而長且被土者。皆不便於事。趙武靈王之易胡服。本為習騎射計。則其服為上褶下袴之服可知。此可由事理推之者也。雖當時尚無袴褶之名。其制必當如此。張守節發裳之說。殆不可易矣。

戰國之季，他國已有效其服者。

楚辭大招，小腰秀頸，若鮮卑只。

齊策田單攻狄，三月而不克之也，齊嬰兒謠曰，大冠若箕，修劍拄頤，攻狄不能，下壘枯邱。（中略）魯仲子曰，今將軍東有夜邑之奉，西有菑上之虞，黃金橫帶，而馳乎淄澠之閒。

漢書藝文志，鶡冠子一篇，原注，楚人居深山，以鶡為冠。

案大招或云屈原所作，或云景差，二說不同，要在楚頃襄王放原江南以後，去趙武靈王之初胡服，至少且十餘年，故有鮮卑之語。若田單之大冠修劍，黃金橫帶，大冠即惠文冠，黃金橫帶，古服所無，即具帶也。單攻狄之歲雖不可考，然在復齊之後，則後於趙武靈王之服胡服殆三十年矣。鶡冠子未詳何時人，其書有趙武靈王篇，知亦在武靈王以後，故皆用其冠帶，知戰國時之服胡服，不限於趙國矣。

至漢而為近臣及武士之服。或服其冠。或服其服。或并服焉。

史記佞幸傳。孝惠時。郎中皆冠鵕鸃。貝帶。

漢書景十三王傳。廣陵王去殿門有成慶畫短衣大絝長劍。去好之。作七尺五寸劍。被服皆效焉。

又武五子傳。故昌邑王衣短衣大絝。冠惠文冠。

又蓋寬饒傳。寬饒初拜為衛司馬。未出殿門。斷其單衣。令短離地。冠大冠。帶長劍。

東觀漢紀。御覽卷六百八十七引 光武初興。與諸李市弓弩。絳衣赤幘。初。伯升之起。諸家子弟皆曰。伯升殺我。及見上絳衣大冠。乃驚曰。謹厚者亦復為之。

又。同上引 詔賜段熲赤幘大冠一具。

獨斷。武冠。或曰繁冠。今謂之大冠。武官服之。侍中中常侍加

黃金附蟬貂鼠尾飾之

續漢志武冠亦曰武弁大冠諸武官服

又武冠加雙鶡尾豎左右為鶡冠云五官左右中郎虎賁羽林五中郎將羽林左右監皆冠鶡冠紗縠單衣虎賁將虎文絝白虎文劍佩刀虎賁武騎皆鶡冠虎文單衣

案上九事或著胡服之冠或但著其服或并著冠服或并著冠帶續漢志言五中郎將虎賁武騎等皆冠鶡冠而服單衣案漢之單衣如深衣制則但著其冠者未必即服其服也然其初冠服大抵相將如昌邑王所服者是蓋寬饒之斷其單衣者以未出殿門不及易服也又如東觀記所記光武之絳衣赤幘及赤幘大冠雖但著其冠及服之色而不著服之種類然漢時赤幘絳衣實為袴褶之服何以證之周禮司服鄭注云今伍伯緹衣（緹赤黃色）崔豹古今注云今

𠂆伯絳幘纁衣。（於色亦在赤黃之閒與緋相對）伍伯者。車前導引之卒。（見作名續漢志古今注）今傳世漢畫象。車前之卒。（隨家莊畫象刻一石及文上莊城垣東西二石又山東金石保存所日本東京工科大學所藏各一石車前皆有四人執弓及仗前導）（續漢志云車前伍伯中二千石二千石六百石皆四人剡上五百石中之至於四百石縣為伍伯伍伯無號）皆短衣著袴。由伍伯之絳幘纁衣為袴褶之服。知光武之絳衣赤幘及赤幘大冠。不獨冠胡服之冠。亦服胡服之服矣。（前漢侍臣及武官之服殆皆如此）後漢以還。頗有變革。或以胡服之冠為武官之冠而易其服。（如續漢志所紀中郎將等）以胡服之服為士卒之服（以漢畫象證之如孝堂山東石室東壁畫象中之持弓行刑者及持弓步行者又西石室西壁之持戈步行者武氏祠前二石之作戰攻者皆短衣著袴如）（漢世士卒皆服袴褶伍伯亦其一也）而去其冠。然猶用武冠之幘。（如伍伯）其皆出於古之胡服。猶可得而求其蹤跡也。然則後漢中葉後。袴褶之服。但施於士卒而不及武官。故崔琰諫魏太子書以褶為虞旅之賤服也。

漢末軍旅數起。服之者多。於是始有袴褶之名。

江表傳。（吳志呂範傳裴注引）呂範自請暫領孫策都督。策曰。子衡。卿既上大夫加手下已有大眾，立功於外，豈宜復屈小職。知軍中細碎事乎。（中略）範出，便釋褠著袴褶，執鞭詣閤下，自稱領都督。

魏志崔琰傳：太祖征并州，留琰傅文帝於鄴。世子仍出田獵，變易服乘，志在驅逐。琰書諫曰：深惟儲副，以身爲寶，而猥襲虞旅之賤服，忽馳騖而陵險，意雉兔之小娛，忘社稷之爲重。斯誠有識所以惻心也。惟世子燔翳捐褶，以塞眾望，不令老夫獲罪於天。世子報曰：昨奉嘉命，惠示雅數，欲使燔翳捐褶。翳已壞矣，褶亦去矣。

案袴褶二字連文，始見江表傳。魏志言燔翳捐褶，則袴褶之略也。由此二事，知漢末袴褶爲將領之卑者及士卒之之服。及魏文帝爲魏太子，馳騁田獵，亦服此服。自是復通行於上下矣。

魏晉以後，至於江左，士庶服之，

語林(北堂書鈔卷一百二十九引)夏少明在東國不知名聞裴逸民名知人乃入洛從之日未至家少許見一人著黃皮袴褶乘馬將獵即逸民也

晉書郭璞傳璞中興初行經越城遇一人呼其姓名因以袴褶遺之其人辭不受

又隱逸傳餘杭令顧颺以郭文山行或須皮衣贈以韋袴褶一具文不納

南齊書王奐傳上以行北諸戍士卒多繿縷送袴褶三千具令奐分賦之

百官服之

魏百官名(御覽卷六百九十引)三公朝賜青林文綺長袖袴褶(案隋書藝文志有魏晉百官名五卷則魏乃漢魏之魏非後魏也)

晉書輿服志袴褶之制未詳所起近世凡車駕親戎中外戒

嚴之服。服無定色。冠黑帽。綴紫褾。褾以繒爲之。長四寸。廣一寸。腰有絡帶以代鞶革。中官紫褾。外官絳褾。又有纂嚴戎服而不綴褾。行留文武悉同。其畋獵巡幸。則惟從臣戎服帶鞶革。文官不下纓。武官服冠。（宋書禮志褾作標武官服冠作武官脫冠）

宋書禮志同上。（末有宋文帝元嘉中巡幸蒐狩皆如之救宮廟水火亦如之二語）

隋書禮儀志。梁天監令。袴褶近代服以從戎。今纂嚴則百官文武咸服之。（陳天嘉令同）

晉書楊濟傳。濟嘗從武帝校獵北邙下。與侍中王濟俱著布袴褶。騎馬執角弓在輦前。

晉義熙起居注。（北堂書鈔卷一百二十九御覽卷六百九十引）安帝自荊州至新亭。詔曰。諸侍官戎行之時。不備朱服。悉令袴褶從也。（此據御覽所引書鈔引九年更服而諸侍官不備朱衣袴褶疑有脫誤）

宋書文九王傳。時內外戒嚴。普服袴褶天子亦服之。

晉書輿服志。袴褶。近世凡車駕親戎中外戒嚴之服。

宋書後廢帝紀。帝嘗著小袴褶。未嘗服衣冠。

齊書東昏侯紀。帝著織成袴褶。金薄帽。執七寶縛矟。戎服急裝。不變寒暑。

又。高祖師至。帝着烏帽袴褶。備羽儀。登南掖門臨望。

南史東昏侯紀。戎服急裝縛袴。上着絳衫。以為常服。

案袴褶本天子親戎之服。若宋之蒼梧。齊之東昏。以為常服。非晉宋以來故事。故宋太皇太后令云。昱弁冠毀冕長襲戎衣。齊宣德皇后令云。身居元首。好是賤服。危冠短服坐臥以之。以是為二帝罪狀也。

然但以為戎服及行旅之服而已。北朝起自戎夷。此服尤盛。

趙書。北堂書鈔卷一百二十九引裴憲撰三正東耕儀。中書令徐光奏親耕改服青縑袴褶。

至旋之於婦女。

陸翽鄴中記：石虎時，皇后出女騎一千為鹵簿，冬月皆著紫綸巾，孰錦袴褶。（御覽卷六百九十六引）腰中著金環參鏤帶。（同上引）皆著五采織成靴。（同上卷六百九十八引）

後魏之初，以為常服。

魏書胡叟傳：叟每至貴勝之門，恒乘一牸牛，敝韋袴褶而已。

又叟於高允館見中書侍郎趙郡李璨，璨被服華靡，叟貧老衣褐，璨頗忽之。叟謂云：老子今若相許，脫體上袴褶衣帽，君欲作何計也。譏其惟假盛服。璨惕然失色。

又孝義傳：顯祖崩，王元威立草廬於州城門外，衰裳蔬粥，哭踊無時。至大除日，詔送白紬袴褶一具，與元威釋服。

及朝服。

魏書成淹傳：太和中，文明皇后崩，蕭賾遣其散騎常侍裴昭明朝散侍郎謝竣等來弔。欲以朝服行事。主客執之曰。弔有常式。何得以朱衣入山庭。昭明等言。本奉朝命。不容改易。高祖勑尚書李沖選一學識者更與論執。沖奏遣淹。昭明言。使人惟齎裌褶。比既戎服不可以弔。幸借緇衣帢以申國命。高祖勑送衣帢給昭明等。

案裴昭明言。使人惟齎裌褶。是本欲以裌褶弔。而魏人謂之欲以朝服行事。是北人以裌褶為朝服也。昭明言比既戎服不可以弔。是南人以裌褶為戎服也。

齊書魏虜傳。虜主宏詔。季冬朝賀典無成文。以裌褶事。（事字上疑奪一行字）非禮敬之謂。若置寒朝服徒成煩濁。自今罷小歲賀。歲初一賀。

案魏書高祖紀太和十五年十一月丙戌。初罷小歲賀。先是太和十年正月朔。帝始服袞冕朝饗萬國。又夏四月。始置五等公服。至是五年，而小歲賀時百官尚無寒朝服者。蓋後魏本以袴褶爲朝服，相沿已久，不能遽變也。至太和十八年十二月革衣服之制，然後嚴其法制矣。後雖復古衣冠，而此服不廢。

梁書陳伯之傳：褚緭在魏，魏人欲擢用之。魏元會，緭戲爲詩曰：帽上着籠冠，袴上着朱衣。不知是今是，不知非昔非。魏人怒，出爲始平太守。

案籠冠者，武冠，亦即惠文冠。（見晉書輿服志、隋書禮儀志）朱衣者，袴褶之色。（見上所引北史、魏書成淹傳及下所引宋書劉懷慎傳諸條）褚緭詩所詠，正袴褶服也。緭與陳伯之入魏在梁天監元年，（即魏世宗景明三年）緭作此詩時，距太和革衣服之制已近十年，而元會之時仍服袴褶，蓋世宗以後又復用代北舊俗也。惟洛陽伽藍記一事與此不合。記謂楊元慎含水噀陳慶之曰：吳人之鬼，住居建康，小作冠帽，短製衣裳。又謂慶之還梁，服儀服式悉如魏法。江東士庶競相模楷，褒衣博帶，被及秣陵云云。似南北衣服與上所徵引者相反然。是時魏元會之服尚用袴褶，則常服可知。其所云短小褒博者，殆不過同一衣制，南北稍有大小長短之別而已。

隋則取其冠，以為天子之戎服。

隋書禮儀志。武弁金附蟬平巾幘。餘服具服。（案具服者朝服也通天冠之服其制玉簪導絳紗袍深衣制白紗內單皂領褾襈裾絳紗蔽膝白假帶方心曲領革帶玉鉤䚢玉具劍火珠標首白玉雙佩玄組雙大綬玄黃赤白縹紺純玄質長二丈四尺五百首廣一尺小雙綬長二尺六寸色同大綬而首半之間施三玉環赤襪赤舄舄加金飾）講武出征四時蒐狩大射禡類宜社賞祖罰社纂嚴則服之。（案北齊制略同）

武臣之朝服。

隋書禮儀志。左右衛左右武衛左右武候太將軍領左右大將軍並武弁絳朝服帶佩綬。左右衛左右武衛左右武候將軍領左右將軍左右監門衛將軍太子左右衛左右宗衛左右內等率左右監門郎將及諸副率並武弁絳朝服劍佩綬。

直閤將軍直寢直齋太子直閤武弁絳朝服劍佩綬。（梁南朝武臣亦皆服武冠見隋志梁天監令陳天嘉令）

取其服爲天子田獵豫游之服。

隋書禮儀志。乘輿黑介幘之服。紫羅褶。南布袴。玉梁帶。紫絲鞋。長靿襪。田獵豫游則服之。

皇太子侍從田狩之服。

隋書禮儀志。皇太子平巾黑幘。玉冠枝。金花飾。犀簪導。紫羅褶。南布袴。玉梁帶。長靿襪。侍從田狩則服之。

上下公服。

隋書禮儀志。乘輿鹿皮弁服。緋大襦。白羅裙。金烏皮履。革帶（中略）視朝聽訟則服之。凡弁服自天子以下。內外九品以上弁皆以烏爲質。並衣袴褶。五品以上以紫。六品以下以絳。

案乘輿弁服既有裙襦是與袴褶服異而下復云並衣袴褶者蓋弁服或服裙襦或服袴褶二者通著猶唐之翼善冠進德冠或服常服或服袴褶也

武官侍從之服

隋書禮儀志左右衛大將軍等侍從則平巾幘紫衫大口袴褶金玳瑁裝兩襠甲左右衛將軍等侍從則平巾幘紫衫大口袴金裝兩襠甲直閤將軍等侍從則絳衫大口袴褶銀裝兩襠甲案此兩云大口袴褶兩褶字皆衍文上所云紫衫絳衫衫即褶也否則褶上加衫又加兩襠甲亦太贅矣

取其帶與履以為常服

隋書禮儀志百官常服同於匹庶皆著黃袍出入殿省高祖朝服亦如之惟帶加十三環以為差異

舊唐書輿服志隋代貴臣多服黃文綾袍烏紗帽九環帶烏皮六合靴百官常服同於匹庶皆著黃袍出入殿省高祖朝

服亦如之惟帶加十三環以為差異蓋取於便事其烏紗帽漸廢貴賤通服折上巾其製周武帝建德年所造也

唐書車服志初隋文帝聽朝之服以赭黃文綾袍烏紗帽折上巾六合靴與貴臣通服惟天子之帶十有三環

唐亦如之武弁之服用其冠

大唐六典殿中省尚衣局奉御職武弁金附蟬平巾幘（餘服具服）講武出征四時蒐狩大射禡類宜社賞祖罰社纂嚴則服之

舊唐書輿服志武弁平巾幘（侍中中書令則加貂蟬侍左者左珥侍右者右珥）皆武官及門下中書殿中內侍省天策上將府諸衛領軍武候監門領左右太子諸坊諸率及鎮戍流內九品服之其諸王府佐九品以上準此

平巾幘之服用其服

六典殿中省尚衣局奉御職平巾幘簪導冠支皆以玉紫褶

亦白褶白袴。玉具裝眞珠寶鈿帶。著鞾乘馬則服之。翼善冠其常服及白練裙襦通著之。若服袴褶則與平巾幘通著。

又太子內直局內直郎職。平巾幘犀簪導紫纓白袴玉梁珠寶鈿帶。著鞾乘馬則服之。進德冠九璂加金飾其常服及白練裙襦通著之。若服袴褶則與平巾幘通著。

又禮部郎中員外郎職。凡百官平巾幘之服。武官以衛官尋常公事則服之。冠及褶依本品色並大口袴起梁帶烏皮靴若武官陪立大仗加螣蛇裲襠袴褶之服。朔望朝會則服之。五品已上通用紬綾及羅六品已下用小綾應著袴褶並起十月一日至二月三十日已前

案平巾幘之服即是袴褶而六典於百官服乃分平巾幘之服與袴褶之服為二者。蓋名武官所服者為平巾幘之服。文官所服者為袴褶之服。取便於稱謂其實非有異也。舊書輿服志云平巾幘簪導冠支五品以上紫褶六品已下緋褶。加兩襠螣蛇。並白袴起梁帶鞾。武官及衛官陪

立大仗則服之。若文官乘馬亦通服之。去裲襠縢蛇。六典於平巾幘下亦云冠及褶依本品色。並大口袴。起梁帶。烏皮靴。而袴褶服下不言帶履。意謂已見於上。是平巾幘之服與袴褶爲一服之證也。又新書車服志開元中。御史大夫李適之建議。冬至元日大禮。朝參官及六品服朱衣。六品以下通服袴褶。天寶中。御史中丞吉温建議。京官朔望朝參用朱袴褶。此又六典朔望朝參用之袴褶專指文官所服者之證也。若以爲二服。則失之矣。

常服用其帶與履。

舊唐書輿服志。常服亦黄袍衫。折上頭巾。九環帶。六合鞾。皆起自魏周。便於從事。自貞觀以後。非元日冬至受朝及大祭祀。皆常服而已。案唐百官常服袍衫用本品色帶之銙數亦隨其品秩與天子同

唐季褶服漸廢。專用常服。宋初議復之而未行。

宋史輿服志袴褶之制。乾德四年范質與禮官議。故令。文三品以上紫褶。五品以上緋褶。七品以上綠褶。九品以上碧褶。並白大口袴。起梁帶。烏皮鞾。（此謂唐令）令請造袴褶如令文之制。其起梁帶制度檢尋未是。望以革帶代之。奏可。是歲造成而未用。

然儀衞中尚用之。

宋史儀衞志。　文繁不錄。

文昌雜錄。皇朝導駕官袴褶。蓋馬上之服也。

又自六朝至唐武官小吏流外多服袴褶。

晉書儀衞志中朝太駕鹵簿。末大戟一隊。九尺楯一隊。刀楯一隊。弓一隊。弩一隊。隊各五十人。黑袴褶將一人。

隋書禮儀志。陳天嘉令。領軍捉刀人。烏總帽袴褶皮帶。　太子二傅騎吏。玄衣赤幘武冠。常行則袴褶。　案軺小輿持車軺車給使。平巾幘黃布袴褶赤鞶帶。　廉帥整陣禁防。平巾幘白布袴褶靴角五音帥長麾青布袴褶岑帽絳絞帶。都伯。平巾幘黃布袴褶。　武官鬭訊將士給使。平巾幘白布袴褶。

又音樂志隋制皇帝大鼓長鳴工人。皁地苣文金鉦棡鼓小鼓中鳴吳橫吹工人。青地苣文。凱樂工人。武弁朱褠衣橫吹緋地苣文並爲帽袴褶。大角工人。平巾幘緋衫白布大口袴。

內宮鼓樂服色皆準此。

又皇太子大鼓長鳴橫吹工人。紫帽緋袴褶。金鉦棡鼓小鼓中鳴工人。青帽青袴褶。鐃吹工人。武弁朱褠衣大角工人。平巾幘緋衫白布大口袴。

又正一品橫吹工人。紫帽赤布袴褶。金鉦棡鼓小鼓中鳴工人。青帽青布袴褶。鐃吹工人。武弁朱褠衣大角工人。平巾幘緋衫白布大口袴。三品以上同正一品。四品棡鼓大鼓工人。

青帽青布袴褶。

舊唐書輿服志。民任雜掌無官品者。皆平巾幘緋衫大口袴。朝集從事則服之。品子任雜掌者。皆平巾幘緋衫大口袴。朝集從事則服之。 平巾幘緋褶大口袴紫附褠。尚食局主食典膳局主食太官署食官署掌膳服之。平巾綠幘青布袴褶。尚食局主膳典膳局典食太官署食官署供膳服之。平巾五辮髻青袴褶青耳屩羊車小史服之。總角髻青袴褶。刻漏生刻漏童服之。

唐書儀衛志。千牛備身冠進德冠服袴褶。

又皇帝仗。指南車記里鼓車白鷺車鸞旗車辟惡車皮軒車皆四馬。有駕士十四人。皆平巾幘大口袴緋衫。 凡五路皆有副駕士。皆平巾幘大口袴衫從路色。 大輦主輦二百人平巾幘黃絲布衫大口袴紫誕帶紫行縢鞋襪。 尚乘直長二人。平巾幘緋袴褶。又太皇太后皇太后皇后仗内給使百二十人。平巾幘大口袴緋裲襠。又親王鹵簿。幰弩一。執者平巾幘緋袴褶。騎次青衣十二人。平巾青幘青布袴褶執青布仗袋。　次節一。夾矟一。各一人騎執平巾幘大口袴緋衫。　次府佐六人。平巾幘大口袴緋裲襠騎持刀夾引。　象路一。駕四馬。佐二人立侍。一人武弁朱衣革帶居左。一人緋裲襠大口袴持刀居右。

案隋志與唐志例。袴褶同色則連言某袴褶。如云緋袴褶青袴褶是也。袴褶異色則云某衫某色大口袴。或但云某衫大口袴。（凡袴皆白色故多不言色）舊唐志或云緋衫大口袴。或云緋褶大口袴。衫褶互言。知衫即褶。然則上所云某衫大口袴或大口袴某衫者。皆袴褶服也。

此胡服行於中國之大略也。自漢以迄隋唐。諸外國之服亦大抵相似。

漢書匈奴傳。中行說曰。其得漢繒絮以馳草棘中。衣袴皆裂弊。以視不如旃裘堅善也。

案中國古服如端衣深衣袴皆在內。馳草棘中不得裂弊袴而裂弊。是匈奴之服。袴外無表。即同於袴褶服也。

淮南氾論訓。古者有鍪而綣領以王天下者矣。高注。綣領。皮衣屈而紩之。如今胡家韋襲反褶以為領也。

案襲褶二字通用。然一句中用字不得互異。恐褶乃摺字之訛。反摺為領。所謂屈而紩之。是匈奴衣韋褶也。胡家。對漢家言之也。

說文解字。鞮。革履也。胡人履連脛。謂之絡鞮。（下九字今本無韻會引有之）

魏志扶餘傳。扶餘國人。在國衣白布大袂袍袴履革鞜。

吳時外國傳。（御覽卷六百九十六引）大秦國人皆著袴褶絡帶。又扶南人悉著鉤絡帶。

流沙墜簡補遺。（上缺）著布袴褶𦁘履。

又（上缺）丑年十四。短小著布袴褶。口（下缺）

案此二簡出和闐東尼雅城北。乃魏晉間物。紀是時往來西域商胡之年名物色者也。

梁書諸夷傳。芮芮國辮髮衣錦小袖袍小口袴。

魏書蠕蠕傳。肅宗賜阿那瓌緋納小口袴褶一具。內中宛具。紫納大口袴褶一具。內中宛具。

又高車傳。詔員外散騎侍郎可足渾使高車。賜阿伏至羅與窮奇各繡袴褶一具。

隋書東夷傳。高麗人皆皮冠。（北史作頭著折風形如弁）使者（北史作士人）皆插鳥羽。（北史無鳥字）（上有二字）貴者冠用紫羅。飾以金銀。服大袖衫。大口袴。素皮帶。黃革履。

殆與中國胡服同源。至此服入中國後之制。代有變革。其初有

冠。冠前有璫。璫以黃金為之。加貂蟬焉。

獨斷。武冠加黃金附蟬。貂鼠尾飾之。

續漢書輿服志。武冠加黃金璫。附蟬為文。貂尾為飾。

案附蟬之制。古無明文。傳世古器中多見玉蟬。或古武冠

以黃金為璫。上加玉蟬。故云附蟬。蟬殆加於冠前。隋志引

徐爰輿服注云。博山附蟬。謂之金顏。故續漢志謂之黃金

璫。璫者。當也。當冠之前。猶瓦當之當瓦之前矣。

貂則有左右之別。

後漢書宦者傳。漢興。置中常侍官。皆銀璫左貂。給事殿省。自

明帝以後。迄乎延平。委用漸大。而其員稍增。改以金璫右貂。

兼領卿署之職。

晉書輿服志。武冠插以貂毛。黃金為竿。侍中插左。常侍插右。

宋書禮志。侍中左貂。常侍右貂。

舊唐書輿服志。武弁平巾幘。侍中中書令則加貂蟬。侍左者左珥。侍右者右珥。

案齊書輿服志言。應劭漢官及司馬彪志並不見侍中與常侍有異。惟言左右珥貂而已。然范蔚宗已言漢初中常侍銀璫左貂。後漢改為金璫右貂。則侍中左貂。常侍右貂。自後漢已然矣。

漢時又於冠內加幘。是為平巾幘。

續漢書輿服志。古者有冠無幘。秦雄諸侯。乃加其武將首飾為絳帕以表貴賤。其後稍稍作顏題。至孝文乃高顏題。續之為耳。上下羣臣貴賤皆服之。文者長耳。武者短耳。稱其冠也。獨斷。元帝額有壯髮。不欲使人見。始進幘服之。羣臣皆隨焉。然尚無巾。如今半幘而已。王莽無髮。乃施巾。故語曰。王莽禿

幘施屋冠進賢者宜長耳冠惠文者宜短耳各隨所宜

宋書禮志漢注曰冠進賢者宜長耳今介幘也冠惠文者宜短耳今平巾幘也知時各隨所宜遂因冠爲別介幘服文吏平上服武官也

後或去冠而存其幘幘之色或赤或黑

晉書輿服志袴褶之制服無定色冠黑帽宋志同

案古者帽與幘相似黑帽即黑幘也赤幘已見前

上綴紫標

晉書輿服志袴褶之制冠黑帽上綴紫標宋志作褾標以繒爲之長四寸廣一寸中官紫標外官絳標宋志同

南史王琨傳景和中討義陽王昶六軍戒嚴應須紫襴左右欲營辦琨曰元嘉中討謝晦有紫襴在匣中不須更作檢取果得焉

六朝亦間用冠。

宋書劉懷慎傳。孝武乘畫輪車。幸太宰江夏王義恭第。懷慎子德願著籠冠。短朱衣。執轡。進止甚有容狀。

梁書陳伯之傳。魏元會。褚緭戲為詩曰。帽上著籠冠。袴上著朱衣。

隋唐以後則惟用平巾幘而已。袴褶之質。魏晉六朝雜用縑錦織成紬布皮韋為之。隋則天子及皇太子褶以羅。袴以布。唐則五品以上通用紬綾及羅。六品以下用小綾。流外小吏亦用布焉。

隋書禮儀志及大唐六典。　均見前。

褶之色。漢魏以降大抵用絳及朱。

東觀記及古今注。　並見前。

宋書劉懷慎傳。德願著籠冠短朱衣。

又元凶劭傳劭以朱衣加戎服上乘畫輪車與蕭斌同載

齊書鬱林王本紀高宗使蕭諶等率兵入雲龍門戎服加朱衣於其上

梁書陳伯之傳南史東昏侯紀魏書成淹傳 並見前

然亦無定色

晉書輿服志袴褶之制服無定色宋志同

隋則天子及皇太子以紫百官五品以上亦以紫六品以下用絳

隋書禮儀志 見前

唐則天子或紫或白皇太子以紫

太唐六典 見前

百官服色初與隋同後以品差爲四等

舊唐書輿服志五品以上紫褶六品以下緋褶

唐書車服志。袴褶之制。三品以上紫。五品以上緋。七品以上綠。九品以上碧。
袴皆白色。又古之袴褶大抵褒博。故有縛袴之制。
宋書袁淑傳。太子劭左右引淑等袴褶。又就主衣取錦三尺為一段。又中破分淑斌及左右。使以縛袴。
又沈慶之傳。劉湛之被收之夕。上開門召慶之。慶之戎服履韎縛袴入。上見而驚曰。卿何意乃爾急裝。慶之曰。夜半喚隊主。不容緩服。
齊書虞悰傳。鬱林廢。悰竊歎曰。王徐遂縛袴廢天子。天下豈有此理耶。
南史東昏侯紀 見前。
隋書禮儀志。陳天嘉令。袴褶。近代服以從戎。今纂嚴則文武百官咸服之。車駕親戎。則縛袴不舒散。

隋唐以後。行從騎馬所服者頗窄小矣。

隋書禮儀志。煬帝時師旅務殷。車駕多行幸。百官行從惟服袴褶。而軍旅間不便。至六年後。詔從駕涉遠者。文武官等皆戎衣。

案袴褶即戎衣。茲別袴褶與戎衣為二者。蓋自魏以來袴褶有大口小口二種。魏書蠕蠕傳 隋時殆以廣袖大口者為袴褶。窄袖小口者為戎衣。否則無便不便之可言矣。

舊唐書輿服志。劉子玄乘馬著衣冠議。臣伏見比者鑾輿出幸。法駕首塗。左右侍臣皆以朝服騎馬。夫冠履而出。止可配車而行。今乘車既停。而冠履不易。可謂唯知其一。而未知其二。何者。褒衣博帶。革履高冠。本非馬上所施。自是車中之服。且長裾廣袖。襜如翼如。倘馬有驚逸。人從顛墜。固已受嗤行路。有損威儀。

寀子玄此議。以朝服之廣袖長裙爲不便於乘馬。則唐時乘馬所服之袴。其非褒博可知。故儀衛中服袴褶者皆云大口袴以別之。知乘馬之服非復廣袖大口矣。

其帶之飾。則於革上列置金玉。名曰校具。亦謂之鞊。亦謂之環具。初本以佩物。後但致飾而已。

吳書。御覽卷六百九十六引 陸遜破曹休於石亭。上脫御金校帶以賜遜。

吳志諸葛恪傳。鉤落者。校飾革帶。世謂鉤絡帶。

吳錄。御覽卷六百九十六引 鉤絡者。鞍飾革帶也。

鄴中記。同上 石虎皇后女騎。腰中著金環參鏤帶。

金樓子。齊東昏侯自捉玉爭版金梁絡帶。

周書侯莫陳順傳。順破逋青雀。魏文帝親執順手解所佩金鏤玉梁帶賜之。

隋書禮儀志。革帶。今博三寸。加金鏤䚢螳蜋鉤。以相拘帶。

唐書車服志。袴褶服起梁帶。起梁帶之制。三品以上玉梁寶鈿。五品以上金梁寶鈿。六品以下金飾隱起而已。

朝野僉載。巧人張崇者。能作灰畫腰帶鉸具。每一胯大如錢。灰畫燒之。見火即隱起。作魚龍鳥獸之形。莫不悉備。

舊唐書輿服志。上元元年八月制。一品以下帶手巾筭袋。仍佩刀子礪石。武官欲帶者聽之。景雲中又制。令依上元故事。帶手巾筭袋。其刀子礪石等許不佩。武官五品以下佩鞊韘七事。七事爲佩刀刀子礪石契苾眞噦厥針筒火石袋也。至開元初復罷之。

唐文粹七十七韋端符李衛公故物記。有玉帶一。首末爲玉十有三。方者七。挫兩隅者六。每綴環焉。爲附而固者以金。傳云。環者。列佩用也。公擒蕭銑時。高祖所賜。于闐獻三帶。其一也。又火鏡二。大觿一。小觿一。筭囊二。椰盂一。蓋常佩於玉帶環者十三。物亡其五。存者有八。

夢溪筆談。一中國衣冠自北齊以來乃全用胡服。窄袖緋綠短衣長靿靴有鞢韄帶。皆胡服也。帶衣所垂鞢韄。蓋欲佩帶弓劍帉帨算囊刀礪之類。自後雖去鞢韄。而猶存其環。環所以衔鞢韄。如馬之鞦根。即今之帶銙也。

案以上帶具之名。皆取諸馬鞍具。吳錄謂絡帶為鞍飾革革。吳志及吳書謂之校飾革帶。金校帶。校者即朝野僉載之鉸具。亦馬鞍之飾也。宋史儀衛志載鞍勒之制有校具日本人源順倭名類聚鈔引楊氏漢語鈔（二書之作皆當中國唐時）云腰帶之革。未著鉸具為鋌（即鞓字）又云。鉸具腰帶及鞍具。以銅屬革也。是鉸具謂革上所施銅鞍。與帶共之者也。又金樓子及周隋二書。帶有金、梁玉梁之名。而初學記有宋劉義康謝金梁鞍啟。則梁之名亦鞍與帶共之者也。又隋志之䩞唐六典新舊二書之韘及鞊韘。夢溪筆談之韘韄亦謂馬鞍之飾。說文鞊鞍飾。玉篇鞊鞍鞊也。又鞊韘鞍具也。宋史儀衞志鞍勒之制有鞊韘革帶之環。筆談亦以馬之鞦根比之。是帶上之飾。其名皆取諸鞍飾。欲知帶制。必於鞍制求之矣。古者鞍有垂飾。名之曰鞙。說文鞙緌也。蓋其飾下垂如冠纓之緌。故訓之以緌。廣雅鞙謂之鞘。廣韻鞙垂貌。王氏念孫曰鞘亦垂貌也。猶旗旒謂之旓矣。宋史儀衞志說鞍勒之制。校具下云皆垂六鞘。是古之鞍有垂飾之證也。且馬之腹帶及後鞦（即馬緧說文所謂紂也）皆繫於鞍。故鞍上必有繫鞘與鞦帶之處。以理度之。則鞍之左右必緣以革而施金於其上。以貫垂鞘及鞦帶等。是為銙具。據宋制則垂鞘有六。又加以腹帶後鞦。則鞍上所施銙具。必至十餘。顏延之赭白馬賦云寶銙星羅。是古制已如斯矣。絡帶銙具。其數略等。又鞍之銙具以貫垂鞘絡帶銙具以佩七事。其用亦略同。故古人謂之鞍飾革帶或校飾革帶也。隋唐志之鞢或鞢。亦校具之異名。所謂玉鉤鞢金鉤鞢者。鉤謂帶鉤鞢則校具也。至沈氏筆談云。帶環所以衘鞢韄。如馬之鞦根又宋史西夏傳云。金塗銀束帶垂鞢韄佩解結錐短刀弓矢韣。則誤以所垂之物為鞢韄矣。宋史儀衛志紀鞍上諸物先鞊鞢次校具次六韣蓋以鞍左右所緣之革為鞊鞢此蓋鞊之本義鞊者帖也以革帖於木上猶帖之帖於帛書上也玉篇韉字即鞊聲之轉隋唐之閒以帶鞓上所施校具為鞊此名之轉移者也宋人猶以鞍上所帖之革為鞊此名之未變者也古帶校具。或作環形。或校具之上更綴以環。如李衛公故物記所云故其帶又謂之環帶。隋唐以後。則常服之帶謂之環帶。袴褶服之帶謂之起梁帶。梁者蓋于銙具作鼻為橋梁之形。因以貫環意者常服為燕居及執事之服。故其帶須有環以佩刀礪之屬。袴褶為騎馬之服。故校具之制不必作環形歟。即常服之帶。後亦并去其環。故唐中葉以後。不謂之環而謂之銙。宋時帶環有笏頭窪面諸名。其無環可知矣。

周隋之際。始以環數別尊卑。

周書李賢傳。高祖賜賢御所服十三環金帶一要。

又宇文孝伯傳。高祖賜以十三環金帶。

隋書李穆傳。高祖作相。穆奉十三環金帶於高祖。蓋天子之服也。

又禮儀志。百官常服同於匹庶。皆著黃袍出入殿省。高祖朝服亦如之。惟帶加十三環。以為差異。

唐世因之。以為服章。

唐書車服志。腰帶一品二品銙以金。六品以上以犀。九品以上以銀。庶人以鐵。

又其後以紫為三品之服。金玉帶銙十三。緋為四品之服。金帶銙十一。淺緋為五品之服。金帶銙十。深綠為六品之服。淺綠為七品之服。皆銀帶銙九。深青為八品之服。淺青為九品之服。皆鍮石帶銙八。黄為流外官及庶人之服。銅鐵帶銙七。履之專用鞾。蓋六朝以後則然。

隋書禮儀志。履則諸服皆服。惟褶服以靴。靴胡履也。取便於事。施於戎服。

此胡服入中國後變革之大略也。此服通行於中國者千有餘年。而沈約乃謂袴褶之服不詳所起。沈括知其為胡服。而又以為始於北齊。後人亦無攷其源流及制度者。故備着之。

觀堂別集目錄

卷一

觀堂別集 卷一

海甯 王國維

以五介彰施於五色說 甲子

尚書皐陶謨以五采彰施于五色魏三字石經采作介洪範五行傳鄭注引經文作采尚書正義引鄭注性曰采施曰色未用謂之采已用謂之色是鄭本古文尚書作五采偽孔本同此采作介其義未聞案隋書禮儀志大業元年虞世基奏近世故實依尚書大傳山龍純青華蟲純黄作繪宗彝純黑藻純白火純赤以此相間而為五采是今文尚書或本作五介故大傳說以青黄黑白赤相間為說五者相界以發其色故曰以五介章施于五色攷工記畫繢之事雜五色東方謂之青南方謂之赤西方謂之白北方謂之黑天謂之玄地謂之黄青與白相次也赤

與黑相次，玄與黄相次也。青與赤謂之文，赤與白謂之章，白與黑謂之黼，黑與青謂之黻，五采備謂之繡。雜四時五色之位以章之謂之巧。是績次以相對為義，繡次以相承為義，與大傳不同，此又一説也。鄭以未用、已用分釋采色，然未能得章施之説，不如石經作五介得之。

書作册詩尹氏説

書洛誥：王命作册逸祝册，惟告周公其後。又王命周公後作册逸誥。作册二字，僞孔傳以王為策書釋之。顧命：命作册度。傳以命史為册書法度釋之。孫氏詒讓周禮正義云：尹逸蓋為内史，以其所掌職事言之，則曰作册。始以作册為内史之異名，其説是也。案畢命序：康王命作册畢分居里成周東郊，作畢命。史記周本紀作命作册畢公，蓋不知作册為官名，畢為人名，而以畢公當之也。漢書律歷志引逸書畢命：王命作册豐刑，則作册畢，壁中古文作作册豐。癸亥父己鼎：王賞作册豐貝，蓋即其人矣古金文亦多云作册睘卣王姜命作册睘安夷伯吳尊蓋宰朏右作册吳入門皆以作册二字冠于人名上與書同例是作册爲官名之證也作册亦稱作册内史師𩛥敦王呼作册内史册命師𩛥宂盉王在周命作册内史錫宂鹵百㒖亦稱作命内史剌鼎王呼作命内史册命剌是也亦單稱内史師奎父鼎王呼内史駒册命師奎父虎敦王呼内史吳（即吳尊蓋之作册吳）册命虎牧敦王呼内史吳册命牧揚敦王呼内史史失册命揚豆閉敦王呼内史册命豆閉趩尊王呼内史册命趩是也内史之長曰内史尹或曰作册尹師兌敦王呼内史尹册命師兌師晨鼎王呼作册尹册命師晨宂敦王受作册尹者（書字之假借）俾册命宂是也亦單稱尹氏詩大雅王謂尹氏命程伯休父頌鼎尹氏受王命書克鼎王呼尹氏册命克師嫠敦王呼尹氏册命師嫠是也或稱命尹（古命令一字楚之令尹名昉于此）伊敦王呼命尹玑册命伊是也作册尹氏皆周禮

内史之職，而尹氏為其長。百官之長皆曰尹，書有庶尹百尹。而内史尹作册，尹獨單稱尹氏者，以其位尊而地要也。尹氏之職，掌書王命及制祿命官，與太師同秉國政。故小雅曰：赫赫師尹，民具爾瞻。又曰：赫赫師尹，不平謂何。又曰：尹氏太師，惟周之氐，秉國之鈞。詩人不敢斥王，故呼二執政者而告之。師尹乃二官名，與洪範之師尹惟日胥語百官之政事師尹同，非謂尹其氏、師其官也。書大誥曰：肆予告我友邦君越尹氏庶士御事。多方曰：告爾四國多方惟爾殷侯尹民。民當為氏字之誤也。尹氏在邦君殷侯之次，蓋謂侯國之正卿。殷周之閒已有此語，說詩者乃以詩之尹為太師之氏，以成周以後之尹氏當之，不亦遠乎。

詩齊風豈弟釋義

詩齊風豈弟，箋：此豈弟猶言發夕也。豈讀當為闓。古文尚書以弟為圛。圛，明也。案書洪範曰驛，史記宋微子世家用今文作曰涕古文作曰圛此鄭君所本也此豈弟疑三家詩有作闓圛者司馬相如封禪文昆蟲闓澤回首面內實用其語故鄭引今文尚書曰涕古文作曰圛以說之證弟之得為圛也不然司馬長卿生鄭君前何由用鄭君之說哉

書毛詩故訓傳後

後漢書儒林傳云趙人毛萇傳詩是為毛詩隋書經籍志亦云毛詩二十卷河間太守毛萇傳惟鄭氏詩譜云魯人大毛公為訓詁傳於其家河間獻王得而獻之以小毛公為博士陸璣毛詩草木蟲魚鳥獸疏亦云毛詩荀卿授魯國毛亨毛亨作詁訓傳以授趙國毛萇則以故訓傳為毛亨作余謂二說皆是也蓋故訓者大毛公所作而傳則小毛公所增益也漢初詩家故與傳皆別行漢書藝文志詩魯故二十五卷魯說二十八卷齊后氏故二十卷齊孫氏故二十七卷齊后氏傳三十九卷齊孫氏

傳二十八卷。韓故三十六卷。韓內傳四卷。韓外傳六卷。故與傳皆各自為書。毛詩獨合故訓傳為一書。然故訓與傳固不必為一人所作。例以齊魯韓三家之學。固可知也。然則何以知傳為小毛公作也。曰。毛詩故訓多本爾雅。而傳之專言典制義理者。則多用周官。周官一書。得於河間。不獨漢初齊魯諸儒皆未之見。即周秦人著書。亦未有徵引一二者。大毛公魯人。又親受詩於荀子。是生於周秦之間。何緣得見周官而引之。今案毛傳之用周官者。如召南行露傳曰。昏禮純帛不過五兩。摽有梅傳曰。三十之男。二十之女。禮未備則不待禮會而行之者。所以蕃育人民也。前傳直用地官媒氏職文。後傳則用媒氏職義也。鄘風定之方中傳曰。度日出日入。以知東西。南視定北準極。以正南北。大雅篤公劉傳曰。考于日景。參之高岡。則用考工記匠氏義也。鄘風干旄傳曰。鳥隼曰旟。又曰。析羽為旌。小雅出車傳曰。龜蛇曰旐又曰鳥隼曰旟六月傳曰日月為常大雅桑柔傳曰鳥隼曰旟龜蛇曰旐韓奕傳曰交龍為旂則春官司常職文也王風大車傳曰天子大夫四命其出封五命如子男之服服毳冕以決訟唐風無衣傳曰侯伯之禮七命冕服七章又曰天子之卿六命車旂衣服以六為節則春官典命及司服職文也秦風車鄰傳曰寺人内小臣也内小臣者天官之屬也駟驖傳曰冬獻狼夏獻麋秋冬獻鹿豕羣獸則天官獸人職文也終南傳曰黑與青謂之黻五色備謂之繡小雅采菽傳曰白與黑謂之黼則考工記畫繢之事也無衣傳曰戈長六尺六寸矛長二丈亦考工記義也豳風七月傳曰大獸公之小獸私之則夏官大司馬職文也小雅常棣傳曰王與親戚燕則尚毛亦秋官司儀職義也天保傳曰春曰祠夏曰禴秋曰嘗冬曰蒸則春官大宗伯職義也正月傳曰古者有罪不入于刑則役之圜土以為臣僕

則地官司救秋官司圜義也大雅緜傳曰鼛大鼓長一丈二尺則考工記韗人義也生民傳曰嘗之日涖卜來歲之芟獮之日涖卜來歲之戒社之日涖卜來歲之稼則春官肆師職文也行葦傳曰天子之弓合九而成規則夏官司弓矢考工記弓人職文也雲漢傳曰國有凶荒則索鬼神而祭之則地官大司徒職文也魯頌駉傳曰諸侯六閑馬四種有良馬有田馬有戎馬有駑馬則夏官校人及馬質職文也凡出周官者二十七條蓋小毛公為河間獻王博士得見周官因取以傳詩附諸故訓之後雖詩序之中亦有為小毛公增益者如周南關雎序說詩有六義語本春官太師衞風有狐序云古者國有凶荒則殺禮而多昏語本地官大司徒王風大車序云男女之訟亦本地官媒氏齊風東方未明序云挈壺氏不能舉其職本夏官挈壺氏南山序鳥獸之行本夏官大司馬蓋均非大毛公本文先漢人書惟

劉向所次樂記有竇公一篇。乃春官大司樂職文。大戴記朝事義取秋官典瑞大行人小行人司儀四職文。小戴記內則取天官食醫庖人內饔三職文。玉藻取春官占人職文。燕義取夏官諸子職文。此外惟賈誼新書禮篇云拜生民之數及穀數與春官天府秋官司民說同。其餘無引周官一事者。雖左傳國語等古文之早出者。亦無一與周官相發明。惟毛詩傳言典制合於周官者。其多如此。固足證其出於河間。而與周秦閒之魯人大毛公無與焉爾。

釋宥

春秋左氏傳。莊十八年。虢公晉侯朝王。王饗醴命之宥。皆賜玉五瑴馬三匹。（王氏引之云當作三匹是也）僖二十五年。晉侯朝王。王饗醴命之宥。二十八年。晉侯獻楚俘于王。王饗醴命晉侯宥。晉語載僖二十五年事。則云王饗禮命公胙侑。韋注。胙。賜祭肉。侑。侑幣。謂既食以束帛侑公杜注左傳從之謂既饗以幣帛侑助王文簡經義述聞始據爾雅酬酢侑報也之訓謂王使虢公晉侯與王相酬酢又讀晉語胙侑之胙為酢近孫仲頌比部亦從其說而以小雅彤弓詩證之余案王孫二說是也鄂侯馭方鼎王南征伐角舒唯還自征在矿鄂侯馭方内口于王乃瓚之馭方𦫵王王休宴乃射馭方卿王射馭方休闌王宴同酓王寴錫馭方口五穀馬三匹矢五口云云𦫵即宥侑二字大鼎大以厥友守王鄉醴字又作守說文友之古文作𦫵此其本字矣鼎云乃瓚之者瓚字雖不可識然毛公鼎有瓚圭與秬鬯相將蓋即鬯圭矣然則鼎所云王乃瓚之者謂王祼馭方也馭方𦫵王者謂馭方酢王也周禮大行人侯伯之禮王禮壹祼而酢即此事也故侑之義與酢同毛詩彤弓傳曰右勸也楚茨傳曰侑勸也右侑同字鄭氏公食大夫禮注曰侑猶勸也釋詁訓侑為報者探其本末而言之毛傳訓侑為勸則單就

其事言之也此不云酢而云侑者以諸侯之於天子不敢居主賓獻酢之名故雖酢天子而其辭若曰侑之云爾且侑者有配偶之義侑之為言友也鄂侯鼎字正作友有司徹之賓尸也乃議侑于賓以異姓吉禮尸之有侑猶嘉禮賓之有介也有司徹一篇紀侑事者無侑尸飲食之事是侑之名義取諸副尸而不取諸勸尸審矣古者諸侯燕射之禮皆宰夫為獻主故其臣不嫌有賓名若天子饗諸侯則不設獻主受獻者嫌與天子亢禮也若曰天子自飲酒而諸侯副之如侑之於尸云爾鄂侯鼎始云馭方⿱艸口王又云馭方卿王射蓋祼則副王而射則與王為耦事亦相因也其在詩曰鐘鼓既設一朝右之右之者正春秋傳所謂命之宥也不然酢之事乃諸侯侑王天子之享諸侯顧曰一朝右之可乎孫君之說詩王君之說左傳其理皆長於舊注而證據未詳其義亦未備故為補之云爾

陸法言切韻斷片跋

日本大谷伯爵光瑞所印行之西域考古圖譜中。有唐寫韻書二紙。共存十八行。迻錄如左。

卮枝亠ナ

酏酒 匜杯匜似桸又羊氏切 桸衣架 移

縻䌕或作縻 縻縻爵 縻縻□

□□炊爨

騎玉名馬 䲭□荀

㗈□□□者見食兒 桸

〇義車上環轙所貫 皮符羈反 疲

摛鼠𢴩街行 鸝山梨 鸝黃

□鄿二城名廣在北海 羈羈

右九行。字皆在廣韻五支。存全字十九。半字二。

脂二 比 又必履婢四扶必反 琵 琵琶

裳 諮 儀姿 齍 在

口趄 羼 卻車卽階 茨 疾脂反口

遲 又直利反 蚳 蟻卵 岻 山名

市支反 伊 於脂反 咿

處 楑 柊木

旞 旌 壝 埒 維 琟 石玉

安息遺反 雖 荾 胡荾 浽 微雨

瑂 石似玉 䁻

右九行。字在廣韻六脂。存全字二十一。半字一。

余以為此殆長孫訥言箋注之陸法言切韻也。孫愐唐韻無字無注。蔣氏所藏殘本二卷足以證之。此斷片中支韻之危枝二字。脂韻之諮維雖三字。皆無注。又支韻之皮脂韻之比茨遲伊四字但注反切反切者陸韻所本有非長孫氏所加也淨土三部經音義引陸法言反切十二條又陸序支脂魚虞先仙尤侯八字下皆加反切是陸韻舊有反切之證也是斷片四十字中無注者多至十字則全書可推而知此當是長孫氏注本長孫所注廣韻敘錄雖謂之箋注而其自序但謂之箋又廣韻敘錄云前費州多田縣丞郭知玄拾遺緒正更以朱箋三百字是因郭箋以前已有長孫氏箋故云更也箋之為言表識也意以緒正為注不必字字有注此斷片有不注之字而孫愐以下書無字不注故知當為長孫箋本也又此斷片中有反切者凡七字以唐人諸韻及廣韻反切比較之如左表

斷片	大徐說文所用孫愐唐韻	小徐篆韻譜所用某切韻	大徐篆韻譜所用李舟韻	廣韻
㐌 又羊氏反即匜字	移爾切	移爾反	移爾反	支韻弋支切又羊氏切紙韻移爾切
皮 符羈反	符羈切	符羈反	符羈反	符羈切

比	茨	遲	伊	綏
又必履婢四毗二切 扶必反	疾脂反	又直利反	於脂反	息遺反
	茨疾茲切資同薺 疾脂切	直尼切	於脂切	息遺切
卑履反	茨疾咨反薺同	直尼反	於脂反	息遺反
卑履反	茨疾咨反薺同	直尼反	於脂反	息遺反
脂韻房脂切又七鼻卿三音旨韻卑履切至韻毗至切又房脂必履扶必三切質韻毗必切又毗妣鼻三音	茨疾資切資薺同	脂韻直尼切至韻直利切	於脂切	息遺切

由此表觀之。則唐人諸家韻書反切。與此斷片大略相同。其於此四十字所隸部目無出入也。惟斷片伊字上有市支反三字。未知為何字之音。以行款求之。此三字上當無他注。則非此字

之第二音脂韻中字以支字切之殊失界限或係轉寫之譌又茨字此云疾脂反二徐篆韻譜疾咨反廣韻疾資切用字雖異而聲類則同惟大徐說文引孫愐茨與薋皆疾茲切乃在七之韻中與此大異然說文訓蒺蔾之字作薺引詩牆有薺說之此字孫愐音疾咨切惟訓草多貌之薋與訓以茅葦蓋屋之茨皆疾茲切是孫愐於訓蒺蔾之茨其音固與諸本不異且孫愐於次聲資聲之字皆在脂韻不應茨薋二字獨異是茲字恐亦譌字也故此斷片自其反切觀之無以別於唐人諸韻惟有無注之字必唐人韻書注本之最古者視為長孫訥言所箋之陸氏切韻當無大誤也

唐韻別本考

唐人所撰切韻可考者尚十餘種已詳唐韻別考即孫愐一家之書亦多別本如魏鶴山所藏唐韻自東至乏皆注清濁而蔣

氏殘本無之。又魏本上下平不分，當爲四卷，而唐宋二志所著錄及蔣氏殘本皆五卷也。又和名類聚鈔所引唐韻及孫愐切韻與淨土三部經音義所引孫愐說，以唐韻殘本所有者校之，頗有不合。即大徐說文所用孫愐反切，亦與唐韻殘本有異同。且說文反切皆稱切，而魏蔣二本皆稱反。蓋由唐韻一書傳鈔至廣，寫者往往以意自爲增損，即部目之閒亦恐不免。如夏英公四聲韻所據之唐切韻，與唐韻相去尤近，即視爲唐韻別本爲後人增加者，亦無不可也。古文四聲韻不獨與唐韻近，其反切又與廣韻近。廣韻部首所用反切與大徐說文所用孫愐反切及二徐篆韻譜反切頗有異同，而與古文四聲韻部首反切一字不異，疑脩廣韻時所用唐韻即四聲韻所本之唐切韻也。又廣韻反切稱切，四聲韻亦稱切，亦其一證。

魏鶴山唐韻後序書後

鶴山魏氏唐韻後序，自王伯厚困學紀聞後，顧亭林音論、戴東原聲韻考、錢曉徵十駕齋養新錄、段若膺經韻樓集皆引其語。然鶴山全集世惟有宋本及明代兩刻，皆不經見。諸家所引，惟見養新錄者出困學紀聞外餘皆紀聞中語也丁巳秋余方治唐韻聞歸安劉翰怡京卿新得宋本鶴山全集亟遺書乞錄此序京卿即日寫寄余讀之則唐韻宋韻異同若列眉目今亟錄之序曰韻略之得名蓋以音韻各有畛略也韻字从音从員略字从田从各皆一形一聲茲其大端矣是書號唐韻與今世所謂韻略皆後人不知而作者也然其部敘於一東下注云德紅反濁滿口聲自此至三十四乏皆然於二十八刪二十九山之後繼之以三十先三十一仙上聲去聲亦然則其聲音之道區分之方隱然見於述作之表也今之為韻者既不載聲調之清濁而平聲輒分上下自以一先二仙為下平之首不知先字蓋從真字而來學者由之而隨聲雷同古人造端立意之本失矣此書別出移䙴二字為一部注云陸與齊同今別然則今韻从陸本疑此本為是今韻降覃談於侵後升蒸登於青後以古語

三字叶今男字叶音徵字叶楨从字叶兵疑今書為是今書又升藥鐸於麥陌昔之前置職德於錫緝之間方語白為薄宅為度舄為鵲石為勺錫緝與職德聲為最近蓋創者多闊疎而因仍者易精審此皆為學者之所當知而舉世不之問也余得此書於巴州使君王清父相傳以為吳彩鸞所書雖無明據然結字茂美編次用葉子様此為唐人所書無疑其音韻雖與易書詩左氏傳及二漢以前不盡合然世俗承用既久姑就其間而詳其是否焉若夫孫愐叔文較定今本亦有增加書字處要皆以此本為正云云據此序知魏氏得唐韻後但以行世之禮部韻略校其異同未檢廣韻集韻故不知唐韻為孫愐書而有孫愐叔文校定今本增加書字之說（晁氏郡齋讀書志廣韻五卷隋陸法言撰唐孫愐增字魏氏蓋以禮部韻略出於廣韻而又誤信晁氏說故云孫愐校定今本增加書字）又可知魏氏藏本前奪孫愐序也其平聲不分上下則卷數當為四卷而非五卷又部敘下皆注清濁皆與蔣氏所藏殘

本異其齊後有移韻與古文四聲韻同覃談蒸登藥鐸職德之次與干祿字書小徐篆韻譜古文四聲韻及蔣氏殘本皆同魏氏所舉異同已得大略但不知上去二聲末四韻之次第果何如耳

唐人韻書覃談在陽唐前說

唐時諸韻除李舟外覃談二部皆在陽唐前此疑魏晉六朝舊第也古音覃談諸韻與侵東近亦與陽唐近詩大雅桑柔瞻與相臧腸狂韻商頌殷武監嚴濫與遑韻楚辭天問嚴與亡饗長韻急就篇談與陽桑讓莊韻易林屯之離蠱之大壯均以男與陽韻蒙之萃以饞與香嘗韻是覃談陽唐聲類本相近後鹽添咸銜嚴凡六部先分出而變為閉口韻而覃談尚未盡變故厠於陽唐前而與鹽添六部異處此當是聲類韻集以來已自如此而唐人仍之至李舟乃改正之耳

周開國年表

文王元祀

書酒誥乃穆考文王肇國在西土厥誥毖庶邦庶士越少正御事朝夕曰祀茲酒惟天降命肇我民惟元祀

案元祀之義尚書古今文說皆不傳僞孔傳云惟天下教命始令我民知作酒者惟為祭祀江氏聲尚書集注孫氏星衍尚書古今文注疏均襲其說余由經文決之知其說不然降命之命即謂天命自人言之謂之受命自天言之謂之降命惟天降命者猶康誥曰天乃大命文王毛公鼎云惟天庸集乃命矣下云天降威我民用大亂喪亦罔非酒惟行越大邦用喪亦罔非酒惟辜又曰羣庶自酒聞腥在上故天降喪于殷降威降喪正降命之反也又曰我西土棐徂邦君御事小子尚克用文王教不腆于酒故我至

于今克受殷之命。其義一也。天之降命如何。肇我民惟元
祀是也。元祀者。受命稱王配天改元之謂。洛誥曰王肇稱
殷禮祀于新邑。咸秩無文。又曰惇宗將禮稱秩元祀。咸秩
無文。又曰記功宗以功作元祀。是為成王初平天下後之
元祀。而酒誥之肇我民惟元祀。是為文王受命之元祀。武
王即位克商未嘗改元。洪範稱惟十有三祀。王訪于箕子。
十有三祀者。文王受命之十三祀。武王克殷後之二年也。
自克商後計之。則為第二年。故金縢曰既克商二年。稱年
不稱祀者。克殷之時未嘗改元故也。成王即位周公攝政
之初。亦未嘗改元。洛誥曰惟七年。是歲為文王受命之十
八祀。武王克商後之七年。成王嗣位於茲五歲。始祀于新
邑。稱秩元祀。經乃云惟七年。而不云惟十有八祀惟元祀
者。蓋欲書文王十有八祀。則是歲已改元祀。欲書元祀。則

經已兩見不煩復舉故改書惟七年七年者武王克商後之七年舉其近者言之且以見成王之元祀即克商後之七年書法亦至密矣周初稱祀稱年之例與其年數皆著於經而尚書大傳史記所繫事亦往往與經合乃一亂于劉歆之三統歷再亂于鄭玄之尚書注三亂于僞古文尚書遂使有周開國歲月終古茫昧豈不痛哉今先揭其旨要於首其證則俟諸後焉

尚書大傳文王受命一年斷虞芮之質

史記周本紀詩人道西伯蓋受命之年稱王而斷虞芮之訟

二祀

尚書大傳文王受命二年伐于

史記周本紀明年伐犬戎

三祀

尚書大傳三年伐密須。周本紀同

四祀。

尚書大傳四年伐畎夷。周本紀作明年敗耆國

五祀。

尚書大傳五年伐耆。周本紀作明年伐邘

六祀。

尚書大傳六年伐崇。周本紀同

七祀。

尚書大傳七年而崩。周本紀同

案孟子公孫丑言文王之德百年而後崩。此百年謂文王生卒之年。無逸言文王受命惟中身厥享國五十年。謂文王在位之年。大傳史記言文王受命七年而崩則謂其稱王後之年也。

八祀武王即位元年

九祀武王二年

史記周本紀九年武王上祭于畢大傳作惟四月太子發上祭于畢東觀兵至于盟津

十祀武王三年

十一祀武王四年

書多方天惟五年須夏之子孫誕作民主罔可念聽

尚書序惟十有一年武王伐殷一月戊午師渡孟津作泰誓

史記周本紀十一年十二月師畢渡盟津二月甲子昧爽武王朝至于商郊牧野又齊太公世家武王十一年正月甲子誓于牧野伐商紂又魯周公世家武王十一年伐紂至牧野

漢書律歷志引武成篇唯一月壬辰旁死霸逸周書世俘解作惟一月丙辰旁生魄若翼日丁巳若翌日癸巳王朝步自周于征伐紂粵若來二月既死霸粵五

日甲子。咸劉商王紂。

案史記繫月與武成及書序不同。師渡盟津。書序繫之一月。武成言惟一月壬辰旁死霸。則戊午為一月之二十八日。唯史記繫之十二月。殊不可解。疑十二兩字乃一字之誤。若史公意果為十一年十二月。則下二月甲子上當書十二年或明年。以清眉目。又二月又當改作一月。以十二月有戊午。則甲子不得在二月故也。十二兩字明出後世傳寫之誤。

十二祀。武王五年既克商一年

十三祀。武王六年既克商二年

書洪範。唯十有三祀。王訪于箕子。

書金縢。既克商二年。王有疾弗豫。中略武王既喪。下略

史記周本紀。武王既克殷後二年。問箕子殷所以亡。箕子不

忍言殷惡以存亡國宜告武王亦醜故問以天道武王病天下未集羣公懼穆卜周公乃祓齋自為質欲代武王武王有瘳後而崩

又封禪書武王克殷二年天下未寧而崩

案史記所記武王伐紂及崩年根據最古金縢于武王之疾書年於其喪也不書年明武王之崩即在是年史記云武王有瘳後而崩可謂隱括經文而得其要旨矣其伐殷之年本於書序文王崩之年本于尚書大傳皆有師說可據然此事當先秦時已有異說呂氏春秋首時篇武王不忘玉門之辱立十二年而成甲子之事則以克殷為在武王十二年逸周書作雒解以武王崩在克殷之年管子七主七臣篇以為在克殷七年劉歆三統歷則以文王崩在受命九年後四年克殷後七年武王崩與經文及史記皆

大不合。後世說經者皆從劉歆說。原歆之所以為此說者。則由過信後世傳記而不求之於古也。歆之言曰。文王十五而生武王。受命九年而崩。崩後四年而武王克殷。克殷之歲八十六矣。後七歲而崩。故禮記文王世子曰。文王九十七而終。武王九十三而終。觀此數語。則知三統歷所繫年。全從文王世子立說。蓋從金縢及史記之說。則文武之崩相距纔六年。若文王崩年九十七。武王崩年九十三。則文王崩時武王年已九十。必文王七歲生武王而後可。故於文王在位之年加二。武王在位之年加五。以求合于文王世子。於是文王崩年與克殷之年均後二歲。武王崩年乃後七歲。與經及尚書家師說均不合矣。然文王十五生武王。武王八十一生成王。與文王世子所云武王崩年俱為周秦以後不根之說。文王之年。據書無逸及孟子。自當至九十餘。至武王之年。則明見於史記。史記載武王克殷至于周。自夜不寐。告周公曰。惟天不饗殷。自發未生於今六十年。麋鹿在牧。蜚鴻滿野。周書度邑解具有其文。（徐廣以為亦見隨巢子。隨巢子墨子弟子。亦戰國初年書也。）此篇淵懿古奧。類宗周以前之書。與文王世子等秦漢間之書。文體大異。自為實錄。據此則克殷之前六十年武王尚未生。又二年而崩。年當近六十。（路史引真本竹書紀年謂武王崩年五十四。事較近之。）以此差之。則文王生武王。武王生成王。均當在四十歲左右。與事理相合。後儒人人讀史記。無據此以駁正文王世子者。殊不可解。歆之根據既破。則其所克殷及文武崩年。皆不足信。固不待論也。

十四祀（既克商三年　成王元年）

十五祀（既克商四年　成王二年）

十六祀（既克商五年　成王三年）

尚書大傳。周公攝政一年救亂。

十七祀既克商六年成王四年

書金縢。周公居東二年。則罪人斯得。

尚書大傳。二年克殷。

十八祀既克商七年成王五年

詩豳風。我徂東山。自我不見。于今三年。

孟子。伐奄三年討其君。

尚書大傳。三年踐奄。

十九祀既克商八年成王六年

尚書大傳。四年建侯衛。

成王元祀既克商九年

書召誥。惟太保先周公相宅。越若來三月。惟丙午朏。越三日戊申。太保朝至于洛卜宅。厥既得卜。則經營。中略乙卯。周公朝至于洛。（中略）甲子。周公乃朝用書命庶殷侯甸男邦伯。厥既命殷庶。庶殷丕作。

洛誥。王肇稱殷禮。祀于新邑。咸秩無文。

又。今王即命曰。記宗功。以功作元祀。

又。惇宗將禮。稱秩元祀。咸秩無文。

又。戊辰。王在新邑。烝祭歲。文王騂牛一。武王騂牛一。王命作冊逸祝冊。唯告周公其後。王賓殺禋咸格。王入太室祼。王命周公後。作冊逸誥。在十有二月。惟周公誕保文武受命。惟七年。

尚書大傳。五年營成周。

案是年為成王元祀。見於洛誥。而據洛誥則營成周事亦在是年。洛誥年月。伏生劉歆鄭玄說各不同。今據經文。則全篇記成王周公問答之語。自在成王至新邑之後。案周公至洛在三月乙卯。（十二日）成王至洛。召誥與洛誥均不書。然周公告成王云予惟乙卯朝至于洛師。乙卯不月。則成王至洛當在五月乙卯以前。周公曰伻來以圖及獻卜。成王曰公既定宅伻來來視予卜休恒吉。我二人共貞。伻者俾也。伻來謂俾成王來。共定宅。故又曰我二人共貞。貞謂貞卜也。

古諸侯稱王說

世疑文王受命稱王。不知古諸侯於境內稱王。與稱君稱公無異。詩與周語楚辭稱契為玄王。其六世孫亦稱王亥。（山海經作王亥郭璞注引古本竹書紀年作殷王子亥今殷虛卜辭中屢見王亥是山海經稱名不誤呂氏春秋王仌作服牛仌乃古文亥字之誤）此猶可曰後世追王也。湯伐桀誓師時已稱王。史記又云湯自立為武王。此亦可云史家追紀也。然觀古彝器銘識。則諸侯稱王者頗不止一二。觀徐楚之器無論已。夨王鼎云夨王作寶尊。散氏盤云乃為圖夨王於豆新宮東廷。而矢伯彝則稱矢伯。是矢以伯而稱王者也。彔伯𢦏敦蓋云。王若曰彔伯𢦏□自乃祖考有勞於周邦。又云。𢦏拜手稽首對揚天子丕顯休用作朕皇考釐王寶尊敦。此釐王者。彔伯之父。彔伯祖考有勞於周邦。則其父釐王。非周之僖王可知。是亦以伯而稱王者也。乖伯敦云。王命仲到歸乖伯裘王若曰乖伯朕丕顯祖玟珷膺受大命乃祖克□先生翼自他邦有□於大命我亦弗望（缺字古字）享邦錫女□裘乖伯拜手稽首天子休弗望小□邦歸夅敢對揚天子丕顯魯休用作朕皇考武乖幾王尊敦。乖伯之祖。自文武時已為周屬。則亦非周之支庶。其父武乖幾王。亦以伯而稱王者也。而彔伯乖伯二器。皆紀天子錫命以為宗器。則非不臣之國。蓋古時天澤之分未嚴。諸侯在其國。自有稱王之俗。即徐楚吴楚之稱王者。亦沿周初舊習。不得盡以僭竊目之。苟知此。則無怪乎文王受命稱王而仍服事殷矣。

殷虛卜辭中所見地名考

殷虛卜辭中所見古地名多至二百餘其字大抵不可識其可識者亦罕見於古籍其見於古籍者如齊如𩑛如霍如召如噩如剛如向如畫如灉皆距殷頗遠未敢定為一地其略可定者一曰龔古龔共二字通用左氏傳大叔出奔共杜注今汲郡共縣是也（今河南衛輝府輝縣）二曰盂史記殷本紀以西伯昌九侯鄂侯為三公徐廣曰鄂一作邘音于野王縣有邘城左傳邘晉應韓杜注亦云河內野王縣西北有邘城（今河南懷慶府河內縣）盂疑即邘也三曰雝左傳郜雍曹滕杜注雍國在河內山陽縣西續漢志河內郡山陽縣下有雍城（今懷慶府修武縣西）此三地皆在河北其在河南者曰亳（見上）曰曹（今山東兗州府定陶縣）曰杞續漢志陳留郡雍丘本杞國（今河南開封府杞縣）是也曰𢦔此字卜辭作𢦔从𢀚从戈與虎敦之𢦔及石鼓文之𩐔略同古文以為載字殆即春秋隱九年伐載之載（此字左傳作戴公穀皆作載）漢書地理志梁國甾

縣。故載國。今傳世漢封泥有載國大行。是漢初尚名載也。後漢改為考城。至今仍之。其地與亳相鄰。卜辭之𢦏蓋是地也。今河南歸德府考城縣曰雇。雇字古書多作扈。詩小雅桑扈。左傳及爾雅之九扈。皆借雇為扈。然則春秋莊二十三年盟扈之扈。殆本作雇。杜預云滎陽卷縣北有扈亭。今懷慶府原武縣此八地者。皆在河南北千里之內。又周時亦有其地。殆可信為殷天子行幸之地矣。

周時天子行幸征伐考

殷時天子行幸田獵之地。見於卜辭者。多至二百。雖周亦然。以彝器徵之。其云在成周者三。盂爵云。惟王初□於成周。趞鼎云。惟王來格於成周。季娟鼎云。王在成周。王洛於楚麓。是皆周初之器。記王由宗周至成周者也。其云在葊京者五。召伯虎敦云。王在葊。靜彝。靜敦。小臣靜彝。史懋壺皆云王在葊京。其云在他處者六。睘卣云。王在厈。宂敦云。王在鄭。宂盉云。王在圖師。酉敦云王在吳。虎敦云王在杜宓。智鼎云王在□宓是也。其言籍農者一。諆田鼎云王大籍農於諆田。言獸（即狩字）者一。宰圃卣云王獸於豆麓是也。其言征伐者九。禽彝云王伐無侯（疑即許侯）。大保敦云王伐彔子。貞敦云貞從王伐梁。遇伯彝云遇伯從王伐叛荊。無㠱敦云王征南夷。唯叔鼎云唯叔從王南征。噩侯鼎云王南征伐角□惟還自征在社。噩侯馭方納□於王。宗周鐘云南國服子敢陷虐我疆土。王𦤎伐其至。戡伐乃都。服子乃遣間來逆卲王。南夷東夷具見廿有六邦。兮田盤云王初格伐玁允於䍐盧是也。以上皆天子親自行幸征伐之事見於彝器者。其事凡二十有五。而為地凡十有九。則其餘未見紀錄者。亦可知矣。

月氏未西徙大夏時故地考 乙丑

周末月氏故居。蓋在中國之北。逸周王會解。伊尹獻令列禺氏於正北。穆天子傳。己亥至于焉居禺知之平。禺知亦即禺氏。其地在鴈門之西北黃河之東與獻令合此二書疑皆戰國時作則戰國時之月氏當在中國正北史記大宛列傳始云月氏居敦煌祁連間則已是秦漢間事又云月氏為匈奴所敗乃遠去過宛西擊大夏而臣之遂都嬀水北為王庭其餘小衆不能去者保南山羌號小月氏考月氏為匈奴所敗當漢文帝四年而其西居大夏則在武帝之初然則月氏既敗于匈奴以後徙居大夏以前果居於何處乎近日東西學者均以為在伊犁方面其所據者大宛列傳中單于言月氏在吾北一語也然單于之言未必審方位即以伊犁當之亦在匈奴之西不得云北也案管子國蓄篇云玉起於禺氏地數篇云玉起於牛氏邊山揆度篇云北用禺氏之玉又云玉起於禺氏之邊山此度去周七千八百里又輕重甲篇云禺氏不朝請以白壁為幣乎崑崙之虛不朝請以璆琳琅玕為幣乎又云懷而不見於抱挾而不見於

掖而辟七金者白璧也，然後八千里之禺氏可得而朝也。簪珥而辟千金者璆琳琅玕也，然後八千里之崑崙之虛可得而朝也。輕重乙篇云：金出於汝漢之右衢，珠出於赤野之末光，玉出於禺山之旁山，此皆距周七千八百餘里，皆以禺氏為產玉之地。余疑管子輕重諸篇，皆漢文景間所作，其時月氏已去敦煌祁連間，而西居且末于闐間，故云玉起于禺氏也。蓋月氏西從實由漢書西域傳之南道，其餘小衆留保南山，一證也。其踰蔥嶺也，不臣大宛康居而臣大夏，二證也。（西域傳南道西踰蔥嶺則東為月氏安息）其遷從之迹與大夏同，（大唐西域記：于闐尼壤城東行四百餘里有覩貨邏故國）三證也。則月氏東去敦煌祁連間之後，西居大夏之前，其居必在且末于闐間，從可知也。以前從無留意於管子之紀事者，故略綴數語以記之。乙丑冬日。

西域雜考 己未

闐池　漢書甘延壽陳湯傳：延壽湯討郅支，引軍分行，別為六校其三校從南道踰蔥嶺經大宛其三校都護自將發溫宿國從北道入赤谷過烏孫涉康居界至闐池西案延壽湯所取之路即玄奘西域記所取之道亦即唐書地理志所載自安西入西域第一道唐志言自撥換城（一曰威戎城曰姑墨州）二十里至小石城又二十里至于闐國之胡蘆河又六十里至大石城（一曰于祝曰溫肅州）西北三十里至粟樓烽又四十里度拔達嶺又五十里至頓多城烏孫所治赤山城也又三十里渡真珠河又西北渡乏驛嶺五十里渡雪海又五十里至碎卜戍傍碎卜水五十里至熱海西域記至跋祿迦國（舊謂姑墨）西北行三百餘里度石磧至凌山（即唐志之雪海）山行四百餘里至大清池（或名熱海又謂鹹海）周千餘里云云二書所記里數不盡符合然皆經熱海延壽湯亦取此道則所經之闐池必熱海也傳云涉康居界至闐池西則烏孫康居殆於熱海之北分界熱海者今之特穆爾圖泊

都賴水　陳湯傳，前至郅支城都賴水上。案長春真人西遊記有苔剌速沒輦，原注，沒輦，河也。此都賴水即苔剌速沒輦。西域記之呾囉私城，案此唐時譯語殊唐志之怛羅斯城，西游錄之塔剌思城，西使記之塔剌寺。蓋本以此水得名。然則郅支城即後世之怛羅斯城矣。

蕃內　西域傳，康居國王冬治樂越匿地，到卑闐城，去長安萬二千三百里，不屬都護。至越匿地馬行七日，至王夏所居蕃內九千一百四里。自越匿至蕃內九千一百四里，失之太遠。案烏孫傳，烏孫赤谷城西至康居蕃內地五千里，而赤谷城去長安八千九百里，則蕃內去長安當得萬三千九百里，而卑闐城去長安萬二千三百里，則自卑闐城至蕃內當得千六百里。又赤谷城去都護治所千七百二十一里，則蕃內去都護治所當得六千七百二十一里，而卑闐城去都護治所五千五百五十里，則自卑闐城至蕃內當得一千一百七十一里。此二種計里法雖不相符合，然決無九千一百四里之理。疑九千一百四里當為一千一百四里之訛也。

樂越匿地　樂越匿地又稱越匿地，是即康居小王窳匿國王之地也。傳云：康居有小王五：三曰窳匿王，治窳匿城，去都護治所五千二百六十六里，而卑闐城去都護五千五百五十里。蓋在窳匿城之西。地在窳匿王界內，故云越匿地。窳越一聲之轉。

務塗谷　車師後國王治務塗谷。此即唐初之可汗浮圖城也。大慈恩寺三藏法師傳：法師意欲取可汗浮圖過，既為高昌所請，辭不獲免，於是遂行涉南磧（貞觀三年）。舊唐書西域傳：初，西突厥遣其葉護屯兵於可汗浮圖城，與高昌相影響。至是懼而來降，以其地為庭州（貞觀十四年）。通典謂庭州即後漢車師後王之地。蓋可汗浮圖城即後王所治務塗谷，西突厥蓋曹建牙於此，故加可汗二字浮圖即務塗之轉也唐建庭州及北庭都護府即因其地於是可汗浮圖城之名遂不復見然舊書回紇傳謂葛祿乘勝取回紇之浮圖川蓋即今古城與濟木薩中間之小水此水蓋以浮圖城得名可知可汗浮圖城之本為浮圖城亦即漢時之務塗谷也西域名城自漢以來無甚變更此亦其一也

邸閣考

古代儲峙軍糧之所謂之邸閣其名始見於漢魏之間元李治敬齋古今黈曾於三國志及裴松之注中舉十一事余復從晉書中得五事魏書中得八事水經注得十事唐書中得一事古印中得三事茲並舉之魏志董卓傳注引獻帝紀曰帝出雜繒二萬匹與所賣廄馬百餘匹宣賜公卿以下及貧民不能自存者李傕曰吾邸閣儲峙少乃悉載置其營一也張既傳酒泉蘇衡反既擊破之遂上書請治左城築障塞置烽燧邸閣以備胡

二也。王基傳。基別襲步協於夷陵。協閉門自守。基示以攻形。而實分兵取雄父邸閣。收米三十餘萬斛。三也。又毋丘儉文欽作亂。王基與司馬景王會於許昌。請速據南頓。南頓有大邸閣。計足軍人四十日糧。四也。蜀志後主紀。諸葛亮使諸軍運米集於斜谷。治斜谷邸閣。五也。又魏延傳注引魏略云。橫門邸閣（在長安）與散民之穀。足周食也。六也。鄧芝傳。芝為郫邸閣督。先主出至郫。與語。大奇之。擢為郫令。七也。吳志孫策傳引江表傳。策渡江攻劉繇牛渚營。盡得邸閣糧穀戰具。八也。又孫權傳。赤烏四年。遣衛將軍全琮略淮南。決芍陂。燒安城邸閣。九也。又赤烏八年。遣校尉陳勳將屯田及作十三萬人。鑿句容中道。自小其至雲陽西城。通會市。作邸閣。十也。周魴傳。魴譎曹休曰。東主遣從弟奐治安陸城。修立邸閣。輦資運糧。以為軍儲。十一也。以上皆李氏所舉。然邸閣之名。自魏晉至後魏皆用之。其見晉書者。如文帝紀蜀將姜維寇隴右。揚聲欲攻狄道。帝曰。姜維攻羌。收其質任。聚穀作邸閣訖。而轉行至此。正欲了塞外諸羌。為後日之資耳。此為十二事。又李含傳。光祿差含為壽城邸閣督。司徒王戎表含曾為大臣。雖見割削。不應降為此職。此為十三事。又荀晞傳。晞單騎奔高平。收邸閣。此為十四事。周玘傳。錢璯至廣陵。殺度支校尉。焚燒邸閣。為十五事。劉淵載記。離石大饑。遷於黎亭。以就邸閣穀。則為十六事。此外見於水經注者尚十事。一。河水注新臺東有小城。崎嶇頹側。臺址枕河。俗謂邸閣城。疑古關津都尉治也。二。濟水注。濟水又經什城北。城際水湄。故邸閣也。祝阿人孫什將家居之。以避時難。因謂之什城焉。三。清水注。清河又東北逕邸閣城東。城臨側清河。晉修縣治。四。衡漳水注。衡漳又北逕巨橋邸閣西。今臨側水湄。左右方一二里中。狀若邱墟。蓋遺囷故窖處也。五。洧水注。洧水又東入汶倉城內。俗以此水為汶水。故有汶倉之名。非也。蓋淯水之邸閣也。六。泗水注。泗水又逕宿預城之西。又逕其城南。故下邳之宿留縣也。晉元皇之為安東也。督運軍儲而為邸閣也。七。清水注。清水又東南逕士林東。士林。戍名也。戍有邸閣。八。江水注。公安縣故側江有大城相承云倉儲城。即邸閣也。九。又巴邱山有巴陵故城。故吳之巴邱邸閣城也。晉太康元年立巴陵縣於此。十。贛水注。贛水又歷釣圻邸閣下。度支校尉治。太尉陶侃移置此也。此上十事。多魏晉間事。訖於後魏。尚有邸閣。魏書食貨志。有司請於水運之處隨便置倉。乃於小平石門白馬津漳崖黑水濟州陳郡大梁凡八所。各立邸閣。唐書地理志。湖州安吉縣北三十里有邸閣池。此亦因古邸閣得名。傳世古印。又有渭城邸閣督新平邸閣督薛邸閣督三印。并敬齋所舉。共得三十八事。然其中亦有複重。如後魏之小平邸閣。疑即古印之新平邸閣。魏書序紀穆皇帝登

平城西山觀望地勢乃更南百里於灅水之陽黃瓜堆築新平
城晉人謂之小平城則新平與小平疑即一邸閣又後魏之漳
崖邸閣疑即衡漳水注之巨橋濟州邸閣疑即濟水注之什城
未必真有三十八而其未見紀載之邸閣數固當倍於此也以
上邸閣皆臨水爲之此因便於運輸之故其主邸閣者謂之督
晉人或以度支校尉主之其藏粟多者至三十餘萬石古量甚
小人食日五升三十萬斛粟可供十萬人六十日食故王基言
南頓太邸閣可足軍人四十日糧非虛語也此蓋自秦以來已
然楚漢之戰食敖倉粟者數年雖關中轉饟頻年不絕然其初
倉粟自足支數十萬人一二年之食至隋以後邸閣之名雖廢
然隋時諸倉存穀尤多時衞州有黎陽倉洛州有河陽倉陝州
有常平倉華州有廣通倉通相灌注又令諸州各立義倉關中
大旱文帝令農丞王亶發廣通之粟三百餘萬石以拯之一倉

之諸其富如此故李密一據洛口倉而旬日之間聚衆數十萬李勣襲黎陽倉開倉恣食一旬之間得勝兵二十萬餘唐高祖入長安亦發永豐倉以振飢民承煬帝奢侈生民凋弊之後而儲蓄之多尚如此又在魏晉六朝邸閣上矣

摩尼教流行中國考

志磐佛祖統紀（卷三十九）延載元年波斯國人拂多誕（西海大秦國人）持二宗僞經來朝

案二宗摩尼教經名見佛祖統紀卷四十八拂多誕摩尼教僧侶之一級見摩尼教殘經是為摩尼經入中國之始

册府元龜（卷九百九十七）開元七年六月大食國吐火羅國南天竺國遣使朝貢其吐火羅國支汗那王上表獻解天文人大慕闍其人智慧幽深問無不知伏乞天恩喚取慕闍親問臣等事意及諸教法知其人有如此之藝能望請令其供奉并置一法堂依本

教供養。

太平寰宇記(卷一百八十六)開元七年。吐火羅國葉護支汗那帝賒獻天文人大慕闍。請加試驗。

案九姓回鶻可汗碑。摩尼傳教師謂之慕闍。此大慕闍疑亦摩尼師也。

通典(卷四十)開元二十年七月敕。末摩尼本是邪見。妄稱佛教。誑惑黎元。宜嚴加禁斷。以其西胡等既是鄉法。當身自行。不須科罪。

九姓回鶻愛登里囉汨没蜜施合毗伽可汗聖文神武碑(上闕)師將睿息等四僧入國。闡揚二祀。洞徹三際。況法師妙達明門。精通七部。才高海岳。辯若懸河。故能開正教於迴鶻。□□□□□。為法立大功績。乃□□傒悉德於時都督刺史内外宰相(中闕)今悔前非。願事正教。奉旨宣示。此法微妙。難可受持。再三懇□。往者無識。謂鬼為佛。今已誤真。不可復事。特望□□□□□曰。

既有至誠。任鄉持受。應有刻畫魔形。悉令焚爇。祈神拜鬼。並（中闕）
受明教。薰血異俗。化為蔬飯之鄉。宰殺家邦。變為勸善之國。故
□□之在人。上行下效。法王聞受正法。深讚虔□□□□德。
領諸僧尼入國闡揚。自後慕闍徒衆。東西往來。循環教化。
案此記摩尼教入回鶻事。碑記於□登里囉汨沒蜜施吉啜
登蜜施合俱錄毗伽可汗（即牟羽之英義建功毗伽可汗）之世回鶻助唐滅史朝義
之後事。殆在唐代宗廣德二年矣。

僧史略。（卷下）大歷三年六月勑。迴紇置寺。宜賜額大雲光明之寺。
又大歷六年正月。又勑荆越洪等各置大雲光明寺一所。
祖佛統記。（卷四十一）大歷三年勑回紇奉末尼者建大雲光明寺。六年。
回紇請於荆揚洪越等州置大雲光明寺。其徒白衣白冠。
册府元龜。（卷九百七十九）貞元十二年。迴鶻又遣摩尼人至。
舊唐書德宗紀。四月丁丑。以久旱令陰陽人法術祈雨。

唐會要（卷四十九）貞元十五年。以久旱令摩尼師求雨。

資治通鑑（卷二百三十七）元和元年是歲回鶻入貢。始以摩尼偕來於中國置寺處之。其法日晏乃食。食葷而不飲湩酪。回鶻信奉之。或與議國事。

舊唐書憲宗紀元和二年正月庚子。回紇請於河南府太原府置摩尼寺。許之。

白氏文集（卷四十）與迴鶻可汗書。其東都太原置寺。已令人勾當事緣功德理合精嚴。又有彼國師僧不必更勞人檢校。其見撫拓勿施鄔達等。今並放歸所。令帝德將軍安慶雲供養師僧。請住外宅。又令骨都祿將軍充檢校功德使。其安悉立請隨班次放歸本國者。並依來奏。想宜知悉。今賜少物。具如別錄。內外宰相及判官摩尼師等並各有賜物。至宜准數分付。內外宰相官吏師僧等並存問之。遣書指不多及。

舊唐書回紇傳。元和八年十二月二日。宴歸國回鶻摩尼八人。令至中書見宰臣。先是回鶻請和親。憲宗使司計之。禮費約五百萬貫。方內有誅討。未任其費。以摩尼為回鶻信奉。故使宰臣言其不可。

又穆宗紀。長慶元年五月。迴鶻宰相都督公主摩尼等五百七十三人入朝。

唐國史補卷下 回鶻常與摩尼議政。故京師為之立寺。其法日晚乃食。飲水而茹葷。不飲乳酪。其大摩尼數年一易。往來中國。小者年轉。江嶺西市商胡囊橐。其源生於回鶻有功也。

唐文粹卷六十五 舒元輿重巖寺碑。國朝沿近古而有加焉。亦容雜夷而來者。有摩尼焉。大秦焉。火祆焉。合天下三夷寺。不足當吾釋寺一小邑之數。

會昌一品集卷四 論回鶻石誠直狀。石誠直是牟徵一首領。豈能有所感悟。況自今夏以來。兩度檢點摩尼回鶻。又寵待嗢沒斯至厚。恐誠直之徒。必懷疑怨。此去豈止於無益。實慮生奸。

同上卷五 賜回鶻書。朕二年以來。保護可汗一國。內阻公卿之議。外遏將帥之言。朕於可汗心亦至矣。可汗亦宜深鑒事體。早見歸還。所求種糧及安存摩尼尋勘退渾黨項劫掠等事。並當應接處置。必遣得宜。

同上卷五 賜回鶻可汗書。摩尼教天寶以前中國禁斷。自累朝緣回鶻敬信。始許施行。江淮數鎮。皆令闡教。近各得本處申奏。緣自聞回鶻破亡。奉法因茲懈怠。蕃僧在彼。稍似無依。吳楚水鄉。人情囂薄。信心既去。翕集至難。且佛是大師。尚隨緣行教。與蒼生緣盡。終不力為。朕深念異國遠僧。欲其安堵。且令於兩都及太原信嚮處行教。其江淮諸寺權停。待回鶻本土安寧。即却令如舊。

同上卷六十八討回鶻制其回鶻既以破滅義在翦除宜令諸道兵馬並同進討河東立功將士以下優厚給賞續次條疏處分應在京外宅及東都修功德回鶻並勒冠帶各配諸道收管其回鶻及摩尼等莊宅錢物並委功德使與御史臺京兆府各差精強幹事官點檢收錄不得容諸色職掌人及坊市富人輒有影占如有犯者並當極法錢物納官摩尼等僧委中書門下即時條疏聞奏

唐書回鶻傳回鶻元和初再朝獻始以摩尼至其法日晏始食飲水茹葷屏湩酪可汗常與共國者也摩尼至京師歲往來西市商賈頗與囊橐為姦武宗詔回鶻營功德使在二京者悉冠帶之有司收摩尼經若象燒於道資產入之官

日本僧圓仁入唐求法巡禮日記三上會昌三年四月中旬勅下令殺天下摩尼師剃髮令著袈裟作沙門形而殺之摩尼師即

回鶻所崇重也
贊寧僧史略卷下會昌三年，勅天下摩尼寺並廢入官，京城女摩尼七十二人皆死，及在此國回紇諸摩尼等配流諸道，死者大半。
舊五代史梁書末帝紀，貞明六年冬十月，陳州妖賊母乙、董乙伏誅。陳州里俗之人，喜習左道，依浮屠氏之教，自立一宗，號曰上乘，不食葷茹，誘化庸民，揉雜淫穢，宵聚晝散，州縣因循，遂致滋蔓。時刺史惠王友能恃戚藩之寵，動多不法，故姦慝之徒，望風影附，母乙數輩漸及千人，攻掠鄉社，長吏不能詰，是歲秋，其衆益盛，南通淮夷，朝廷累發州兵討捕，反爲賊所敗，陳、潁、蔡三州大被其毒，羣賊乃立母乙爲天子，其餘豪首各有署置。至是發禁軍及數郡兵合勢追擊，賊潰，生擒母乙等首領八十餘人，械送闕下，並斬於都市。

佛祖統記卷四十五梁貞明六年陳州末尼聚衆反立毋乙為天子朝廷發兵禽毋乙斬之其徒以不茹葷飲酒夜聚淫穢畫魔王踞坐佛為洗足方佛是大乘我法乃上之乘

僧史略卷下梁貞明六年陳州末尼黨類立毋乙為天子累討未平及貞明中誅斬方盡後唐石晉時復潛興推一人為主百事稟從或畫一魔王踞坐佛為其洗足蓋影傍佛教所謂相似道也或有比丘為飢凍往往隨之效利有識者尚遠離之

册府元龜卷九百七十六後唐天成四年八月癸亥北京奏葬摩尼和尚摩尼者回鶻之佛師也先自本國來太原少尹李彥圖者武宗時懷化郡王李思忠之孫也思忠本回鶻王子嗢沒斯也歸國錫姓名關中大亂之後彥圖挈其族歸太祖賜宅一區宅邊置摩尼院以居之至是卒

徐鉉稽神錄清源都將楊某為本郡防遏營副將有人見一鵝

負紙錢入其第。俄化為雙髻白髮老翁。變怪遂作。二女驚病。召巫立壇召之。鬼亦立壇作法。愈甚於巫。巫懼而去。二女遂卒。後有善作魔法者。名曰明教。請為持經一宿。鬼乃唾罵而去。

張君房雲笈七籤序。臣於時盡得降到道書。并續取到蘇州舊道藏經本千餘卷。越州台州舊道藏經本亦千餘卷。朝廷續降到福建等州道書明使摩尼經等。

佛祖統紀(卷四十八)嘗考夷堅志云。喫菜事魔。三山尤熾。為首者紫衣寬衫。女人黑冠白服。稱為明教會。所事佛衣白。引經中所謂白佛言。世尊取金剛經一佛二佛三四五佛。以為第五佛。又名末摩尼。采化胡經。乘自然光明道氣飛入西那玉界蘇隣國中。誕降王宮為太子。出家稱末摩尼。以自表證。其經名二宗三際。二宗者。明與暗也。三際者。過去未來現在也。大中祥符興道藏富人林世長賂主者。使編入藏。安於亳州明道宮。復假稱白樂天詩云靜覽蘇鄰傳摩尼道可驚二宗陳寂默五佛繼光明日月為資敬乾坤認所生若論齋潔志釋子好齊名以此八句表於經首其修持者正午一食裸屍以葬以七時作禮蓋黄巾之遺習也[illegible]

方勺泊宅編卷五宣和二年十月睦州青溪縣堨村居人方臘託左道以惑衆縣官不即鉏治臘自號聖公改元永樂置偏裨將以巾色飾為别自紅巾而上凡六等無甲冑惟以鬼神詭祕事相扇訹

同上後漢張角張燕輩託天師道陵立祭酒治病使人出米五斗而病隨愈謂之五斗米道至其滋盛則剽劫州縣無所不為其流至今蔬食事魔夜聚曉散者是也凡魔拜必北向以張角實起於北方觀其拜足以知其所宗原其平時不飲酒食肉甘枯槁趨靜默若有志於為善者然男女無别不事耕織衣食無

所得則務攘奪以挺亂其可不早辯之乎有以其疑似難識欲痛繩之恐其滋蔓置而不問馴致禍變者有之有捨法令一切弗問但魔迹稍露則使屬邑盡驅之死地務絕其本根肅清境內而此曹急則據邑聚而反者有之此風日扇殆未易察治如能上體國禁之嚴下念愚民之無辜迷而入於此道不急不怠銷患於冥冥之中者良有司也

建炎以來繫年要錄卷七百十六紹興四年五月起居舍人王居正言伏見兩浙州縣有喫菜事魔之俗方臘以前法禁尚寬而事魔之俗猶未甚熾方臘之後法禁愈嚴而事魔之俗愈不可勝禁州縣之吏平居坐視一切不問則已間有貪功或畏事者稍蹤跡之則一方之地流血積屍至於廬舍積聚山林雞犬之屬焚燒殺戮靡有孑遺自方臘之平至今十餘年間不幸而死者不知幾千萬人矣所宜惻然動心而思欲究其所以然之說也臣

聞事魔者每鄉每村有一二桀黠謂之魔頭盡錄鄉村姓名相與詛盟為黨凡事魔者不肉食而一家有事同黨之人皆出力以相賑恤蓋不肉食則費省費省故食易足同黨則相親相親故相卹而事易濟臣以為此先王導其民使相親相友相助之意而甘淡泊務節儉有古淳樸之風今民之師帥既不能以是為政乃為魔頭者竊取以瞽惑其黨使皆歸德於魔於是從而附益之以邪僻害教之說民愚無知謂吾從魔而食易足事易濟也故以魔說為皆可信而爭趨歸之此所以法禁愈嚴而愈不可勝禁伏望陛下念民迷之日久下哀矜之詔書使人曉然知以為不肉食則費省故易足同黨則相親故相卹而事易濟此自然之理非魔之力至於邪僻害教如不祭其先之類則事魔之罪也部責監司郡縣責守令宣明詔旨許以自新又擇平昔言行為鄉曲所信者家至而户曉之其間有能至誠用心率

衆歸附者。優加激賞。以勵其徒。庶幾舊染之俗。聞風丕變。實一方生靈赤子之幸。詔諸帥憲司措置。毋得騷擾生事。

廖剛高峯先生文集 卷二 乞禁妖教劄子。臣伏覩刑部關報。臣寮上言。乞修立喫菜事魔條禁。務從輕典。奉聖旨令刑部看詳上尚書省。臣謹案王制曰。執左道以亂政殺。假於鬼神時日卜筮以疑衆殺。非樂於殺人。為其邪說詭道。足以疑惑愚衆。使之惟己之從。則相率為亂之階也。今之喫菜事魔傳習妖教。正是之謂。臣訪聞兩浙江東西。此風方熾。創自一人。其從至於千百為羣。陰結死黨。犯罪則人出千錢或五百行賕。死則人執柴燒變。不用棺槨衣衾。無復喪葬祭祀之事。一切務減人道。則其視君臣上下復何有哉。此而不痛懲之。養成其亂。至於用兵討除。則殺人不可勝數矣。臣聞傳習事魔為首之人。蓋有所利而為之。誑惑愚民。誅以禍福。而取其財物。謂之教化。此最不可恕者。推究為首之人峻法治之自當衰息若不分首從概欲以不應為坐之恐非所以戢姦弭亂也臣謂貧窮而為盜賊情或可恕事魔非迫於不得已也故為邪僻敗壞風俗之事其措心積慮已不順矣是故易誘為亂也如被誘之人尚或可以闊略彼為首者雖未有不順之跡豈可輕恕欲望睿旨幷送刑部看詳施行

莊季裕雞肋編事魔食菜法禁甚嚴有犯者家人雖不知情亦流於遠方以財產半給告人餘皆沒官而近時事者益衆云自福建流至溫州遂及二浙睦州方臘之亂其徒處處相扇而起聞其法斷葷酒不事神佛祖先不會賓客死則裸葬方斂盡飾衣冠其徒使二人坐於尸傍其一問曰來時有冠否則答曰無遂去其冠逐一去之以至於盡乃曰來時何有曰有胞衣則以布囊盛尸焉云事之後致富小人無識不知絕酒肉燕祭厚葬自能積財焉又始投其黨有甚貧者衆率財以助積微以至於

小康矣凡出入經過雖不識黨人皆館穀焉人物用之無間謂為一家故有無礙被之說以是誘惑其衆其魁謂之魔王佐者謂之魔翁魔母各誘化人旦望人出四十九錢於魔翁處燒香翁母則聚所得緡錢以時納於魔王歲獲不貲云亦誦金剛經取以色見我為邪道故不事神佛但拜日月以為真佛其說經如是法平等無有高下則以無字連上句大抵多如此解釋俗訛以魔為麻謂其魁為麻黃或云易魔王之稱也其初授法設誓甚重然以張角為祖雖死於湯鑊終不敢言角字傳記何執中守官台州州獲事魔之人勘鞫久不能得或云何處州龍泉人其鄉邑多有事者必能察其虛實乃委之窮究何以雜物數件示之能識其名則非是而置羊角其中他皆名之至角則不言遂決其獄如不事祖先裸葬之類固已害風俗而又謂人生為苦若殺之是救其苦也謂之度人度多者則可以成佛故結

集既眾乘亂而起甘嗜殺人最為大患尤憎惡釋氏蓋以戒殺與之為戾耳但禁令太嚴每有告者株連既廣又當籍沒全家流放與死為等必協力同心以拒官吏州縣憚之率不敢案反致增多余謂薄其刑典除去籍財之令但治其魁首則可以已也

同上余既書此未一歲而衢州開化縣余五婆者為人所告逃於嚴州遂安縣之白馬洞繆羅家捕之則阻險為拒殺害官吏至遣官軍平蕩兩州被患延及平民甚眾殊可傷閔

陸游渭南文集卷五條對狀一自盜賊之興若止因水旱饑饉迫於寒餓嘯聚攻劫則措置有方便可撫定必不能大為朝廷之憂惟是妖幻邪人平時誑惑良民結連素定待時而發則其為害未易可測伏緣此色人處處皆有淮南謂之二襘子兩浙謂之牟尼教江東謂之四果江西謂之金剛禪福建謂之明教揭

諦齋之類名號不一明教尤甚至有秀才吏人軍兵亦相傳習其神號曰明使及有肉佛骨佛血佛等號白衣烏帽所在成社僞經妖像至於刻板流布假借政和中道官程若清等為校勘福州知州黄裳為監雕以祭祖考為引鬼永絕血食以溺為法水用以沐浴其他妖濫未易概舉燒乳香則乳香為之貴食菌蕈則菌蕈為之貴更相結習有同膠漆萬一竊發可為寒心漢之張角晉之孫恩近歲之方臘皆是類也欲乞朝廷戒敕監司守臣常切覺察有犯於有司者必正典刑毋得以習不根經教之文例行闊略仍多張曉示見今傳習者限一月聽齋經像衣帽赴官自首與原其罪限滿重立賞許人告捕其經文印版令州縣根尋目下焚燬仍立法凡為人圖畫妖像及傳寫刊印明教經等妖妄經文者並從徒一年論罪庶可陰消異時竊發之患

陸游老學庵筆記。閩中有習左道者，謂之明教。亦有明教經，甚多刻板摹印，妄取道藏中校定官銜賛其後。燒必乳香，食必紅蕈，故二物皆翔貴。至有士人宗子輩，衆中自言今日赴明教會。予嘗詰之：此魔也，奈何與之游？則對曰：不然，男女無別者爲魔，男女不親授者爲明教。明教遇婦人所作食則不食。然嘗得所謂明教經觀之，誕謾無可取，直俚俗習妖妄者所爲耳。又或指名族士大夫家曰：此亦明教也。不知信否。偶讀徐常侍稽神錄之，有善魔法者名曰明教，則明教亦久矣。

嘉定赤城志卷三十七李守謙戒事魔十詩：勸爾編民莫事魔，魔成劉地禍殃多。家財破蕩身狼藉，看取胡忠季子和。　白衣夜會說無根，到曉奔逃各出門。此是邪魔名外道，自投刑辟害兒孫。　金鍼引透白蓮池，此語欺人亦自欺。何似田桑家五畝，雞豚狗彘勿違時。　莫念雙宗二會經，官中條令至分明。罪流更溢三

子共句佛安能救爾生　生兒只道事科舉有智宜令早讀書

莫被邪師相引誘此人決定墮囚拘　蚩蚩女婦太無知喫菜

何須自苦為料想阿童經背誦心中雖悔不能追　仙居舊有

祖師堂坐落當初白蓮眼根見茉頭頭落地令人譁說呂師囊

貴賤家家必有尊知何致祖事魔神細思父母恩難報早轉

頭來孝爾親　肉味魚腥喫不妨隨宜茶飯守家常朝昏但莫

為諸惡底用金爐爇乳香　官家為是愛斯民臨遣知州誨爾

諄願爾進知庠序教怕嫌爾做事魔人

案李謙攷志中郡守題名作李兼以開禧三年三月三十日

知台州嘉定元年九月二十一日除宗正丞未行卒

佛祖統紀卷四十八引釋門正統良渚曰準國朝法令諸以二宗經及

非藏經所載不根經文傳習惑衆者以左道論罪二宗者謂男

女不嫁娶互持不語病不服藥死則裸葬等不根經文者謂佛

佛吐戀師佛說啼淚大小明王出世經開元括地變文齊天論五來子曲之類其法不茹葷飲酒晝寢夜興以香為信陰相交結稱為善友一旦郡邑有小隙則憑狠作亂如方臘呂昇輩是也其說以天下禪人但傳盧行者十二部假禪若吾徒即是真禪有云菩提子達摩栽心地種透靈臺或問終何所歸則曰不生天不入地不求佛不涉餘途直過之也如此魔教愚民皆樂為之其徒以不殺不飲不葷辛為至嚴沙門有行為弗謹反遭其譏出家守法可不自勉

同上（卷四十四）良渚曰白雲白蓮摩尼三宗皆假名佛教以誑愚俗猶五行之有沴氣也今摩尼尚扇於三山而白蓮白雲處處有習之者大抵不事葷酒故易於裕足而不殺物命故近於為善愚民無知皆樂趨之甚至第宅姬妾為魔女所誘入其衆中以修懺念佛為名而實通姦穢有識士夫宜加禁止

[illegible]志陸子遹除妖害記曰夫白雲魔教之
[illegible]豪奪民業衛辛茹毒罔所訴理有司一問則
[illegible]里淸亂弱下寠之困於淫征則獨偃然自肆寸絲
粒粟[illegible]品吡或以赴訴則賕吏鬻證反爲所誣根
[illegible]民視若禽獸視法令無如也中略歲在己卯先
疆域民之習魔教者奪民業則正而歸之不輸賦則均而取之
囂誚之俗革於一旦黨與之衆散於反掌

西山先生真文忠公文集卷四十再守泉州勸農文莫習魔教莫信
邪師

大明律集解附例卷十一凡妄稱彌勒佛白蓮社明尊教白雲宗等
會一應左道亂正之術扇惑人民爲首者絞爲從者各杖一百
流三千里（[illegible]彌勒佛[illegible]白蓮社牟尼明尊教[illegible]白雲宗是四樣）

右古書所記摩尼教事其概如此當宣統元年吳縣蔣伯斧

郎中跋巴黎所藏摩尼教殘經卷附考摩尼教入中國源流僅及唐會昌而止後上虞羅叔言參事印行京師圖書館所藏摩尼教經一卷法國伯希和教授譯之後復附摩尼教考并增宋世摩尼教事實較蔣君所考甚為該博伯氏書用法文余曩曾抄撮其所引漢籍數年以來流覽所及頗有增益計增日本僧圓化求法記一則贊寧僧史略一則方勺泊宅編莊季裕雞肋編各二則建炎以來繫年要錄高峯先生文集嘉定赤城志至正金陵新志真西山文集各一則與前所抄者彙為一編庶唐宋二代彼教情形略可觀覽考唐代置摩尼寺之地北則兩都太原南則荊揚洪越諸州會昌禁絶後回鶻摩尼師雖絶迹於中土然中土人傳習者尚如其故至於五季尚有陳州毋乙之亂明教襪鬼之事及大中祥符重脩道藏明教經典乃得因緣編入東都盛時其流蓋微南

北之交。死灰復熾。尋其緣起。別出三山。蓋海舶賈胡之傳。非北陸大雲之舊矣。南渡文人。不能紀遠。僉謂出自黃巾。祖彼張角。放翁筆記。亦僅上援稽神錄。爲其濫觴。實則二宗三際明使等語。具見唐譯摩尼經中。故唐宋彼教。其源或殊。其實則一。觀於上所抄撮。可知斯言之不誤矣。

觀堂別集卷二

海甯王國維

毛公鼎跋

唐宋誥敕語多沿襲宋太祖譏陶穀所謂畫壺盧樣者是也然周世命臣工之詞固已如此如此鼎云肆皇天亾斁臨保我有周師訇敦見薛氏款識則云肆皇帝亾斁臨保我有周此鼎云愍天疾畏師訇敦則云昊天疾畏此云雖我邦小大猷又云女弗以乃辟陷于囏師訇敦文同此云以乃族干敔王身師訇敦則云以乃族干敔王身彼敦文字似在此鼎之後則襲用此鼎可知至毛公所受官及車服又與番生敦略同則因官職略等故命賜亦同非沿襲也

此鼎器小而字多故拓墨不易余見秦中舊拓與端氏新拓此

鼎皆不佳。惟陳氏拓最精。陳氏所拓。又有四塊與二塊兩種。初拓四塊。後拓乃易為二塊。故二塊者尤精。皆出利津李某手。而李君已老。此鼎亦祕不出。聞又有流出海外之說。遂恐不能再拓矣。

小盂鼎跋

此鼎與大盂鼎同出陝西郿縣禮邨。宣城李文瀚宰岐山。遂攜以歸。赭寇之亂。器亦亡佚。拓本傳世甚稀。惟濰縣陳氏有一本。海豐吳氏借摹入攈古錄金文中。海內不聞有第二本。辛酉春日。上虞羅叔言參事借陳氏本景照精印百本行世。此其一也。第三第四第六三行。皆有戜字。其字从爪或聲。即獻馘之馘字也。虢季子白盤。桓桓子白。獻戒于王。戒字从爪或省聲。亦即馘字。

剌鼎跋

此鼎言王啻用牡于太室啻邵王語不可解疑啻乃禘之借字邵王即昭王也頌鼎周康昭宮作邵宮宗周鍾昭格作邵格可證啻邵王者猶春秋言吉禘于莊公左氏傳言禘于僖公耳壬戌小除夕

弴父丁鼎跋

此銘中第一字作弓內之文即𦎫字則此殆即弴字也說文解字弓部弴畫弓也乃詩敦弓既堅之本字福山王氏藏一鼎銘曰父己亯羊二文一在弓外一在弓內又與此異體實亦弴字也乙丑六月

姬鼎跋

彝器中惟編鍾之銘合數鍾而成篇他器絕無如是者惟近出之秦公敦其銘分刻於器蓋合之始成一篇此鼎銘辭僅存後半蓋其前半當在蓋上與秦公敦同字句未見有第二器也乙

丑六月。

公違鼎跋

詩車攻駕言徂東傳云東洛邑也汪容甫據之以說書金縢周公居東之東其實車攻之東容爲洛邑而周公所居當即逸書作雒所謂俾中旄父宇于東者當即衛地非洛邑也此鼎云公違相自東在新邑東與新邑明是二地不得如容甫之說也乙丑長夏。

杞伯鼎跋

鄭語云曹姓邾莒而春秋左氏傳所記莒女皆己姓世本以莒爲嬴姓此鼎及他彝器記邾國之女皆爲媿姓並與國語不同或曹字乃媿之譌歟乙丑六月。

鄂侯馭方鼎跋

此鼎第二行有坏字與秦公敦十有二公在帝之坏之坏同而

此係地名其字从土下加ノ不可識曩見日本住友氏所藏一卣云隹伯屖父以成𠂤即東命伐南夷正月既生霸辛丑在鄦唯小篆从土之字古文多从𩫖如城字城虢中敦作𩫨埤史頌敦作𩫖堵邵鍾作𩫖垣說文籀文作𩫖𡉚鄦同為南征所經之地則𡉚即鄦字亦即坏字說文坏丘再成者也則大伾之山以再成得名此𡉚殆即大伾歟自成𠂤而東過大伾此敦記王還在坏而鄂侯馭方覲王則鄂之國境亦可推測矣乙丑十月

般作父己甗跋

丁己尊云隹王來正人方般虛卜辭亦有此語案乙亥鼎云隹王正井方與丁己尊及卜辭文例相同井方人方並是國名正當讀為征此甗云王圍人方圍乃俎之古文當讀為徂昔人釋圍為宜並名此甗為王宜人甗失之矣乙丑六月

羌伯敦跋 甲子

吳縣潘氏藏一敦。其文曰：唯王九年九月甲寅，王命益公征眉寇。益公至告。一月，眉寇至見獻帛。王命仲到歸乖伯𧝤裘。王若曰：乖伯，朕不顯祖玟珷膺受大命，乃祖克未先王，異自它邦，有芇于大命。我亦弗朢享邦，錫女𧝤裘。乖伯拜稽首天子休，弗望小口邦歸夆，敢對揚天子不杯魯休，用作朕皇考武乖幾王尊敦云云。余謂乖即羌字。小篆羌字，从羊从几，乃从羊从川之變。又說文羌之古文作𦍋，尤與乖字相似。其上朩乃羊之訛，其下亦川之訛也。銘中又述其祖有功於文武，當指羌髳從武王伐商之事。乖伯當為羌伯無疑。此敦未知出土之地，而形制文字與中原禮器無異，知宗周文物所被遠矣。

公違敦跋

此與公違鼎皆臣卿所作。卿所作器，除鼎敦外，尚有尊一、卣二、觚一，均歸澂秋館。而愙齋著錄潘文勤所藏一敦，銘曰：卿作厥

考尊彝與卣文正同殆亦同時所出也乙丑六月

史頌敦跋

古文穌字作穌从木觀穌衛妃鼎穌甫人匜其女皆己姓鄭語云己姓昆吾蘇顧溫董則穌之爲蘇信矣小篆訛木作禾說文乃釋爲把取禾若未免望文生訓矣乙丑季夏

王子申盞跋

上虞羅氏藏銘云王子申作嘉嬭其眉壽期永保用嬭下奪盞字壽下奪無字十餘字中乃奪兩字古人制器草率有如是者嬭類篇云姊也阮太傅跋王子申盞蓋引廣雅云嬭母也又引廣韻云嬭楚人呼母也余謂嬭者楚姓即芈之正字考古圖載楚邛中嬭鍾銘曰楚王媵邛中嬭南龢鍾邛中嬭者猶云宋伯姬紀叔姬耳此與王子申盞蓋亦皆爲嘉嬭作媵器者王子申蓋即楚令尹子西也古文凡姓皆從女作則嬭爲芈字無疑

⿰鬲口從簋跋

此簋與湹陽端氏所藏鬲攸从鼎銘中並有皇祖丁公皇考叀公語。自是一人所作。鼎銘云唯卅又一年三月初吉壬辰王在周康宮辟大室鬲从以攸衛牧造于王曰女□我田牧弗□許鬲从王命相史南以即虢旅迺使攸衛牧誓曰□弗具付鬲从其先祖射分田邑則誓攸衛牧則誓从作朕皇祖丁公皇考叀公尊鼎鬲攸从其萬年子子孫孫永寶用。今以此簋與鼎銘比觀之。則此簋作于王廿五年。鼎作于王卅一年。簋自署鬲从。鼎則前書鬲从末書鬲攸从。蓋鬲本地名。从以為氏。逮卅一年復得攸衛牧地。乃兼氏鬲攸。猶晉之瑕呂飴孫吳之延州來季子矣。

此簋舊釋鬲比簋。誤也。第一字此器作⿰鬲口。鬲攸从鼎作奉▽鬲▽諸形。蓋非鬲字。乃从鬲从▽之字也。▽字古文未見。唯殷虛卜辭中我字作□或作□从戈从□而說文解字我从戈从手手或說古垂字是□□亦一字□字所从之□正與□同如或說當為古垂字或竟為我字之省垂我二字古音同部然則□當是从□垂聲以聲類求之當即□字且說文□字或即此字之訛也散氏盤作□从□吅聲說文吅讀若讙古音歌元二部陰陽對轉故□字亦得以吅為聲此簋作□則又□之省也又古人从比二字本無區別散氏盤之攸從□即鼎文之□攸从而□字誤書在下知此簋及鼎文之□並當讀從散氏盤稱□攸從為克（盤作□）之有司而此鼎簋第十行亦有善夫克語又足知此器出土之地去克鼎散盤相近矣乙丑季夏

虢仲簋跋

此為宗周時器文云虢仲吕王南征伐南淮夷在成周是王平日居宗周不居成周也器出陝右乃西虢之物宗周中葉虢國

有三漢書地理志所謂北虢在大陽東虢在滎陽西虢在雍是也西虢又謂之小虢史記秦本紀武公十一年滅小虢裴駰集解即以西虢當之又謂之鹹虢吳清卿中丞所藏鹹虢中敦出於鳳翔古西虢之地彼敦之鹹虢中即此簋之虢中或謂之鹹虢者所以自別於大陽滎陽之虢也

此器假友為有有無之有古本無正字所用又友有三字皆假借也又双之為假借人皆知之有字古文从又持肉盂鼎毛公鼎皆然其本誼當為侑食之侑後世譌肉為月說文乃以春秋日月有食之不宜有之說解之非其朔矣又双有三字皆假借故古人隨意用之耳己未孟秋

簋者陳黍稷之器故其數必偶易損卦辭二簋可用享二簋者黍一稷一也此殆士禮稍進則為四簋詩云於我乎每食四簋此大夫之禮也聘禮歸上介饔餼則堂上六簋西夾六簋公食

大夫禮亦用六簋。此於聘賓禮有加。故增四為六也。又進則用八簋。詩云陳饋八簋。聘禮歸賓饔餼則堂上八簋西夾六簋。是八簋者。卿之禮也。周禮掌客職上公侯伯及其上介鼎簋皆十有二。是十二者。諸侯之禮也。此器云兹簋友十又二。虢中以畿内諸侯為天子三公。正宜用上公及侯伯之禮也。又記

召尊跋

此周初器。而形制似後世所謂盦。銘中又不著器名。案三代禮器。除木製之俎外。今殆皆見之。獨禮經盛羹之鉶。於古器中絶未之見。疑此是也。器小而深。與酒器及黍稷器皆不類。而於盛羹為宜。古人用鉶數不下於鼎敦諸器。而傳世之少如此。何耶。

乙丑六月。

頌壺跋

此器傳世者有二。一。國初在錢唐王太僕益朋家。後歸仁和趙

次閑再歸金山錢錫之其二僅存殘蓋藏嘉興張氏第一器雖器蓋俱全然傳世拓本皆有蓋無器即阮吳二家著錄之本亦然緣器銘在腹內當時不能拓墨故也此一器乃西清古鑑中物亦器蓋俱全人間從未有拓本此拓雖有器無蓋亦足珍矣

癸亥夏中伏

頌器傳世者最多有壺二鼎二敦五以各器文互校之則壺與鼎銘命女官辭成周貯下並有廿家二字而敦銘無之按貯予古同部字貯廿家猶云錫廿家也貯用宮御猶云錫用宮御也敦銘無廿家二字則語不可通當係脱奪如國差𦉜以子禾子釜例之咸字下亦當奪月字也又記

齊侯壺跋

齊侯二壺字極草率頗有不可識之字又以二壺相校文多衍脱然為一時所作固不待言晉江陳頌南跋此乃謂一為饗禮

所用一為食禮所用滿紙窸語令人無從索解道光以後學術漸微士大夫乃不憚為欺人之語此士風之變非細故也己未正月

秉中丁卣跋

烏程周君孟坡藏一卣其銘曰秉申●弟一字从又持禾當是秉字申字之中乃中字伯仲之仲其外从口殷時祖父之名頗有於人名外加口或冂匚如上甲之甲於甲外加口作田報乙報丙報丁於乙丙丁外加冂作习冋叵□冂或卽郊宗石室之制此中丁二字連文而於中外加□或與田习冈叵諸字同義歟復齋款識有秉中鼎博古圖王厚之薛均著錄其文作秉中與此卣上二字絕相似彼中作中與古文中字不類此卣弟二字在□中者實中字也

父乙卣跋

酒器中罍最大尊則有大有小卣常在大小之間故爾雅云卣

中尊也。卣字盂鼎作□。他器或作□。或作□。說文𠧪卣分為二。其卣字注云从卤乃聲。然殷虛卜辭卣作□。其辭云□五□。則知□从凵作者。乃从□之省。□即古文皿字。說文以為从乃失之矣。據卜辭□字觀之。其字蓋从皿卤聲。或竟是象形字。□象器形。□或凵。其承槃耳。壬戌冬十二月歲除。

毅卣跋

銘中首一字从攴从象。不可識。古文為字亦从爪象。其誼均不易曉。古者中國產象。殷虛所出象骨頗多。曩頗疑其來自南方。然卜辭中有獲象之文。田狩所獲。決非豢養物矣。孟子謂周公驅虎豹犀象而遠之。呂氏春秋云。殷人服象。為虐於東夷。則象中國固有之。春秋以後乃不復見。故楚語云。巴浦之犀犛兕象。蓋中原已無此物矣。為从爪象。或以服象為誼。毅字或亦以攴象為誼歟。

旟爵跋

凡爵柱皆由爵腹直上。此爵獨附於腹外。古鼎耳有如此者。爾雅所謂附耳外謂之釴也。史記楚世家呑三翮六翼。小司馬以九鼎説之。謂翼即爾雅之釴。今傳世古鼎。鼎釴參半。爵之附耳外者。平生所見。僅此器而已。甲子歲朝春後一日。

作此爵之人名旟。旟字始見於詩禮爾雅。周禮春官司常鳥隼為旟。又考工記鳥旟七斿。以象鶉火也。爾雅。錯革鳥曰旟。鄭康成説周禮。以畫革疾之鳥隼。孫炎從之。合之交龍為旂。熊虎為旗。龜蛇為旐。則九旗之面。實為分畫東西南北七宿。此爵為殷周閒物。已有旟字。知九旗之制。蓋不始於周。且知四方七宿之名象。亦不始於周矣。此區區五字。有裨於考古如此。

弜父丁角跋

此角蓋作獸形。其獸有鼻甚長。蓋象也。古酒器多作鳥獸形。如觥作兕形尊作犧象形是也浭陽端氏有飛燕角其蓋作燕張翅之狀阮文達公所藏子燮兕觥其器今不可見文達謂如爵而高大又謂其制無雙柱無流同於角有三足同於爵故以毛傳釋爲角爵之兕觥當之不知兕觥即今估人所謂虎頭匜阮氏之器則宋以後所謂角也阮氏角蓋作犧形此角蓋作象形蓋古酒器多狀犧象不獨酒尊爲然矣壬戌歲不盡四日

兮甲盤跋

此張掄紹興内府古器評所謂伯吉父盤是也元時在鮮于伯幾家今藏濰縣陳氏彝器中紀伐玁狁事者三一合肥劉氏所藏虢季子白盤一上虞羅氏所藏不嬰敦一即此盤也云隹五年三月既死霸庚寅此宣王五年三月廿六日余曩作生霸死霸考考定古者分一月之日爲四分自朔至上弦爲初吉自上弦至望爲既生霸自望至下弦爲既望自下弦至晦爲既死霸

據長術，宣王五年三月乙丑朔，廿六日得庚寅，與此盤云既死霸合。云王初各伐厰粇于畨盧者，厰粇，虢盤與不嬰敦並作厰允，即玁狁之本字。畨盧，地名，畨字雖不可識，然必為从冈畨聲之字。盧則古文魚字，以聲類求之，畨盧疑即春秋之彭衙矣。周禮天官𢾭人，釋文本或作魰，𢾭魰同字，知盧魚亦同字矣。古魚吾同音，故往往假盧𢾭為吾。齊子仲姜鎛云保盧兄弟，保盧子姓，即保吾兄弟，保吾子姓也。沇兒鐘云𢾭以晏以喜，即吾以晏以喜也。敦煌唐寫本商書魚家旄孫于荒，日本古寫本周書魚有民有命，皆假魚為吾。史記河渠書功無已時兮吾山平，吾山亦即魚山也。古魚吾同音，衙从吾聲，亦讀如吾。畨盧與春秋之彭衙為對音，畨彭音相近，盧衙則同音字也。史記秦本紀武公元年伐彭戲氏，正義曰戎號也，蓋同州彭衙故城是也。盧戲二字形相近，彭戲蓋彭盧之偽矣。彭衙一地，在漢為左馮翊衙縣，正在洛水東北玁狁寇周恒自洛向涇周人禦之亦在此閒虢季子白盤云博伐厳允于洛之陽此盤云王初各伐厳允于啚盧其用兵之地正相合矣兮田者人名田字中縱橫二筆不與其邊相接與田字迥殊殷虛卜辭有此字余定為甲字見余殷卜辭中所見先公先王考此亦甲字也甲者月之始故其字曰伯吉父吉有始義古人名月朔為吉月以月之首八日為初吉是其證也甲字吉父上云兮甲從王下云兮伯吉父作般前對王言故稱名後紀自己作器故稱字也此兮伯父疑即詩小雅六月之吉甫詩云文武吉甫吉甫宴喜大雅兩云吉甫作誦而不舉其氏毛公始加尹字蓋尹其官兮其氏也今本竹書紀年繫六月尹吉甫伐玁狁事於宣王五年不知何據此盤所紀亦宣王五年三月事而云王初各伐蓋用兵之始未能得志下云王命甲政𤔲成周四方責至於南淮夷責讀為委積之積蓋命甲徵成周及東諸侯之

委積。正為六月大舉計也。此盤當作於三月之後。六月之前。吉甫奉使成周之時。其淮夷舊我員晦人以下。乃告淮夷及東方諸侯百姓之辭。字雖不可盡識。而大意可知。其文法亦與周書費誓相同。此種重器。其足羽翼經史。更在毛公諸鼎之上。余既考其事入玁狁考中。更錄舊文。并補舊考所未備者。書於此拓之下。辛酉季冬。除夕前五日。

齊國差𦉜跋

此西清古鑑中物。今從奉天移藏武英殿。已非復天府所掌。舊無拓本。此從歸安金鞏伯乞得。人間不過數紙也。

此器。阮文達據上海趙謙士太常家拓本著錄。銘後尚有文官十斗一鈞三斤八字。謂係漢人鑿款。今拓無此八字。而七斗一鈞三斤。却與此器容積輕重相似。當告鞏伯再就器上覓之。阮書文官十斗。乃大官七斗之訛。漢表無文官。十斗亦當作一石漢人書七字與十字無殊。但中直略短耳。

第九行首一字。此拓不全。阮摹作貟。攈古錄摹作貫。吳偘叔釋鎮。吳子苾釋貯。許印林釋鼎。皆失之。余見金氏所拓全形本。此字貝上實是日字。即古文凡字。殷虛文字鳳字从此。散氏盤凡十有五夫。凡散有司十夫。皆如此作。秦新郪虎符尚有此字。从貝凡聲之字。說文所無。以聲類求之。當是貶字。但不知此器假為何字耳。

魚匕跋 癸亥

右魚匕銘。柄端折去寸許。其銘自匕面中間一行讀起。左行。轉至匕陰。又轉至匕陽弟二行止。如古鐘銘自鉦讀起。由右鼓轉至背面。後轉至左鼓邊也。匕面柄上折處當闕一字。匕背當闕二字。匕背所闕。或是中有二字。其銘四字為句。唯一句五字。銘義雖不可知。約以匕形似虫。故以虫為喻。爾雅釋魚。蝮虺博三寸首大如擘。說文蟲字下即引以為解。案博三寸首大如擘。則為細首大身之蟲。然古虫字皆如此。器作[illegible]。或作[illegible]。與郭璞所注大頭細頸之反鼻形同。而與爾雅之蝮虺不合。恐爾雅有誤字也。[illegible]字从䖵从又。疑即許書蛕字。[illegible]當是螝字。蛕螝同類物。故說文此二字相次也。參之蛕螝。謂虫與二物性本不同。下民以此三者為相似也。顛即籀文頂字。說文顛籀文頂。此借為鼎。上虞羅氏藏一鼎曰棐□作寶鼎。與此略同。

印子金跋

其文云郢爰陳爰。郢陳皆楚之故都。殆楚從壽春後。仍以故都金作幣耶。

滕侯戈跋

滕字。余曩跋滕虎敦。始釋為滕薛之滕。知然者。緣敦銘云滕虎作厥皇考公命中寶尊彝。是滕虎之父曾為滕公。而禮記檀弓上稱滕伯文為孟虎齊衰其叔父也為孟皮齊衰其叔父也則虎為滕伯文叔父其父本是滕君與滕虎敦合今觀此戈與滕侯昃戟並有滕侯益足證余說矣乙丑荷花生日

梁伯戈跋

此戈濰縣陳氏舊藏今歸上虞羅氏其銘一面曰梁伯作宮行元用一面曰抑魃方䜌口般口共十四字語不盡可解蓋梁伯伐鬼方時所作戈也案鬼方經傳皆無異文盂鼎作䰠从鬼从戈此戈从鬼从攴實皆古文畏字也大盂鼎畏作⿰卜甶毛公鼎作⿰卜甶皆从鬼从卜此作魃則从鬼从攴諸尚盤作⿱甶攴則从由鬼頭从攴實皆一字卜者攴之省也其或从戈者古从攴从戈之字義多相近如毛詩鋪敦淮濆韓詩作敷敦从攴不娶敦女及戎大䡬戟䡬戟卽敷敦之倒其字又从戈蓋無論从卜从攴从戈皆有擊意故⿰卜甶魃䰠三字實一字也至王孫遺諸鐘之畏忌趩趩

字又作䰠，既从卜，又从攴，則稍贅矣。自漢以後，鬼頭虎爪，訛別之字行，人乃不識古文䰟字。張衡西京賦：況䰟蜮與畢方。此本詩小雅「為鬼為蜮」，乃以䰟為鬼。莊子天地篇之門無畏，（司馬彪本。郭象本作門無鬼。）然則雜篇之徐無鬼，古本亦當作徐無畏。然自漢以後，人多誤讀古畏字為鬼字，故經畏方字皆作鬼方。案毛詩蕩傳云：鬼，遠也。畏、遠雙聲，又於陰陽對轉最近，故以之相訓，然則毛公之時，經文或尚未訛矣。

又案古者牙喉二音不甚分晰，故畏、鬼二字讀亦略同。畏方之名，見於書器者為最早，其音對轉而為混，又為昆，為畎，（工卷反，亦讀若袞。）又轉而為葷粥，為獯鬻，又轉而為厰允，為休渾，（史記趙世家：奄有河宗，至于休渾諸貉。）又轉而為匈奴。又急言之為胡。然其最初之名則為畏方，經典作鬼方者，亦或後世以惡名加之，如昆夷、畎夷之作犬夷，獯鬻、玁狁諸名之加犬旁，均非其朔矣。

此器拓本多不精，字往往不易辨。攈古錄著錄之本亦然。今雪堂參事特為精拓此本，殆字字清晰。癸亥夏日攜至京師，特裝此幅與虢季子白盤、兮甲盤、不嬰敦合為玁狁四器。古器之紀北狄事者盡於此矣。六月十九日。

古磬跋

夢郼草堂藏古磬一，股長建初尺七寸二分，博四寸六分半，厚一寸強。鼓長一尺一寸六分強，博三寸四分，厚一寸。穿在股鼓之閒，而股鼓倨句之度侈於一矩有半。其下面作一弧線，不能分股鼓之界。（殷虛二大磬則徑作弦線。）與攷工記磬氏制度不盡合。以繩縣之，則鼓向外，與殷虛二大磬、孟津所出周大小二磬及長安所出漢四時嘉至磬並同，與程易疇先生磬折古義中所創古磬直縣之說不合。此磬癸亥仲秋得於鄭州，雖未知出於何所及為何代物，然與孟津周磬及漢嘉至磬形制正同，知亦為周漢閒物。

矣。案程君磬折節之解。誠妙悟絶人。磬氏車人二職至是始得確解。然由人之磬折以推磬之直縣。則經并無此説。歐陽公集古録跋尾謂古鐘皆側縣。今傳世古鐘有甬及旋蟲者縣之其鼓皆外向也。鐘磬之鼓外向。於擊者為便。此商周漢三代之磬無不然。然則程君之説。固不盡可據也。至此磬倨句之度與磬氏不合。亦猶傳世古鐘合於鳧氏制度者鮮。此不得執古器以疑考工。亦不得據考工以議古器。蓋考工但言其制度之大略。至作器時仍應以音律定之。磬氏經文言已上則磨其旁。已下則磨其耑。則其所定長廣厚薄之度。固不能無出入矣。癸亥季秋。溥游津門。摩挲此磬者久之。雪堂先生因出此拓屬題。爰記其與磬氏及舊説異同如右。

漢南呂編磬跋

此磬厚建初尺一寸。股博四寸。長六寸二分。下鼓已斷。博如股博與攷工記磬氏三分其鼓博以其一為之厚及博為一股為二之說不合股鼓閒倨句之度亦侈於一矩有半其下鼓折處余用磬氏股二鼓三之比補之試作一木磬縣之則其鼓向外不能直縣與程易疇先生磬折古義不合余謂程君磬折之說誠妙悟絶人磬氏車人之制至是始得確解至由人之磬折以推磬之直縣則恐不然蓋鐘磬受擊之處須略向外此理勢之自然歐陽公集古録跋尾謂古鐘皆側縣羅氏所藏殷虛三大磬余曾以木仿製縣而眂之其鼓無不向外者此磬亦然必如是方於擊者為便古鐘側縣理亦如是也

股端銘云四時嘉至磬南吕午堵左桎嘉至者漢宗廟樂名漢書禮樂志高祖時叔孫通因秦樂人制宗廟太祝迎神於廟門奏嘉至皇帝入廟門奏永至乾豆上奏登歌其次尚有休成之樂永安之樂鐘磬獨以嘉至名者以其為廟樂之首也云午堵

者以地支記數則當有十二堵邵鐘云大鐘八肆其竈（假為造字）四堵周禮小胥凡鐘磬半為堵全為肆邵叔以諸侯大夫作鐘二十堵則漢天子用十二堵不為多矣鐘十二堵磬十二堵合為二十四堵故此磬在午堵而鐘亦有未堵（見羅跋）也至每堵鐘磬之數鄭注周禮云八十有六枚而在一縣服注左傳（周禮小胥疏引）云鼂氏為鐘以律（謂七音）自倍半一縣十九鐘鐘七律十二縣二百二十八鐘為八十四律二說不同似皆失之太多案堵之名出於垣墻墻制高廣各一丈謂之堵鐘磬簴之高以擊者為度高廣亦不能踰丈一丈之廣不能容鐘磬十六枚或十九枚此亦事理也此磬但記午堵左桯桯義雖不可解殆謂左側第一枚而不記午堵中第幾則一堵之磬不能有十六枚或十九枚可知辛酉季冬展閱此拓漫記所見如此

新莽一斤十二兩銅權跋

新莽銅權銘十八字曰律一斤十二兩始建國元年正月癸酉朔日制權為瑗形徑建初尺四寸六分肉廣六分好徑三寸五分與秦權漢權形制殊異案漢書律歷志引劉歆鐘律書曰五權之制以義立之以權鈞之其餘小大之差以輕重為宜圜而環之令之肉倍好者周旋無端終而復始無窮已也此權為環形周旋無端與歆語合而肉僅得好之六分一與所云肉倍好者不同平生所見莽權皆略如是蓋鐘律書成於元始之末而此權鑄於始建國元年故又改其制也

古瓦竈跋

武林陳氏藏瓦竈一前有甑後有突容甑之口左有陽識隸書三行曰用此竈葬者後世子孫富貴長樂未央口口萬歲毋凶又有陰識一行曰死人不知用瓦灺竈右繪一器陳鷄鳧羊魚等物又其前繪用器有乂有錐有刀有匕有鈎皆治饌器也後

有大魚一守宮一則又陶者刻畫以為戲也此鬻以送葬之物故為此語猶漢馬槽上刻買曹者後無復有句大吉句是也平生所見漢瓦竈唯上虞羅氏所藏四神竈刻畫最工然無文字此竈文字多至二十餘可寶也甲子二月

楊紹莂跋 庚申

此莂匋瓦為之狀如半筩面有兩筋蓋象剖竹之形鄭康成注周禮小宰云傅別謂為大手書於一札中字別之質劑謂兩書一札同而別之今所見古器如漢虎符脊文所謂中字別之者也如秦陽陵虎符脊文所謂兩書一札同而別之者也此莂文字完具與康成所謂質劑同然則莂者乃兩書同而別之非謂一書中字別之與康成所謂傅別異也文中東極闞澤澤即吳志立傳之闞德潤德潤山陰人此莂出於山陰必謂其葬地也又云南極山背北極於湖山謂會稽南山湖謂鑑湖區域甚廣

與浩宗券之南邸丙丁北邸壬癸略同蓋非實緣買地券本施之鬼神故不嫌其夸也

古畫磚跋

人物畫磚四定海方氏所藏乃六朝以前物較漢武梁祠孝堂山諸畫象人物尤為工麗女子高髻前後高而中低其本以繒束之疑古所謂纈子髻者太平御覽三百七十三引干寶晉紀初賈后造首紒以繒縛其髻天下化之名纈子紒也古韜髮用纚束髮用絣此以繒束髮疑晉時物也

沈司馬石闕朱鳥象跋癸亥

羅參事跋以朱鳥為鶉以鶉為小雅非鷻非鳶之鷻其說是也周禮司常職鳥隼為旟考工記鳥旟七斿以象鶉火也鳥隼與鶉為一固自明白詩四月毛傳鶉隼也即據周禮為說爾雅釋天疏引鄭志答張逸亦云畫急疾之鳥隼夫急疾之鳥隼非鷻

而何孫炎注釋天錯革鳥曰旟云錯置也革急也畫急疾之鳥於縿也全本毛鄭說詩鄘風與左僖五年傳鶉之賁賁毛鄭無說杜注以為鶉火而陸元朗于詩音義乃以為鶴鶉鳥沈存中輩遂承其誤今觀此畫象與漢朱鳥諸瓦知漢人皆以鶉為鷻非康成之創說矣

梁虞思美造象跋 壬戌

阮文達公作南北書派論世人推為創見然世所傳北人書皆碑碣南人書多簡尺北人簡尺世無一字傳者然敦煌所出蕭涼草書札與義獻規摹亦不甚遠南朝碑板則如始興忠武王碑之雄勁瘞鶴銘之浩逸與北碑自是一家眷屬也此造象若不著年號地名又誰能知為梁朝物耶不知文達見此又將何說也

魏曹望憘造象跋

北魏正光六年柏人令曹望憘造象舊藏濰縣陳氏佛象下一面爲曹望憘象旁二侍者右一人執博山鑪後二人持扇蓋從又後二人一執杖一執杖末如華未放殆唐宋人所謂毬杖宋人所謂骨朵也一執杖上曲似節而無旄又一圉人持策牽馬隨其後一面爲曹妻象旁二女侍左一人執博山鑪後一人執蓋又後二人所執毬與節與執蓋者相雁行後一人牽牛車從其車乃古之輜軿也釋名軿屏也四面屏蔽婦人所乘牛車也輜軿之形同有邸曰輜無邸曰軿宋書禮志引字林曰軿車有衣蔽無後轅其有後轅者謂之輜此車前有二轅轅木之一本直出車後此即釋名所謂邸字林所謂後轅其爲輜車信矣車箱以木爲之前有兩扉可推向左右此古之所謂戾說文戾輜車旁推户也右側有兩窗一啟一閉亦可旁推古之所謂蔥也車頂及前後皆以衣蔽之車前衣用兩木掌之使與頂平而稍仰其前

此古之所謂轞轞者軒也其兩木古謂之棠棠在車旁設而不用車後不可見余於唐人明器中見一陶製牛車與此大同其後有一户在旁蓋亦旁推者合此二者可識古輜軿之制矣庚申八月

宋韶州木造象刻字跋

宋慶歷丁亥韶州南華寺造五百羅漢木象背有款識木刻字皆陽文此獨陰文為異耳辛酉醉司命日裝成呵凍記

元次山硯跋

此硯癸亥季夏雪堂先生得之天津形制古樸背有聱叟二字似褚登善書蓋元次山遺硯也次山初居商餘山號元子兵興逃難猗玕洞稱猗玕子至德元載後家瀼濱自稱浪士乾元元年及有官人呼為漫郎乾元二年既以侍親客樊上樊左右皆漁者少長相戲更曰聱叟而酒人稱為漫叟並寶應元年並見於次山自釋載唐書本傳及顏太師所撰墓表而次山

寶應以後多自稱漫叟不稱聱叟其詩文可證也然則聱叟之號但用於初居樊上時此硯乃在樊口時所作也其後二年乃出知道州而舂陵行中興頌諸詩文皆知道州後所作蓋用此硯所草可知也此硯流傳千餘年世無知者一旦忽入先生之手先生老於文學天其將使再艸浯谿之銘而舉以畀之耶又何其巧也小除夕前二日

顏公次山墓表次山卒於大歷七年夏四月庚午春秋五十然據次山別王佐卿序云癸卯歲京兆王契佐卿年四十六河南元結次山年四十五案癸卯爲代宗廣德元年則下訖大歷七年壬子次山之卒得年五十有四非五十也以此推之次山實生於開元七年己未新唐書本傳亦仍顏表之誤附正於此又記

明拓石鼓文跋 辛酉

石鼓文。范氏天一閣所藏北宋拓本。不可復見矣。金元間拓本。存字已校今本無多。余見宗室沈庵侍郎所藏一本。唯乙鼓氏鮮鱄又之五字丙鼓衍字未泐。乙鼓汧毆鰋鯉明畫。較今本為異耳。上虞羅氏一本有朱卧庵藏印者。與此相同。此拓乙鼓氏鮮鱄又之五字雖俱未損。而丁鼓衍字已泐。是明拓也。金文中文字與石鼓體勢相同者。唯合肥劉氏所藏之虢季子白盤及新出之秦公敦耳。虢盤出於郿縣禮邨。乃西虢之器。班志所謂西虢在雍者也。秦公敦有十有二公語。亦德公都雍以後所作。與在陳倉之石鼓為一地之器。故字跡相同。余謂石鼓當亦虢公所作。是時宗周以西。虢為最大。天子巡狩漁獵于此。乃刻石以紀事。鼓中䴡字當即雍之古文。其字从邑廣聲。廣字雖不可識。男即勇之古字也。戊鼓云□□自鄜。是鄜為地名之證。又壬鼓有公謂大□句。蓋虢公所作之證也。周既東遷。小虢遂為秦

滅然秦之文字尚沿用之詛楚文及新出之新郪虎符均以殹
為也與石鼓以殹為池同故古文中與小篆體勢最近者唯石
鼓及虢秦諸器而已箋釋石鼓文者古今毋慮數十家近惟上
虞羅叔言參事石鼓文箋釋最為精審其釋戊鼓西字壬鼓昷
字均用余說然其書於解字為詳詁訓為略其尚未詳者如甲
鼓我毆其時我毆其樸案說文特字注朴特牛父也蓋朴與特
皆牡牛之名因之凡牡獸亦謂之朴特鼓云我毆其時即我毆
其特我毆其樸即我毆其朴也丁鼓秋字案周禮春官巾車駹
車雚蔽然複髤飾注故書髤為軟杜子春云軟讀為泰垸之泰
此秋正是車飾即周禮故書軟字也己鼓亞箬其華亞箬即猗
儺沃若之轉衛風云桑之未落其桑沃若猶小雅云隰桑有阿
其葉有儺也此鼓云亞箬其華猶檜風云猗儺其華也小雅云
六轡沃若沃若亦狀其柔與亞箬均為阿儺之轉矣此三者皆

前人所未言。羅君引余亞箬說而未詳，並記於此。

與友人論石鼓書庚申

某君據虢公鼓字石父，以證石鼓爲宣王時作，此殊誤也。鼓與石皆量名，名鼓字石，當如王文簡春秋名字解詁之說，不能復有他說。且石鼓之名，不見於古文，乃後世所加之名，其名始見於章懷太子後漢書注，而韋蘇州、韓昌黎仍之。然唐時如竇蒙述書賦、蘇勗會要，猶謂之獵碣，可見石鼓之名乃後人之所加，萬不能據虢石父名字，以定古石刻之年代也。

甘陵相碑跋

此碑額署甘陵相，其人必在桓帝建和元年改清河國爲甘陵之後，而立碑又在其後，當在後漢末矣。隸法健拔恣肆，已開北碑風氣，不似黃初諸碑，尚有東京承平氣象也。

前人研精書法，精誠之至，乃與古人不謀而合。如完白山人篆書一生學漢碑額所得乃與新出之漢太僕殘碑同吳讓之趙悲庵以北朝楷法入隸所得乃與此碑同鄧吳趙均未見此二碑而千載肳合如此所謂鬼神通之者非耶癸亥九月叔平先生以此屬為考證碑中姓氏不具又尠事實久之無以報命因就其書法略記數語甲子花朝後一日

唐賢力苾伽公主墓誌跋

此誌之首有駙馬都尉故特進兼左衛大將軍雲中郡開國公踏沒施達干阿史德覓覓銜名此公主之夫也舊唐書突厥傳開元三年默啜女壻阿史德胡祿歸朝授以特進胡祿與此誌之覓覓殆是一人胡祿者其號（回紇可汗尊號中有胡祿字或作合祿皆美名也）覓覓者其名也後覓覓坐事死公主沒入宮逮毗伽可汗求和乃許歸其親兄墨特勤私第誌所記事實止於此文中天恩載被禮秦晉於家凡謂唐許毗伽可汗求和事乃黃虎癡跋此誌謂唐以公主嫁毗

伽可汗突厥風俗雖與中國殊，亦無從兄弟為婚之法也。默啜之號，誌稱天上得果報男突厥聖天骨咄祿默啜可汗，與冊府元龜、資治通鑑所載開元二年默啜求和表文同，惟無默啜二字耳。癸亥長夏記於京師履道坊北之寓廬。

唐吳郡朱府君墓誌跋

吾邑墓誌出土者，有周松靄先生所藏汝南周君墓誌銘，安國寺所藏扶風馬氏故夫人清河張氏墓誌銘。舊志所載，尚有成紀府左果毅張公墓誌銘、舒論墓誌銘、鄔□墓誌銘、梅□□墓誌銘、萬仁泰墓誌銘，皆唐刻也，今並亡佚。此誌出土稍後，故錢深廬先生撰海昌金石志未及著錄。誌稱以永貞元年殁於此邑長平鄉之私第。攷太平寰宇記，鹽官縣舊二十二鄉，今九鄉。咸淳臨安誌則僅有六鄉。案寰宇記云舊二十二鄉者，當是唐制。今見於梅□□誌者曰昌亭鄉，見於張夫人誌者曰天長鄉，亦見周君及舒論誌曰海昌鄉見於此誌者曰長平鄉皆唐鄉名今之原吉東西靈泉長平昌亭時和六鄉與咸淳志所載無異蓋均唐以來舊名也嘉靖縣志元初立鄉十後併去蘇臨天長安化移民四鄉爲鄉六國朝仍之又云今通邑在城隅四鄉六鄉統鎮都是明時城鎮亦通爲十鄉蘇臨天長安化移民四鄉當即明之城隅四鄉蘇臨以東坡行縣至此名安化以吾家慕京公賜第在北寺名其爲附郭之鄉可知此四鄉中天長爲唐舊鄉蘇臨安化命名當在天水之後咸淳志不載者以但計郭外諸鄉故耳然則吾邑鄉里之制自宋末迄明實無變革也此磚誌藏硤川某氏朱君宇蒼拓以貽余辛酉季冬醉司命日永觀堂西窓炙硯書

宋趙不沴墓誌跋

不沴爲我家忠壯公外孫又爲公孫壻故此誌於吾家譜諜極有裨補舊譜引宋海昌圖經人物誌公傳云朝廷嘉其挺節追

封安化郡王。謚曰忠肅。下注出揮麈錄及謚議。今揮麈錄不載賜謚。則此條當據謚議。事必可據。此誌則云謚忠壯。乃與圖經及舊譜不同。憶兒時見公祠堂。每歲季秋所發祭期單。猶稱忠壯之謚。向疑其與譜不合。今見此誌。始知公有改謚事。疑忠壯之謚或後於忠肅也。又舊譜載公二子。一萷一荃。此誌則言公娶王氏。即安化郡王之孫。浙西總轄嶷之女。舊譜失載嶷名。疑揮麈錄紀忠壯身後恩恤云擢其子為樞密院判官者。當即是嶷。後終於浙西總轄。皆右職也。揮麈錄又言曾丞相懷即樞密判官之壻。則又不診之僚壻矣。此誌有裨於吾家譜系如此。曩作忠壯公家傳。曾採此誌。羅叔言參事因以墨本遺余。辛酉季冬裝成。記之。

明瞿忠宣印跋

此明瞿忠宣印文云少師臨桂郡侯行軍章。案明史本傳。但記公封臨桂伯，不記進侯爵事。公以順治三年保桂林功封伯，其進侯爵亦當因順治五年再守桂林之功也。吳梅邨雜感第二十一首詠忠宣云：萬里從王擁節旄，通侯青史姓名高。與此印合，真詩史也。前見忠宣起田氏三字印，文文肅所刻，邊款有稼軒太史之命震孟八字，今藏錢唐吳氏，此未見著錄，恐已化去。此紙尚是國初印本，當與起田氏印同為瓌寶也。壬戌端午。

書某氏所藏金石墨本後 壬戌

嘉道以後，收藏彝器以吾浙為盛，吾浙尤以嘉禾為盛。其時竹里叟外，有文后山鼎、張季勤沅、郭止亭承勳、方蓮卿維祺、姚六榆觀光、金蘭坡傳蘇，並有藏器，與錢唐瞿氏、何氏，仁和夏氏，吾邑吳、陳、朱、蔣諸氏聲氣相應。諸家每得一器，必拓數百本，故器雖亡佚，而拓本流傳者尚夥，則傳拓之功不可誣也。赭寇亂後，風流歇絕，而燕齊諸大家遂起而代之。諸家藏器既多，其傳拓自不能如前此之易。與道咸以前風氣迥別。此事雖細。亦得失之林也。

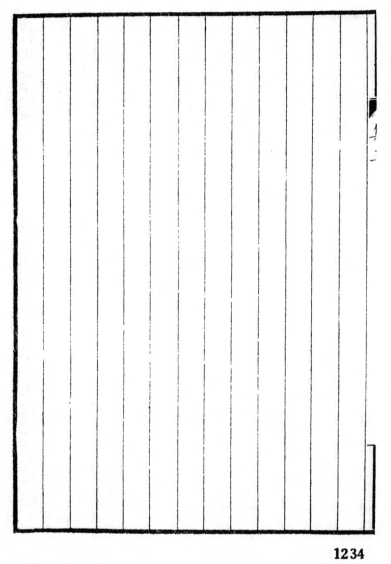

觀堂集林校記

卷	頁	行	誤	正
一	三上	十三	此爲用	此用爲
	五下	十	當是是殷之先祖	當是殷之先祖
	十五下	六	祭記供蕭茅	祭祀供蕭茅
二	一下	三	寡人	寡君
	二下	四	此類者	類此者
	五上	十一	如書君奭云	書君奭云
	八下	五	歌升者	升歌者
	十三下	十二(注)	均上見	均見上
	十九上	十二	異於雅頌	異於風雅
	二十三下	十一	南由嘉魚	南有嘉魚
三	一上	七	是者也	者是也
	二下	三(注)	孔廣森	孔廣林

	七上	二	諸侯則擯	諸侯則儐
			擯者進	儐者進
	十五下	十	婦人入寢門	婦入寢門
	十七下	二	謂之距	謂之跗
		三	毛語	毛說
	二十下	三	義同意異	義同音異
四	一下	七	邵公	卲公
	十上	八	王莽劉歆置博士	王莽時劉歆置博士
五	三上	十二	釋木	釋魚
	七下	五	實	實中
	九下	十三	今之鳥羽	今以鳥羽
	十五上	一	自關而引東西	引自關而東西
	十七上	四	史籀篇證序	史籀篇疏證序
六	二下	二	往往互相	往往互用
	三下	二	行末脱二十四字	之喪賜謚讀誄。内史掌王之八枋之法。以詔王治。執國法及國

七	十八上	三	集古齋	積古齋
	二下	八（注）	亦書命名	亦書名
八	六下	十二	案稱者	稱案者
	九下	八	書內府所藏王仁眗切韻後	書影印內府所藏王仁眗切韻後
	十下	六	王韻平聲下	陸韻平聲下
		十一	又近世言古韻者合	又與近世言古韻者合
	二十三上	二	唐廣韻宋雍熙廣韻	唐廣韻宋雍熙廣韻考
	二十八下	四	哉基胎之字	哉基胎三字
	二十九下	七	邦滂并明	邦滂並明
	三十上	八	并心部	並心部
	三十三上	九	詩經讀韻	詩經韻讀
九	二上	九	說文戈部	說文夂部
		十	巳止戈	巳止夂
	八上	六（注）	爾見	兩見
	十六上	六	左行	右行
十	十四下	十二	國民	國滅

十一	八下	十二	五百石	四百石
		十三(注)	漢舊注儀	漢舊儀注
	十四上	三	殊如	餘如
十二	十上	十一	疆場	疆埸
	十九上	一(注)	城屬楚國	當屬楚國
	二十下	一(注)	則名燕都	則名燕郡
		六	屬淮陽者	屬淮陽者二
	三十二下	九	沈釋旃	沈繹旃
十三	五上	一	小君定戈	小君定弋
	六上	九(注)	殆言文王	始言文王
	八上	九	西界向陵	西界高陵
十四	六下	二	東石	大石
	十一下	一	本與國史	本於國史
		三	本記	本紀
		十二	記聞	紀聞
	十四上	六	自不既視爲異種	自不能視爲異種

十五	九上	一	北征巡	北巡
	十五上	十三	開邊	備邊
	十六下	一	用功	用工
	二十三上	十二	山之名其	山之名名其
十六	十六上	六	二譯	二氏譯
十七	二十三下	十二	泰州	秦州
十八	十下	九	奉敦	秦敦
	十二下	一	本記	本紀
	二十二下	七	封有孝景前二年	封於孝景前二年
二十	三上	四(注)	謂禮記	爲禮記
	六上	七	已爲爲賈馬鄭王之學	已爲賈馬鄭王之學
	十六上	九	弟六行	弟五行
二十一	四下	十	多笑甚陋	多笑其陋
	十二下	十三	三十一頃頃	三十一頃
	十六上	十一	咸於咸平	成於咸平
二十二	七上	十	及士卒之之服	及士卒之服

二十一上	六	鞍飾革革	鞍飾革帶

別集 一

十一上	十一	羣庶自酒	庶羣自酒
		聞腥在上	腥聞在上
十六上	四	記宗功	記功宗
二十二下	十	清水注	淇水注
二十三上	三	清水注	淯水注
二十五上	五	□登里	愛登里
	十	祖佛通記	佛祖通紀
二十六上	二	使司計之	使有司計之
三十三上	三	宗子輂	宗子輩
	七	稽神録之	稽神録云